JN409840

구약성경, 절망 가운데서도 희망을 노래하다

구약성경, 절망 가운데서도 희망을 노래하다

초판 1쇄 발행 2024년 11월 30일

지은이 | 김행선
펴낸이 | 김은희
펴낸곳 | BN 블루앤노트
등 록 | 제313-2009-201호(2009.9.11)
주 소 | 서울시 양천구 남부순환로 48길 1(신월동 163-1) 2층
전 화 | 02)718-6258
팩 스 | 02)718-6253
이메일 | blue_note23@naver.com

정가 23,000원
ISBN 979-11-85485-19-5 03230

구약성경,

절망 가운데서도 희망을 노래하다

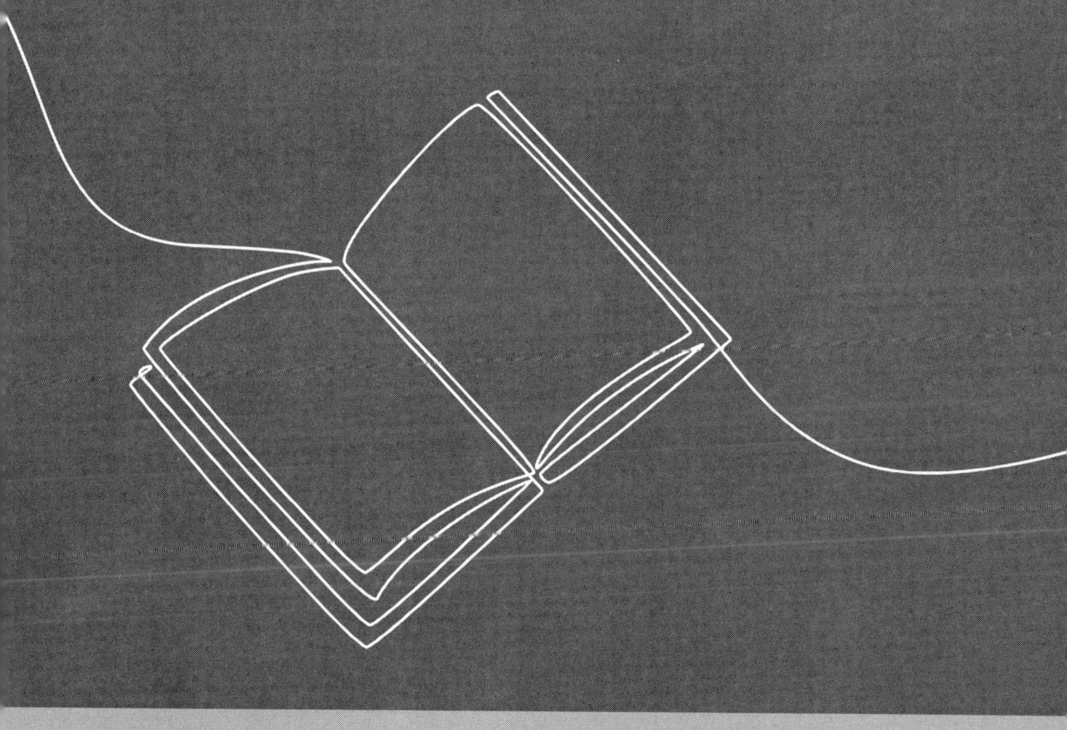

일러두기

1. 이 작업은 Chat GPT 3.5와 뤼튼 AI 검색을 사용하여 생성되었다.
2. 본문에 인용된 성경 말씀에 관한 해설은 저서 및 논문, 인터넷 사이트 네이버나 유튜브에 올라온 목사님들의 설교와 성경해설 및 사전 등을 참고하여 보완 및 재구성한 것이다.
3. 본서에 인용된 성경은 『성경전서 개역 한글판』(대한성서공회, 1986), 『성경전서(표준새번역 현대어)』(대한성서공회, 1993), 『톰슨 주석성경』(기독지혜사, 1988), 『Note 여백성경 개역개정』(생명의 말씀사, 2022), 『포커스 성경·찬송가』(대한기독서회, 2007), 『Good TV 다번역 성경찬송』(인터넷) 등이다.

인생의 끝은 희망의 시작이다

어둠과 절망 가운데 모두 갇히고
사방이 막힌 그곳으로부터
자유가 시작되고

삶의 수레바퀴가 모두 망가져 버린 상태에서
새로운 인생이 펼쳐진다.

죽음 가운데서도 길이 열리고
누구나 꺼리는 오욕의 십자가를 통해
인류의 소망의 길이 열려지듯

출구 없는 절망 가운데서도
오직 믿음과 소망으로
끝까지 견디는 자는 구원을 받을 것이다.

우리는 빛이니
어둠의 터널을 통과할 것이요,

마음만 있으면 방법이 있고,
고난은 은혜의 시간이니
인생의 끝은 희망의 시작이다.

사람은 희망하는 것만큼 일어서고,
절망하는 것만큼 무너진다.

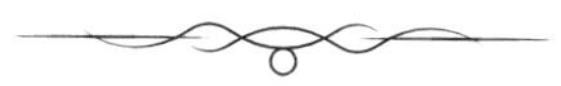

목차

제3부 시가서

제4부 대선지서

제5부 소선지서

들어가며

구약성경은 역사의 물레방아에 짓찧어지는 처절한 고통을 수없이 겪으면서도, 하나님과 인생의 궁극적 의미를 찾고 깨달아 기록한 고대 이스라엘 민족의 생생한 역사 체험과 자각의 증언이다. 즉 구약성경은 이스라엘 민족이 숱한 고난 속에서도 무너지지 않고 자기들의 정신을 지켜내고, 그 정신을 인류에게 물려준 영혼의 기록이다.*

본서는 절망 가운데서도 희망을 노래하는 구약성경의 말씀을 중심으로, 고난에 처해 있는 사람들이 어떠한 자세와 삶의 방향을 갖고 고난을 극복해 내는가를 보여주기 위해 쓰인 글이다. 필자는 고통과 절망스러운 환경 속에서 울부짖으며 신음하는 사람들과 가족들에게, 하나님이 그들의 고통과 눈물, 그리고 아픔이 있는 곳에 함께 계신다는 '여호와삼마'의 하나님을 만나게 해주고, 하나님이 그들에게 '피투성이가 되어서라도 살아내라'고 명령하시는 말씀에 따라, 당당하게 일어서서 살아내기를 바라는 마음에서 본서를 쓰게 되었다.

인간은 누구나 고난을 겪으면서 살아간다. 인생의 고난을 사라지게 할 수는 없다. 고난은 인간의 숙명과도 같은 것이다. 인간은 고난을 당

---

* 이범선, 『교양으로 읽는 구약성서1』, 교양인, 2013, 머리말.

하여 이에 대해 좌절하며 파멸의 길로 나아가거나, 아니면 이를 극복하며 소망의 길로 가거나 한다. 인간들은 자신들의 힘과 생각으로 그들에게 닥친 문제들을 극복하고자 하나, 오히려 혼돈과 공허와 흑암은 더욱 깊어진다. 오직 하나님만이 이를 해결할 수 있다. 하나님은 혼돈, 공허, 흑암의 세상 속에 있는 인간들을 구원하기 위해 빛을 만드셨다. 우리는 이 빛을 통해 가련한 우리의 모습과 현실, 그리고 문제들을 객관적으로 볼 수 있게 되고, 새롭게 빛의 자녀로 거듭날 수 있다. 그 빛은 바로 예수 그리스도이다.

내게 닥친 불행이나 질병, 고난과 절망을 극복하겠다는 믿음이 혼돈, 공허, 흑암의 현실을 물리치고, 예수 그리스도 안에서 그분의 빛으로 새롭게 될 수 있다. 예수 그리스도의 빛이 비치는 순간 모든 어둠이 물러간다. 인생의 해가 지고 새날이 시작되는 전환점, 예수를 만날 수 있는 인생의 전환점은 바로 낙담과 실패의 자리, 외로움과 두려움의 자리, 광야의 자리이다. 우리는 황량하고 절망적인 광야와 같은 삶 속에서 예수를 만나 새로운 삶을 시작하며, 미래로 향하는 하늘 문을 열고, 하나님과 함께하는 임마누엘의 인생을 살아야 한다.

하늘 문은 모든 사람에게 다 열려 있다. 하나님은 모든 사람에게 하나님의 꿈을 보여 주시며, 그 약속을 들려주신다. 중요한 것은 하나님의 꿈을 보느냐? 그 약속을 믿느냐에 있다. 보고 믿어야 한다. 그것만이 생명과 구원으로 통하는 길이다. 보고 믿으면 하늘 문은 모든 사람에게, 그리고 나에게 열린다.

떨기나무같이 보잘것없는 우리에게 하나님이 함께 하신다면 우리도 무언가를 할 수 있다. 하나님은 불가능을 가능케 하시는 분이기 때문이다. 우리는 하나님이 그의 백성을 고난과 학대, 눈물과 근심 속에 그냥 내버려두지 않으심을 믿고, 그분의 역사하심을 기다려야 할 것이다. 하나님은 마치 양을 치는 목자처럼 자기 백성들을 보고, 듣고, 아시는 분이시다. 그래서 우리의 고통스러운 삶에 직접적으로 개입하셔서, 친히 인도하여 젖과 꿀이 흐르는 땅으로 데려가신다.

'인간의 끝은 하나님의 시작일 뿐이다.' '고난은 하나님의 은혜의 시간일 뿐이다.' 이와 같은 사실을 믿는다면 사방이 막힌 그곳으로부터 새로운 역사와 인생이 펼쳐지며, 하나님의 구원이 우리를 살리는 희망의 미래가 될 것이다.

말씀이 선포되는 오늘의 자리가 바로 참 자유와 구원이 시작되는 자리이다. '위기가 바로 하나님의 구원의 시작이다.' 비록 오욕의 인생과 역사라고 하더라도 그 속에서 흘러넘치는 하나님의 자비와 사랑을 발견하자. 하나님은 누구나 꺼리는 오욕의 십자가를 통해 인류의 소망의 길을 열어놓으심을 기억하자. 죽음 가운데서도 길을 내시는 하나님을 기억하고, 그 구원의 약속을 믿자. 우리는 늘 자신과 싸우며 희망을 쟁취하는 사람이 되어야 한다. 사람은 희망하는 것만큼 일어서게 되고, 절망하는 것만큼 무너지기 때문이다.

본서는 유튜브에서 성경 말씀을 해설하신 목사님들의 강의와 인터넷 사전, 그리고 네이버 블로그에 올라온 성경해설들 및 CBS 성서학당에서 하는 성경 강의와 영등포중앙교회 「아침을 여는 말씀들」을 참고했다. 아울러 구약성경에 관한 해설서들과 Chat GPT 및 뤼튼 AI 검색을 참고했다. 또한 본서는 성경에서 감동적인 말씀들을 소개하면서, 말씀과 해설에 맞는 시들을 첨부했다.

이 글이 집필되기까지 지혜와 능력으로 함께 하신 하나님께 감사드린다. 이미 고인이 된 어머니의 사랑과 희생 및 믿음에도 감사드린다. 또한 이 글이 절망 가운데서 희망을 얻고자 하는 분들과 가족들 및 친구들에게 선한 영향력을 끼치게 되기를 소망한다. 그리고 필자의 글이 상업성이 없음에도 불구하고 출판에 응해 주신 블루앤노트의 대표님께 깊은 감사를 표하며, 무궁한 발전과 번영을 기도드린다.

2024년 11월

김행선(영등포중앙교회 권사)

제1부

모세오경

창세기 | 출애굽기 | 신명기

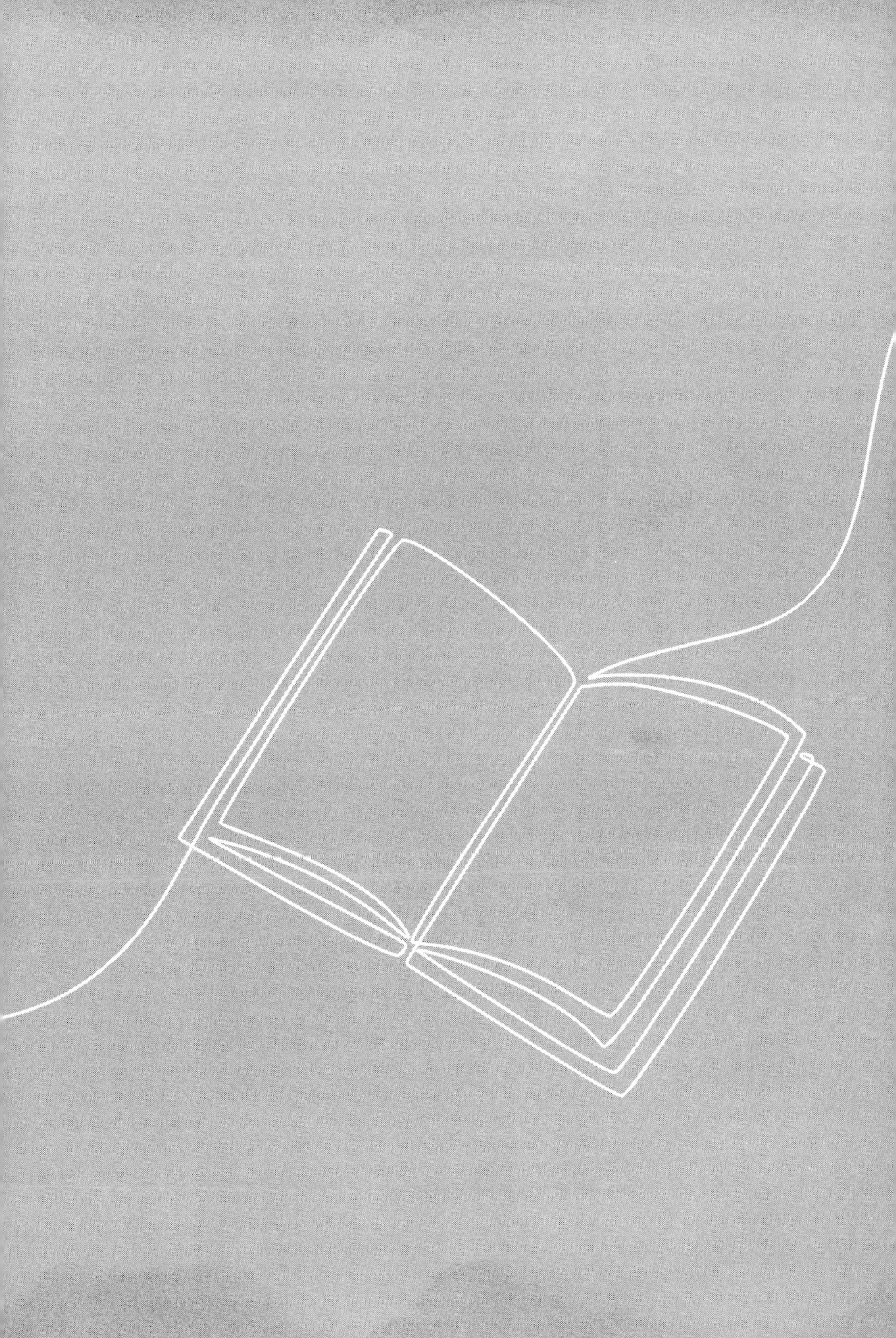

태초에 하나님이 천지를 창조하시니라

> 태초에 하나님이 천지를 창조하시니라 땅이 혼돈하고 공허하며 흑암이 깊음 위에 있고 하나님의 영은 수면 위에 운행하시니라 하나님이 이르시되 빛이 있으라 하시니 빛이 있었고 빛이 하나님이 보시기에 좋았더라 (창 1:1-4)

창세기는 우주 만물의 시작과 기원을 보여주는 책인 동시에, 인류 가운데 들어온 무서운 죄의 근원도 분명하게 드러낸다. 하지만 이에 머물지 않고, 창세기는 죄악으로 인해 영원한 파멸 가운데 놓여 있는 인류를 그대로 방치하지 않고, 친히 찾아오셔서 구원의 길을 활짝 열어주신 하나님의 놀랍고도, 오묘한 구원 섭리를 명쾌하게 보여주고 있다. 이런 측면에서 창세기는 존재의 기원을 밝히는 책인 동시에, 구원역사의 여명을 밝히는 책이라 할 수 있다.[1]

모세가 창세기를 쓴 시기는 이스라엘 백성들이 애굽에서 430년 동안 종살이하다가 모세의 지도하에 출애굽을 한 이후이다. 이들은 종살이하면서 그들의 조상이 믿었던 하나님을 거의 잊어버렸으며, 자신들의 정체성도 망각한 상태에 있었다. 따라서 창세기는 이스라엘 백성들이 하나님을 바로 알고, 하나님과의 끊어진 관계를 회복하여 하나님의 구속의 역사를 이루어내기 위해 쓰인 것이다.[2] 즉 창세기의 기록 목적은 광야라는 척박하고, 공허하며, 흑암과 같은 환경 속에서 이스라엘 백성들의 불신앙과 불평을 잠재우고 하나님이 누구인지, 하나님 앞에서 내가 누구인지 깨닫게 하는 데 있다. 이는 이스라엘 백성들에게 자신들의 기원과 역사를 알려주어 자의식을 깨우쳐주고, 하나님과의 관계를 통해 그들의 특별한 위치와 정체성을 밝히며, 하나님에 대한 경외심과 신앙심을 향상시키려는 것이다.[3] 요컨대 창세기는 하나님이 모든 존재의 시작이요, 근원일 뿐 아니라, 무에서 유를 창조하신 우주와 세계의 주인이심을 드러낸 것이다.[4]

창세기 1장 1절, "태초에 하나님이 천지를 창조하시니라"는 선언은 창세기, 나아가서 성경 전체의 대전제가 되는 말씀으로, 참으로 웅장한 선포이다. 이는 세상 만물의 존재와 모든 인류 역사의 출발을 보여주며, 창조주인 하나님의 권위와 능력을 드러내는 위대한 선언이다. 창세기는 먼저 천지를 창조하신 하나님의 존재를 선포하고, 천지가 어떻게 조성되었고, 어떻게 존재하게 되었는지를 설명하고 있다. 창조라는 단어에는 하나님의 무한한 능력과 지혜, 그리고 하나님의 초월성과 불변성이 내포되어 있다. 이는 세상을 향해 하나님 자신을 선포하는 것이며, 하나님 자신이 누구인지를 정확히 알려주신 말씀이다. 하나님은 스스로 존재하시는 분이며, 스스로 "나는 처음이요 또 마지막이라."(이사야 48장 12절; 요한계시록 1장 17절)고 말씀하신다. 따라서 하늘과 땅, 세상에 존재하는 모든 것은 다 하나님이 창조한 것이다. 또한 창세기 1장은 '존재하는 모든 것은 어디에서 오는가', '우리는 어디서 왔는가?', '우리는 어디로 가고 있는가?', '인간은 무슨 의미가 있는가?'에 관한 물음의 답이기도 하다.[5]

더 나아가 창세기 1장은 하나님의 천지창조가 일종의 무질서와 혼돈 세력에 대한 승리 사건임을 암시하고 있다. 하나님의 천지창조는 단지 무로부터의 창조임을 넘어서서 무질서와 혼돈과 심연 세력에 대한 질서 부여 행위임을 뜻한다. 하나님의 창조 질서가 세워지기 전에, 세상은 혼돈과 공허, 흑암과 깊음이라는 무질서 세력에 의해 지배되고 있었다. 혼돈은 가치가 없다는 뜻이고, 공허는 눈으로 구분하기 힘든 텅 빈 폐허를 뜻하며, 흑암은 파멸, 죽음, 슬픔을 뜻하고, 깊음은 악이나 심연을 뜻한다. 그러나 하나님의 명령에 의해 세상은 하나님이 보시기에 맞는 기준과 아름다운 질서로 창조된다. 따라서 창세기 1장은 하나님의 구속 역사의 전제이며, 하나님의 명령에 순종하는 삼라만상을 보여줌으로써 하나님 나라의 시작을 나타낸다.[6]

하나님의 창조의 손길을 통해 가능성이 전혀 없었던 사람들이 새로운 능력의 소유자로 변모하게 된다. 흑암과 같았던 인생이 빛으로 바뀌는 순간이 태초이다. '큰 처음', 또는 '결정적인 시간의 열림'이라 할 수 있다. 따라서 태초하는 사건이 그 사람에게 있느냐 없느냐의 문제는 매우 중요하다. 태초는 아득히 먼 우주적 사건에 머무는 것이 아니라 혼돈, 흑암, 공허함의 인생이 빛과 생명의 시간을 경험함으로써 나 자신의 우주가 새롭게 창조되는 시간이다. 태초는 우주적 차원에서도 거대한 전환의 찰나이며, 나 자신의 인생에서도 경이로운 출발이다. 어둠과 혼돈, 공허는 이 창조의 시간을 통과하면서 빛과 생명의 질서, 그리고 의미 있는 가치로 변하게 된다. 따라서 창세기 1장은 천지창조에 대한 과학적 설명 수준의 이야기를 넘어서서, 나의 흑암과 같은 현실을 바꿀 희망과 직결된 이야기이다. 그런 까닭에 '태초의 창조'는 곧 나의 새로운 창조적 출발이다. 생명의 힘으로 가득 찬 소우주가 내 안에 탄생하는 사건이다. 그로써 낙담과 절망은 나의 삶에서 추방된다.[7]

하나님의 역사와 개입이 없다면 우리는 여전히 혼돈과 공허 그리고 흑암 중에 있을 수밖에 없다. 그러나 하나님의 영이 수면 위에 운행하셔서 혼돈과 흑암을 주관하시며, 세상을 향한 눈부신 계획을 갖고, 질서 있게 창조해 내신다.[8] 하나님의 영, 곧 성령의 자애심 넘치는 운행으로 혼돈과 무질서는 질서와 영광의 세계, 빛의 영역, 지적인 완성으로 전환된다.[9]

하나님은 혼돈, 공허, 흑암의 세상 속에 있는 인간들을 위해 빛을 만드셨다. 빛은 하나님이 창조하신 모든 존재들 가운데 가장 최초의 것이다. 하나님은 피조물의 생명을 보호하고, 삶의 기쁨과 즐거움을 위하여 빛을 창조하셨다. 빛은 하나님이 세상에 주신 가장 귀하고 좋은 선물이요, 가장 아름답고 귀한 축복이다.[10] 빛의 창조는 모든 생명과 에너지의 근원을 의미하며, 그 빛은 바로 예수 그리스도이다.

> 태초에 말씀이 계시니라. 이 말씀이 하나님과 함께 계셨으니, 이 말씀은 곧 하나님이시니라. 그가 태초에 하나님과 함께 계셨고, 만물이 그로 말미암아 지은 바 되었으니, 지은 것이 하나도 그가 없이는 된 것이 없느니라. 그 안에 생명이 있었으니, 이 생명은 사람들의 빛이라(요 1:1-4)

> 예수께서 말씀하여 이르시되, 나는 세상의 빛이니 나를 따르는 자는 어둠에 다니지 아니하고, 생명의 빛을 얻으리라 (요 8:12)

내게 닥친 불행이나 질병, 고난과 절망은 예수 그리스도의 빛이 비치는 순간 사라지게 되고, 그분의 빛으로 생명과 희망의 길로 나아갈 수 있다. 어둠이 가득한 세상에서 예수가 빛으로 오신 것은 우리에게 빛으로 사는 방법을 보여 주시기 위함이다. 예수는 말씀하신다.

> 너희는 세상의 빛이라 산 위에 있는 동네가 숨겨지지 못할 것이요, 사람이 등불을 켜서 말 아래에 두지 아니하고 등경 위에 두나니 이러므로 집안 모든 사람에게 비치느니라 이같이 너희 빛이 사람 앞에 비치게 하여 그들로 너희 착한 행실을 보고 하늘에 계신 너희 아버지께 영광을 돌리게 하라 (마 5:14-16)

빛은 사랑을 상징하고, 사랑을 경험하는 사람들은 내면에서 빛을 발하게 된다. 그리하여 창세기 1장은 우리에게 이렇게 말하고 있다. "그대가 겪은 아픔과 상처, 낙망과 좌절이 하나님의 영 가운데 있으면 눈부신 빛의 세계가 열릴 수 있다. 고생스러웠던 일들이 하나님의 빛 안에서는 새로운 창조와 사랑의 시작이 될 수 있다. 이를 믿고 절대로 무너지지 말라!"[11]

성경에서 하나님은 빛과 사랑으로 상징되고 있다. 사랑은 어둠을 밝혀주고, 냉혹한 삶을 따뜻하게 만들며, 주변 사람들에게 희망을 제공한다. 따라서 세상에서 가장 중요한 빛은 가까운 사람에게 보여주는 따뜻한 사랑이다. 이는 내 행복 뿐만 아니라, 타인에 대한 이해와 배려로 이어져 건강하고 따뜻한 사회로 나아가는 길이 된다.

따라서 인간은 혼돈하고, 공허하며, 흑암이 깊은 땅의 절망적인 현실을 살아가지만, 천지를 창조하신 하나님께 소망을 두고 그분을 의지하면서, 주변 사람들과 함께 서로 사랑하며 사는 삶이 진정한 찬양이고, 예배이며, 하나님의 창조 질서 속에서 살아가는 길이다.

광야

이육사[12]

까마득한 날에
하늘이 처음 열리고
어데 닭 우는 소리 들렸으랴

모든 산맥들이
바다를 연모해 휘달릴 때도
차마 이곳을 범하던 못하였으리라

끊임없는 광음을
부지런한 계절이 피어선 지고
큰 강물이 비로소 길을 열었다

지금 눈 내리고
매화 향기 홀로 아득하니
내 여기 가난한 노래의 씨를 뿌려라

다시 천고(千古)의 뒤에
백마 타고 오는 초인(超人)이 있어
이 광야에서 목놓아 부르게 하리라

사람은 하나님의 형상대로 창조되었다

> 하나님이 이르시되 우리의 형상을 따라 우리의 모양대로 우리가 사람을 만들고 그들로 바다의 물고기와 하늘의 새와 가축과 온 땅과 땅에 기는 모든 것을 다스리게 하자 하시고 하나님이 자기 형상 곧 하나님의 형상대로 사람을 창조하시되 남자와 여자를 창조하시고 하나님이 그들에게 복을 주시며 하나님이 그들에게 이르시되 생육하고 번성하여 땅에 충만하라, 땅을 정복하라, 바다의 물고기와 하늘의 새와 땅에 움직이는 모든 생물을 다스리라 하시니라 (창 1:26-28)

이 선언은 하늘이 준 인간 존엄성의 절대적 가치를 선포하는 인류 최초의 인권선언이다. 사람이 하나님의 형상을 기준으로 창조되었다는 사실은 하나님이 우주 전체의 생명체 가운데 인간에게 특별한 지위를 주셨다는 것을 말한다. 그것은 다름 아닌 '존엄성'이다.[13]

창조 사역의 절정은 사람의 창조이다.[14] 하나님이 인간에게 주신 최고의 선물은 하나님의 형상대로 인간이 창조되었다는 사실이다. 이는 인간은 누구인가라는 근본적인 질문에 대한 대답으로 인간이 정신적, 도덕적, 그리고 영적 측면에서 하나님과의 관계를 형성할 수 있다는 것을 나타낸다. 따라서 인간은 존엄하고, 가치 있는 존재임을 의미한다.[15]

모세가 창세기를 기록할 때 누구에게 읽힐 생각이었는가? 첫 번째 독자는 애굽의 노예 신분에서 탈출하여 광야에서 40년 동안 떠돌다가 드디어 하나님이 약속하신 가나안 땅으로 들어가기 위해 모여 있는 이스라엘 백성들이다. 가나안 정복 전쟁을 앞두고 불안과 두려움, 그리고 열등감에 쌓여 있는 이들에게 그들이 전능하신 하나님의 형상대로 만들어졌다는 것은 그들에게 무한한 용기와 자존감을 주는 격려와 소망의 말씀이다. 그들의 존재 자체가 그냥 하나님의 선물이라는 것이다.[16] 그러니 주눅들거나 두려워하지 말고 하나님의 약속만을 붙들고 나아가라는 것이다.

인간이 하나님의 형상으로 지어졌다는 것은 인간이 하나님의 특성과 성품인 양심과 이성과 자유의지, 공의와 거룩함과 지혜와 사랑 등을 갖춘 고유한 인격체로 만들어졌다는 것을 의미한다. 그리고 이에 근거하여 인간에게 하나님을 대신하여 통치하는 주권도 주어졌다.[17]

하나님은 하나님의 형상대로 창조된 인간에게 번성하고 즐거움을 누리도록 축복하시며, 땅을 다스리고 관리하라는 명령을 내리신다. '정복하다', '부리다'는 조화로운 통치를 드러내는 왕권의 행사를 말한다. 모든 인간은 하나님의 대리 통치자로서, 하나님의 뜻에 따라 만물을 다스리는 존재로 창조되었다. 이는 하나님의 창조 질서인 자연을 무한정 파괴해도 좋다는 허락이 아니다. 하나님의 청지기로서 하나님의 것인 만물을 대신 돌보고, 적절하고 조화롭게 관리하라는 뜻이다. 즉 정복과 부림은 인간이 우주와 만물을 짓고 기뻐하신 하나님의 마음을 알아, 만물을 책임감 있는 자세로 이용하고, 만물과의 공존 속에서 행복하게 존재하라는 하나님의 명령이다.[18]

따라서 우리는 하나님이 우리에게 부여한 주권, 즉 재능과 능력으로, 하나님의 선하신 형상을 표현하며 살아야 한다. 그것이 바로 인간의 분수이고, 인간을 만드신 창조주 하나님께 드릴 수 있는 진정한 예배이다.

아울러 우리가 사람 안에 깃든 하나님의 형상을 발견하는 일은, 인간의 존엄성과 동등성의 가치를 새롭게 세우는 근간이 된다. 사람은 누구나 하나님의 형상을 닮아 태어났기 때문에, 하나님 앞에서 모두가 존엄하고 평등하다. 이에 우리는 하나님의 형상대로 태어난 사람이라는 사실을 깨닫고 자신의 삶에 대한 자부심을 가지고 살아야 하지만, 동시에 다른 사람 역시 그러하기 때문에 타인을 존중하고 배려하며 살아야 한다. 이는 나를 비롯해서 모든 사람들이 다 하나님의 선물이라는 사실을 깨닫고, 서로를 존중하고 사랑해야 한다는 것을 의미한다.[19] 예수는 이렇게 말씀하신다. "내 계명은 곧 내가 너희를 사랑한 것같이 너희도 서로 사랑하라 하는 이것이니라."(요한복음 15장 12절)

사랑은 상대방에 대한 관심과 배려를 의미하며, 서로를 이해하고 존중하며, 서로에 대한 신뢰를 뜻하는 것이다. 이로써 우리는 하나님을 영화롭게 하고, 하나님과 친밀한 관계를 맺으며, 세상을 하나님 나라로 만들어갈 수 있다.

요컨대 우리 자신에게 주어진 하나님의 형상을 망각하거나, 그런 형상을 가진 타인을 훼손하는 것 모두 죄다. 죄인이란 스스로 존엄한 존재로서의 자존감을 잃은 사람, 또는 그런 존엄한 존재를 짓밟는 사람이다.[20]

믿음과 복의 근원, 아브라함

> 여호와께서 아브람에게 이르시되 너는 너의 고향과 친척과 아버지의 집을 떠나 내가 네게 보여 줄 땅으로 가라 내가 너로 큰 민족을 이루고 네게 복을 주어 네 이름을 창대하게 하리니 너는 복이 될지라 너를 축복하는 자에게는 내가 복을 내리고 너를 저주하는 자에게는 내가 저주하리니 땅의 모든 족속이 너로 말미암아 복을 얻을 것이라 하신지라 이에 아브람이 여호와의 말씀을 따라갔고 롯도 그와 함께 갔으며 아브람이 하란을 떠날 때에 칠십오 세였더라
>
> 아브람이 그의 아내 사래와 조카 롯과 하란에서 모은 모든 소유와 얻은 사람들을 이끌고 가나안 땅으로 가려고 떠나서 마침내 가나안 땅에 들어갔더라 아브람이 그 땅을 지나 세겜 땅 모레 상수리나무에 이르니 그 때에 가나안 사람이 그 땅에 거주하였더라 여호와께서 아브람에게 나타나

이르시되 내가 이 땅을 네 자손에게 주리라 하신지라 자기에게 나타나신 여호와께 그가 그곳에서 제단을 쌓고 거기서 벧엘 동쪽 산으로 옮겨 장막을 치니 서쪽은 벧엘이요 동쪽은 아이라 그가 그곳에서 여호와께 제단을 쌓고 여호와의 이름을 부르더니 점점 남방으로 옮겨갔더라 (창 12:1-8)

아브람의 아버지 데라는 온 가족을 이끌고 누대에 걸쳐 살아오던 고향 우르를 등지고, 가나안을 향해 길을 떠났다. 여정 중 그는 오늘날 시리아 동북부 지방에 해당하는 하란에 자리를 잡고 살다가 205살에 죽었다.[21] 데라는 자신과 자녀들 모두 우상 숭배를 하며, 참된 경배의 대상을 알지 못했다.[22]

데라가 죽은 후 세 형제 중 장남인 아브람은 집안의 가장이 되었다. 그 또한 아버지의 가업을 이어 은으로 우상을 만들어내는 직업을 가지고 살아가고 있었다. 아브람은 75세 될 때까지 자식이 없었다. 이는 당시로서는 치명적인 일이었으며, 아브람은 그 시대의 실패자였다.[23] 하나님의 부르심을 받기 전 아브람의 상태는 한마디로 어두움과 절망의 세계였다.

어느 날 아브람은 하나님의 부름을 받았다. 이는 압도적인 두려움과 매혹을 동시에 느끼게 하며, 떨리는 감정을 일으키는 신적·종교적 체험이자, 토대가 흔들리는 정신적 지진과도 같은 근본 경험이며, 절대적 존재와의 합일감으로 가득 찬 체험이었다. 이러한 체험은 아브람에게 근원적인 내적 혁명, 곧 세상과 자신을 바라보는 의식과 세계관에 절대적인 변혁을 가져온 일생일대의 사건이었다. 이것이 구약성경에서 말하는 진정한 회개의 의미인 사고체계의 철저한 변혁과 인생의 방향 전환이다. 옛 세상을 포기한 하나님은 아브람을 불러 새로운 세상을 열고자 하셨다. 아브람은 새 세상의 씨앗이다.[24]

하나님은 아브람에게 "너는 너의 고향과 아버지의 집을 떠나 내가 네게 보여 줄 땅으로 가라 내가 너로 큰 민족을 이루고 네게 복을 주어 네 이름을 창대하게 하리니"라고 말씀하셨다. 이에 아브람은 하나님의 말씀에 진정으로 순종함으로써 하나님을 믿는 신앙의 대표적인 표본이 되었다. 그는 오랜 시간 동안 바벨탑과 같이 쌓아올린 자신의 세계를 뒤로하고, 우상을 숭배하는 관계들을 단절하며, 보이지 않는 하나님의 꿈을 좇아 떠날 수 있는 용기를 가지고 있었기 때문이다.[25]

아브람은 이런 행동을 하기까지 결코 짧지 않은 고민의 시간이 필요했을 것이다. 여러 면에서 부족했던 아브람이지만 믿음의 조상이라고 불리는 이유가 여기에 있다. 즉 하나님이 말씀하실 때 자신의 나이나 생각 및 환경에 구애받지 않고 무작정 길 떠나는 정신! 이것이 하나님을 감동시키는 믿음이자 역사를 일으키는 순종이다. 믿음이란 자아의 소리와 상황을 뛰어넘어 하나님의 말씀에 자신을 던지는 순종이다.[26]

그는 본토, 친척, 아버지의 집과 혈연적, 문화적, 종교적 유대를 끊고 창조적 분리를 감행함으로써 자신의 불임 세월 속에 담겨 있던 하나님의 '숨은 뜻'을 이해하게 되었다. 하나님 나라는 지연, 인종, 색깔, 이념 등에 의해 구획되는 혈과 육의 유대로 건설되는 것이 아니라, 오로지 하나님에 대한 믿음으로 건설되기에 믿음의 조상 아브람은 이와 같은 기존의 세계로부터 창조적 탈출을 감행할 수 있었다.[27]

하나님은 아브람을 택하셔서 그를 믿음의 선조로 삼으시는 한편, 하나님의 섭리와 은혜의 방법들을 나타내는 도구로 이용하실 민족의 창설자로 삼으려 하셨다. 당시 세상에서 하나님에 대한 인식은 거의 소멸해 버린 상태였다. 따라서 아브람의 소명은 인류의 종교사에 있어서 새로운 시발점이었다. 그리고 아브람에게 주신 소명은 그에게 모든 것을 버려야 하는 큰 희생을 요구했지만, 거기에는 하나님의 엄청난 약속이 수

반되었다. 즉 복의 근원이 되고, 큰 민족을 이루고, 민족의 머리가 되며, 믿음의 조상이 되는 약속이 그것이다.[28]

이 언약은 다른 모든 약속의 결론이요 정수이며,[29] 기존의 세계로부터 떠나 새로운 세계로의 여정과 사명 그리고 축복을 약속한 것이다. 이는 아브람과 그의 후손이 하나님의 백성이 될 것을 약속한 것이고, 아브람을 통해 이루시려는 하나님의 꿈, 즉 하나님 나라의 비전이었으며, 하나님 나라의 시작을 의미한 것이다. 이러한 하나님의 사랑과 축복을 통해 아브람의 절망과 어둠은 희망의 역사로 바뀌어간다.

아브람은 자신의 생명과 가족과 삶 전체를 내걸었다. 고대 세계에서 낯선 땅으로 들어가는 것은 그야말로 목숨을 내건 모험이었지만, 아브람은 자기를 부른 하나님만 믿고 떠났다. 그 길에서 어려움을 겪을 때마다 아브람은 제단을 쌓고, 여호와의 이름을 불렀다. 이것이 예배하는 것이고, 예배의 힘으로 사는 것이며, 아브람이 여러 민족의 아버지가 되고, 복의 근원인 아브라함으로 될 수 있었던 비결이다.[30] 우리도 인생이 힘들 때마다 아브라함처럼 하나님을 바라보고, 여호와의 이름을 부르자. 여호와의 이름에는 능력이 있고, 힘이 있고, 소망이 있기 때문이다. 즉 여호와의 이름이 승리의 비결이다.[31]

믿음의 조상으로 대표되는 아브라함에게 떠나라고 하신 명령은 비단 아브라함 한 사람만을 향한 말씀이 아니다. 모든 시대, 모든 성도들에게 하시는 명령으로, 믿음으로 말미암아 모든 민족이 아브라함의 후손이 될 수 있다. 이는 하나님 나라가 모든 민족과 세계로 확장되는 것을 의미하고, 예수 그리스도로 말미암아 하나님 나라는 완성된다.

우리 존재의 가치를 빛나게 하는 것은 우리 내면에 깃든 말씀의 힘이다. 그 말씀대로 아브람처럼 지금 일어나 길을 떠나겠다고 결단하는 순간, 누구든 새로운 존재가 된다. 우리가 어떠한 세월, 어떠한 환경에 처해 있어도 새로운 시작과 하나님 나라는 그렇게 해서 이루어진다.[32]

여호와께서 과연 여기 계시거늘

야곱의 꿈

야곱이 브엘세바에서 떠나 하란으로 향하여 가더니 한 곳에 이르러는 해가 진지라 거기서 유숙하려고 그곳의 한 돌을 가져다가 베개로 삼고 거기 누워 자더니 꿈에 본즉 사닥다리가 땅 위에 서 있는데 그 꼭대기가 하늘에 닿았고 또 본즉 하나님의 사자들이 그 위에서 오르락내리락 하고 또 본즉 여호와께서 그 위에 서서 이르시되 나는 여호와니 너의 조부 아브라함의 하나님이요 이삭의 하나님이라 네가 누워 있는 땅을 내가 너와 네 자손에게 주리니 네 자손이 땅의 티끌 같이 되어 네가 서쪽과 동쪽과 북쪽과 남쪽으로 퍼져나갈지며 땅의 모든 족속이 너와 네 자손으로 말미암아 복을 받으리라 내가 너와 함께 있어 네가 어디로 가든지 너를 지키며 너를 이끌어 이 땅으로 돌아오게 할지라 내가 네게 허락한 것을 다 이루기까지 너를 떠나지 아니하리라 하신지라

야곱이 잠이 깨어 이르되 여호와께서 과연 여기 계시거늘 내가 알지 못하였다 이에 두려워하여 이르되 두렵도다 이곳이여 이것은 다름 아닌 하나님의 집이요 이는 하늘의 문이로다 하고 야곱이 아침에 일찍이 일어나 베개로 삼았던 돌을 가져다가 기둥으로 세우고 그 위에 기름을 붓고 그 곳 이름을 벧엘이라 하였더라 이 성의 옛 이름은 루스더라 (창 28:10-19)

야곱이 아버지와 형을 속이고 복을 가로채자, 형인 에서가 그를 죽이려 했다. 그러자 야곱은 고향을 떠나 외삼촌이 있는 하란을 향하여 도망쳤다. 형 에서의 분노를 피해 하란으로 가는 여정은 그야말로 외롭고, 두렵고, 막막한 미래이자, 낙심과 절망의 길이었다.

야곱은 광야에서 밤을 보내며 돌을 베개 삼고 잠이 들었다. 이때 그는 꿈에서 하늘에 닿는 사닥다리를 보게 되고, 이를 통해 하나님이 그에게 나타나셨다. 이 사닥다리 꿈은 야곱에게 하나님의 임재와 축복을 확신시키는 중요한 사건이었다.

형과 아버지를 속이고 장자권을 빼앗아 달아나는 파렴치한 야곱에게 하나님은 죄인의 눈높이로 낮아지셔서 꿈의 사닥다리를 통해 자신이 아브라함과 이삭의 하나님이라고 선포하시고, 엄청난 약속을 하신다. 하나님은 야곱과 그의 후손에게 약속된 땅을 주고, 그의 자손이 땅의 티끌처럼 많아질 것이라고 약속하셨다. 즉 하나님은 초라한 현재의 야곱에서 동서남북을 차지할 미래의 야곱을 보여주시고, 야곱 자신 뿐 아니라 그의 자손에게도 동일한 약속을 확대하신 것이다. 이와 같이 하나님이 베푸시는 은혜는 사람의 자격에 따르는 것이 아니라, 일방적이고 무한한 하나님의 은혜에 기인한다. 일방적이라 함은 아직 야곱이 회개도 하지 않았고, 제대로 된 헌신도 하지 않은 상태인데, 하나님이 찾아오셨기 때문이다.[33]

하늘과 땅을 연결한 사닥다리를 통해 하나님은 야곱에게 나타나셔서, 어떠한 책망이나 요구 없이 아브라함과 이삭에게 하신 약속을 야곱에게도 재확인하셨다. 이는 야곱이 하나님의 언약의 계승자임을 확증하는 것이다. 이를 통해 야곱은 비로소 하나님을 체험하고, 하나님의 약속과 지지를 받으며, 그의 마음과 삶이 변화되었고, 하나님과의 관계에 대한 새로운 지평을 열게 되었다. 이처럼 야곱이 가장 극심한 고난에 처해 있을 때 하나님이 찾아오셨다는 사실은, 하나님이 오직 은혜로 믿음의 백성을 다스리신다는 것을 말해 준다.[34]

광야 한 가운데에서 하나님을 만난 야곱은 그곳이 벧엘임을 깨닫고,

"여호와께서 과연 여기 계시거늘 내가 알지 못하였다"(창세기 28장 16절)고 고백하게 된다. 야곱은 환난 중에 하나님을 만난 후, 하나님이 그와 함께 하심을 깨닫고 거기서 제단을 세우고, 그곳 이름을 '하나님의 집', 곧 벧엘이라 칭했던 것이다. 그리하여 야곱은 훗날 이렇게 고백하고 있다.

> 우리가 일어나 벧엘로 올라가자 내 환난날에 내게 응답하시며 내가 가는 길에서 나와 함께 하신 하나님께 내가 거기서 제단을 쌓으려 하노라 하매 (창 35:3)

사람들은 '벧엘'를 뼈아픈 고독과 비극의 자리로 부를지 모르지만, 야곱 그 자신에게는 새로운 희망이 태어난 자리이다. 사람들은 그곳을 '도망자가 흘린 눈물'이라고 부를지 모르나, 그 자신은 '새로운 길에 들어선 자의 기쁨'으로 이름 지을 수 있다. 그리하여 야곱은 하나님의 집인 벧엘을 출발점으로 삼아 희망과 축복의 미래를 향해 가는 자가 된 것이다.[35]

야곱은 이제 혼자가 아니다. 하나님이 함께 하시는 임마누엘의 삶으로 새롭게 출발하고 있다. 하나님은 절망하고 있는 야곱에게 약속의 말씀을 하신다. "내가 너와 함께 있어 네가 어디로 가든지 너를 지키며, 너를 이끌어 이 땅으로 돌아오게 할지라 내가 네게 허락한 것을 다 이루기까지 너를 떠나지 아니하리라 하신지라."(창세기 28장 15절)

이것은 하나님이 선택한 백성은 어디를 가든, 또한 어떠한 처지가 되든, 늘 하나님께서 그와 함께 하신다는 사실과 함께 외롭고 괴로울 때일수록 더욱 하나님의 은혜와 위로도 크게 역사하신다는 사실을 보여준다.[36] 하나님이 우리와 함께 하시는 것, 그것이 곧 우리의 능력이고, 위안이고, 희망이다. 하나님이 임재하시는 인생의 전환점은 바로 낙담과 실패의 자리, 외로움과 두려움의 자리, 광야의 자리이다.[37] 인생에게 활

력을 일깨워주고, 하나님의 축복을 받을 수 있는 기회를 주는 것은 다름 아닌 고난과 역경이다.[38]

야곱이 마치 버림받은 사람과 같이 되었을 때, 그의 영혼이 죄의식과 미지의 공포가 주는 불안에 휩싸여 있을 때, 인생의 모든 것이 야곱을 거역하는 것처럼 보인 그때 사닥다리 꿈이 허락된 것이다. 그것은 야곱의 영적 필요를 충족시켜 주었고, 하나님과 인간 사이에 화해의 길이 있다는 사실을 그에게 확신시켜 주었다. 또한 그에게 하나님의 사랑은 모든 어둠 위에 있으며, 하나님은 구원의 창시자이시며, 절망을 딛고 일어설 희망의 사닥다리이심을 확신시켜 주었다. 야곱의 사닥다리 꿈은 그에게 인생의 엄숙한 의미를 일깨워주고 그의 회심을 초래했다. 그는 이렇게 고백한다. "여호와께서 나의 하나님이 되실 것이다."(창세기 28장 21절)[39]

이처럼 하나님과 만난 야곱이 절망에서 희망으로 나아갔듯이 우리도 야곱처럼 황량하고, 절망적인 광야와 같은 삶 속에서 하나님을 만나 새로운 삶을 시작하고, 미래로 향하는 하늘 문을 열고, 하나님과 함께하는 임마누엘의 인생을 살아야 한다. 하늘의 문과 하나님의 약속은 죽음을 이기고 부활하신 예수를 통해 모든 사람에게 열려 있다. 예수는 자기를 찾는 모든 이에게 하늘 문을 열어주고 새로운 삶의 길을 제시한다.

하늘의 문을 엽니다

김행선[40]

저기 바로 눈앞에 하늘이 널려 있습니다.
나무와 나무, 울타리와 울타리를 타고
하늘은 가까이 널려 있습니다.

손을 뻗어 울타리 위로 뻗어 있는 하늘을
거두어들일 수도 있겠습니다.

믿음과 사랑과 소망의 사다리를 타고 올라가면
나무와 나무 사이로 보이는 하늘의 문을
열어 볼 수 있겠습니다.

나보다 먼저 밟은 사람들이 있습니다.
나보다 먼저 오른 사람들이 있습니다.
나보다 먼저 하늘의 문을 연 사람들이 있습니다.

나는 그들이 어떻게 하늘에 도달할 수 있었는지
알지 못합니다.
그러나 지극히 가난하고 가진 것 없는 나는
나의 길을 가면서 두 팔을 벌려
울타리 위로 널려 있는 하늘을 거두어들이고
나무 위로 보이는 하늘의 문을 열고자 합니다.

고통스러워 부르짖는 내 백성을 애굽에서 건져내라

모세가 그의 장인 미디안 제사장 이드로의 양떼를 치더니 그 떼를 광야 서쪽으로 인도하여 하나님의 산 호렙에 이르매 여호와의 사자가 떨기나무 가운데로부터 나오는 불꽃 안에서 그에게 나타나시니라 그가 보니 떨기나무에 불이 붙었으나 그 떨기나무가 사라지지 아니하는지라 이에 모세가 이르되 내가 돌이켜 가서 이 큰 광경을 보리라 떨기나무가 어찌하여 타지 아니하는고 하니 그 때에 여호와께서 그가 보려고 돌이켜 오는 것을 보신지라 하나님이 떨기나무 가운데서 그를 불러 이르시되 모세야 모세야 하시매 그가 이르되 내가 여기 있나이다 하나님이 이르시되 이리로 가까이 오지 말라 네가 선 곳은 거룩한 땅이니 네 발에서 신을 벗으라 …

여호와께서 이르시되 내가 애굽에 있는 내 백성의 고통을 분명히 보고 그들이 그들의 감독자로 말미암아 부르짖음을 듣고 그 근심을 알고 내가 내려가서 그들을 애굽인의 손에서 건져내고 그들을 그 땅에서 인도하여 아름답고 광대한 땅, 젖과 꿀이 흐르는 땅 곧 가나안 족속, 헷 족속, 아모리 족속, 브리스 족속, 히위 족속, 여부스 족속의 지방에 데려가려 하노라 이제 가라 이스라엘 자손의 부르짖음이 내게 달하고 애굽 사람이 그들을 괴롭히는 학대도 내가 보았으니 이제 내가 너를 바로에게 보내어 너에게 내 백성 이스라엘 자손을 애굽에서 인도하여 내게 하리라 모세가 하나님께 아뢰되 내가 누구이기에 바로에게 가며 이스라엘 자손을 애굽에서 인도하여 내리이까 하나님이 이르시되 내가 반드시 너와 함께 있으리라 네가 그 백성을 애굽에서 인도하여 낸 후에 너희가 이 산에서 하나님을 섬기리니 이것이 내가 너를 보낸 증거니라 (출 3:1-12)

여호와께서 그에게 이르시되 네 손에 있는 것이 무엇이냐 그가 이르되 지팡이니이다 … 너는 이 지팡이를 손에 잡고 이것으로 이적을 행할지니라 … 모세가 하나님의 지팡이를 손에 잡았더라 (출 4:2, 17, 20)

모세 5경의 제1서인 창세기가 이스라엘 민족의 배경을 이루는 가족사라고 한다면, 제2서인 출애굽기는 민족의 탄생에 관한 사건을 기록하고 있다.[1] 요셉으로 인해 애굽으로 이주한 야곱과 그 가족은 하나님의 은혜로 많은 무리를 이루었다. 이후 애굽의 새로운 왕이 등장하면서 그들은 억압받는 노예로 전락하게 되었다. 그들 무리는 애굽 땅에서 혹독한 고난을 당하며 생활했다. 창세기에서 아브라함, 이삭, 야곱과 더불어 언약을 맺으시고, 가나안 땅을 그들의 후손에게 주시겠다고 약속하신 하나님은 출애굽 사건을 통해 그 약속을 성취하셨다. 이는 구원역사의 결정판이라 할 수 있다. 이로써 하나님은 약속을 지키시는 분이요, 역사의 주관자이며, 구속주이신을 보여주셨다.[2]

출애굽기의 주요 인물인 모세는 히브리인으로 태어났지만, 당시 억압받던 사건으로 인해 애굽 왕자로 살아갔다. 그러나 그는 자신의 정체성과 동족인 이스라엘 백성에 대한 연민을 잃지 않았고, 결국 모세는 애굽인을 죽인 살인자가 되어 홍해 건너편 미디안 땅으로 도망쳐 40년간 광야 생활을 하며 특별한 삶의 목표 없이 양 떼를 치며 세월을 보내고 있었다. 애굽의 왕자에서 양치기가 된 것이다. 모세는 40년간 광야 생활을 하면서 쓸모없이 버려지고 낭비되는 의미없는 일상을 살아갔다.

하나님의 뜻은 감추어져 있었고, 미래는 희망이 없어 보였다. 모든 인생의 의미는 정지되었으며, 세월만 흘러 80세에 이르렀다.

그러나 모세는 40년의 광야 생활을 통해 애굽에서는 배울 수 없었던 것, 즉 하나님과 함께 하며, 하나님의 손길을 느끼는 법을 배울 수 있었다. 모세는 광야에서 하나님의 인도하심과 보호하심을 깨달았으며, 하나님께 순종하는 것이 얼마나 중요한지를 배우게 되었다. 더 나아가 하나님의 거룩함과 공의를 깊이 체험했으며, 인내와 겸손을 배우게 되었다. 성경은 모세가 "온유함이 지면의 모든 사람보다 더하더라"(민수기 12장 3절)고 기록하고 있다. 요컨대 모세의 광야 생활은 그의 인격과 신앙을 깊게 성숙시키는 시간이었으며, 이를 통해 하나님을 만나고, 하나님의 뜻에 따라 이스라엘 백성을 노예생활로부터 해방시킬 수 있는 리더십을 기르는 시간이었다.[3]

모세의 두 아들의 이름 중 하나는 게르솜이다. 이는 "내가 이방에서 나그네가 되었다"라는 뜻이다. 또 하나의 이름은 엘리에셀인데, 이는 "나의 하나님이 나의 도움이 되신다"라는 뜻이다. 모세는 광야에서 이 두 가지를 깨달아 아들들의 이름을 지어준 것이다. 그는 광야에서 40년을 사는 동안 내가 어찌하여 여기서 나그네가 되었나?라고 생각했다. 그는 나그네 된 자신의 모습을 보면서 자신이 얼마나 보잘것없는 존재인지를 확인하게 되었던 것이다. 그와 동시에 모세는 압도해 오는 우주의 찬란한 별들을 보면서, 창조주 되시는 하나님을 의지하지 않고는 한순간도 살 수 없다는 믿음을 확인했을 것이다. 그것이 둘째 아들 엘리에셀의 이름에서 나타난다. 모세는 광야에서 비로소 하나님을 의지하는 법을 배운다. "나는 아무것도 할 수 없기 때문에 주님을 의지합니다." 이때 하나님은 모세를 부르셨던 것이다.[4]

모세는 평범한 일상적인 삶의 현장에서 하나님을 만나게 되었다. 모세가 평소 하던 대로 양 떼를 치며 호렙산에 이르렀을 때, 여호와의 사자가 떨기나무 가운데로부터 나오는 불꽃 안에서 그에게 나타나셨다. 떨기나무는 애굽과 시내 반도에서 흔히 볼 수 있는 아카시아 종류의 가시나무이다. 불타는 떨기나무는 하나님의 임재를 나타내며, 그 불꽃은 하나님의 거룩함과 능력을 상징하는 것이다. 또한 떨기나무는 모세의 믿음과 복종을 나타내며, 그의 사명을 수행하기 위해 하나님과의 관계를 강화하는 시작점이다. 따라서 떨기나무는 이스라엘 백성에게 하나님의 존재와 능력, 그리고 그들의 모든 소망과 희망을 상징하는 것이다. 특히 하나님이 떨기나무에 불로 임하신 것은 떨기나무같이 하찮은 인생이었던 모세에게 하나님이 함께 하신다면 가장 쓸모 있는 인생으로 변할 것이라는 뜻을 내포하고 있다.[5] 모세의 나이 80이 되어 혈기 왕성하던 힘이 다 빠졌을 때, 하나님은 모세에게 애굽의 압제 아래 있는 이스라엘 민족을 구출해 내는 사명을 주시기 위해 역사의 전면에 나타나셨던 것이다.

이스라엘 백성은 애굽에서 포학한 왕과 적대적인 민족, 압제하는 감독들, 보수 없는 노동에 시달리며 고통받고 있었다. 그들은 정치적·사회적으로 감옥에 있는 자들이요, 노예였으며, 경제적으로 파멸되었고, 종교적으로 타락하였다. 이에 하나님은 "내가 내 백성의 고통을 보았고, 그들의 부르짖음을 들었다"고 하신다. 하나님은 억울한 사람, 사회적 약자들의 고통과 부르짖음을 들으시고, 정의를 실현하시기 위해 역사를 바꾸신다. 하나님은 그 백성들의 불행을 제거해 주기 위해서 한 해방자를 일으키신다.[6] 모세는 하나님의 손에 붙잡힌 지팡이가 되어, 오직 하나님의 능력만을 의지하며 이스라엘 백성을 구원하는 해방자의 사명을 맡게 된 것이다.

고대 근동세계의 신들 가운데 고통스러워 울부짖는 작고 보잘것없는 종들의 소리를 듣고 불쌍히 여기는 신은 야훼가 유일할 것이다. 야훼 하나님의 독특함은 바로 여기에 있다. 그저 가엾이 여기는 것에 그치지 않고, 신음하는 백성을 위해 직접 역사하여 함께 싸우신다. 하나님은 모세를 시켜 자기 백성을 위로하고, 고통받는 현실에서 완전히 빠져나오는 길을 제시했고, 그 길을 함께 걷기 시작했다.[7] 따라서 출애굽 사건은 하나님이 이스라엘 백성을 애굽의 종노릇에서 해방시켜 자유롭게 하신 구원 행위이다. 또한 출애굽 사건은 이스라엘 백성에게 새로운 시작을 알리며, 젖과 꿀이 흐르는 약속의 땅으로 나아가는 출발점이었다.

더 나아가 출애굽 사건은 우리를 사망과 영원한 심판으로부터 구원해 내신 예수 그리스도의 구속사건의 모형으로도 보고 있다.[8]

떨기나무처럼 하찮았던 인생인 모세는 바로 우리 자신이다. 떨기나무같이 보잘것없는 우리에게 하나님께서 함께 하신다면, 우리도 불타는 떨기나무가 되어 능력 있게 쓰임 받을 것이다. 하나님의 음성을 들을 수 있고, 하나님의 손길을 느낄 수 있도록 나를 단련시킨다면, 나도 모세처럼 하나님을 만나고, 그 부르심에 응답할 수 있을 것이다. 특히 하나님은 그의 백성을 고난과 학대와 눈물과 근심 속에 그냥 내버려두지 않으시고, 그들과 함께 하신다는 사실을 믿고, 불확실한 미래 속에서도 소망을 품고 앞으로 나아가 그분의 역사하심을 기다려야 할 것이다. 그리고 죄와 심판으로부터 구원해 내시려고 우리를 부르시는 주님의 음성을 듣고, 그 부르심에 순종하여 사명을 감당하는 '하나님의 지팡이'가 되시기를 바란다.

버려지고 잊혀져 가는 삶

김행선[9]

양 떼를 치며 보냈던 모세의 40년 광야생활처럼
99세의 치매노인을 돌보며 하루하루를 보내는
인생의 광야와 같은 삶 속에서
나는 세상으로부터 버려졌고 잊혀져 갑니다.

아침마다 가족들과 지인들에게 말씀 전하고
말씀 배우며 드라마 다시보기로 날을 메우는
폐허의 삶 속에서
인생의 비전과 소망의 끈은 끊어지고
미래에 대한 희망과 기다림조차 잊고 살아갑니다.

하나님의 뜻은 감추어져 있고
세월만 정처없이 흘러
나이만 늙어갑니다.

나의 날이 지나갔고
내 계획, 내 마음의 소망이 모두 끊어졌습니다.
공허한 일상 속에서 꿈조차 꾸지 못하는
의미 없는 삶들이 일상으로 흘러갑니다.

그러나 아무런 배경도, 힘도, 이름도 없는
나는 압니다.

쓸모없이 낭비되는 일상조차도
하나님의 선물인 것을
쓰레기 같은 인생도
하나님의 선물인 것을

오직 그것을 감사함으로 받을 때
의미 없는 삶이 의미 있는 삶이 되고
폐허더미 같은 인생도 불꽃 같은 삶이 되고
공허한 삶이 하나님의 은혜로 가득하게 된다는 것을
버려지고 잊혀져가는 날들이 새롭게 된다는 것을

나는 인생을 허비하고 낭비한 뒤에 깨닫게 됩니다.
하나님께 쓰임받고 하나님께 영광 돌리며 살아야 한다는
믿음의 강박관념조차 내려놓아야 한다는 사실을

오직 사랑하고 모든 것을 포용하며
흐르는 물과 같이 살아
그리하여 끝내 바다에 이른다는 사실을

모세가 요셉의 유골을 가졌으니

> 바로가 백성을 보낸 후에 블레셋 사람의 땅의 길은 가까울지라도 하나님이 그들을 그 길로 인도하지 아니하셨으니 이는 하나님이 말씀하시기를 이 백성이 전쟁을 하게 되면 마음을 돌이켜 애굽으로 돌아갈까 하셨음이라
> 그러므로 하나님이 홍해의 광야 길로 돌려 백성을 인도하시매 이스라엘 자손이 애굽 땅에서 대열을 지어 나올 때에 모세가 요셉의 유골을 가졌으니 이는 요셉이 이스라엘 자손으로 단단히 맹세하게 하여 이르기를 하나님이 반드시 너희를 찾아오시리니 너희는 내 유골을 여기서 가지고 나가라 하였음이더라 그들이 숙곳을 떠나서 광야 끝 에담에 장막을 치니 여호와께서 그들 앞에서 가시며 낮에는 구름 기둥으로 그들의 길을 인도하시고 밤에는 불 기둥을 그들에게 비추사 낮이나 밤이나 진행하게 하시니 낮에는 구름 기둥, 밤에는 불 기둥이 백성 앞에서 떠나지 아니하니라 (출 13:17-22)

본문은 이스라엘 백성이 애굽에서 탈출하여 가나안을 향해 갈 때의 상황을 기록한 것이다. 하나님은 이스라엘 백성들을 가깝고 빠른 블레셋 사람의 땅으로 인도하지 않고, 멀고 험한 홍해의 광야 길로 돌아가게 하셨다.

하나님이 200만 명이 넘는 이스라엘 백성들을 험하고 먼 홍해의 광야 길로 인도하셔서 40년 동안 걷게 하신 이유는, 이스라엘 백성을 낮추시고 시험하사 그들의 마음이 어떠한지, 하나님의 명령을 지키는지, 지키지 않는지를 알기 위함이었다. 이스라엘 백성이 철저히 낮아져 오직 하나님만을 바라보고 의지하도록 하며, 사람은 떡으로만 사는 것이 아니라 여호와의 입에서 나오는 모든 말씀으로 살아야 한다는 것을 깨닫게 하려는 것이다.[10] 또한 시련과 고난을 통해 하나님의 보호와 공급하심을 경험하고 어린 아이와 같은 그들의 신앙을 강화하여 성장시키고자 하셨다. 막 애굽에서 탈출한 이스라엘 백성은 블레셋과의 전쟁을 감

당할 수 없을 정도로 미약한 존재였기 때문에, 함부로 그 백성을 전쟁터로 이끌지 않으려 하셨다. 이는 430년에 걸쳐 노예 상태로 살아왔던 이스라엘 백성이 전쟁을 하게 되면 두려움으로 인해 다시 애굽으로 돌아갈 수 있기 때문이었다.[11]

하나님은 사람이 보기에는 어렵고 힘든 고통스러운 길이지만, 가장 안전하고 좋은 길로 인도하셨다. 고난의 길은 이스라엘 민족에게 새로운 삶의 시작을 알리며, 애굽의 노예생활로부터의 자유를 의미했다.[12] 성경은 이러한 하나님의 인도하심에 대해 "주님께서 한결같은 사랑으로 손수 구원하신 이 백성을 이끌어주시고, 주님의 힘으로 그들을 주님의 거룩한 처소로 인도하여 주십니다."(출애굽기 15장 13절, 표준 새번역)라고 기록하고 있다.

모세는 하나님이 인도하시는 어렵고, 험난한 길을 하나님의 뜻으로 받아들이고, 그의 조상 아브라함과 이삭과 야곱에게 약속하신 가나안 땅으로 가는 여정가운데 첫 출발로, 요셉의 유골을 선봉으로 삼아 가지고 나아갔다. 이는 430년 전에 죽은 요셉의 유언을 따른 것이었다. 창세기 50장 24-25절에서 요셉은 다음과 같은 유언을 남겼다.

> 요셉이 그의 형제들에게 이르되 나는 죽을 것이나 하나님이 당신들을 돌보시고 당신들을 이 땅에서 인도하여 내사 아브라함과 이삭과 야곱에게 맹세하신 땅에 이르게 하시리라 하고 요셉이 또 이스라엘 자손에게 맹세시켜 이르기를 하나님이 반드시 당신들을 돌보시리니 당신들은 여기서 내 해골을 메고 올라가겠다 하라 하였더라

이는 요셉이 죽기 전에 그의 형제들에게 하나님의 약속을 언급한 것이다. 요셉은 죽음의 자리에서도, 하나님이 그들의 조상들에게 약속하

신 젖과 꿀이 흐르는 가나안 땅으로 이스라엘 민족을 인도하시며 돌보실 것이라는 확고한 믿음을 갖고 있었으며, 그때 자신의 유골을 가지고 떠나라는 유언을 남긴 것이다. 요셉의 유골이 곧 요셉의 꿈이자 신앙이었으며, 이스라엘 민족이 나아가는 지표가 된 것이다.

이 유언은 요셉의 믿음과 하나님의 약속에 대한 확신을 나타낸다. 즉 요셉의 유골을 선봉으로 삼음으로써 이스라엘 백성은 그들이 하나님의 백성이라는 정체성과 그분의 구원역사에 따라 애굽에서 해방된 역사성을 다시 확인한 것이다. 또한 요셉의 유골을 선봉으로 삼음으로써 모세는 이스라엘 백성에게 하나님의 약속을 상기시키고, 그들에게 가나안 땅으로 돌아갈 수 있다는 희망을 주고자 한 것이다. 그리고 험난한 광야길 과정에서 하나님이 그 약속을 지키시며, 그 백성과 함께 하시고 돌보셨던 것이 바로 구름 기둥과 불 기둥이었다.

오늘 우리도 하나님이 함께 하셔서, 돌보신다고 약속하시는 하나님의 백성이다. 아무리 어렵고 고단한 인생길이라도 우리를 돌보신다고 약속한 하나님을 신뢰하고, 의지하며, 포기하지 않는 것이 승리의 비결이다. 요셉의 유골이 가나안 정복 후 마침내 가나안 땅인 세겜에 묻혀 그 꿈을 이루었듯이, 내가 죽어도, 하나님은 살아계셔서 내 꿈을 이루어 주신다는 믿음 아래 살아가자.

여호와께서 너희를 위하여 싸우시리니

여호와께서 모세에게 말씀하여 이르시되 이스라엘 자손에게 명령하여 돌이켜 바다와 믹돌 사이의 비하히롯 앞 곧 바알스본 맞은 편 바닷가에 장막을 치게 하라 바로가 이스라엘 자손에 대하여 말하기를 그들이 그 땅에서 멀리 떠나 광야에 갇힌 바 되었다 하리라 내가 바로의 마음을 완악하게 한즉 바로가 그들의 뒤를 따르리니 내가 그와 그의 온 군대로 말미암아 영광을 얻어 애굽 사람들이 나를 여호와인 줄 알게 하리라 하시매 무리가 그대로 행하니라

그 백성이 도망한 사실이 애굽 왕에게 알려지매 바로와 그의 신하들이 그 백성에 대하여 마음이 변하여 이르되 우리가 어찌 이같이 하여 이스라엘을 우리를 섬김에서 놓아보내었는가 하고 바로가 곧 그의 병거를 갖추고 그의 백성을 데리고 갈새 선발된 병거 육백 대와 애굽의 모든 병거를 동원하니 지휘관들이 다 거느렸더라 …

애굽 사람들과 바로의 말들, 병거들과 그 마병과 그 군대가 그들의 뒤를 따라 바알스본 맞은 편 비하히롯 곁 해변 그들이 장막친 데에 미치니라 바로가 가까이 올 때에 이스라엘 자손이 눈을 들어 본즉 애굽 사람들이 자기들 뒤에 이른지라 이스라엘 자손이 심히 두려워하여 여호와께 부르짖고 그들이 또 모세에게 이르되 애굽에 매장지가 없어서 당신이 우리를 이끌어 내어 이 광야에서 죽게 하느냐 어찌하여 당신이 우리를 애굽에서 이끌어내어 우리에게 이같이 하느냐 우리가 애굽에서 당신에게 이른 말이 이것이 아니냐 이르기를 우리를 내버려 두라 우리가 애굽 사람을 섬길 것이라 하지 아니하더냐 애굽 사람을 섬기는 것이 광야에서 죽는 것보다 낫겠노라

모세가 백성에게 이르되 너희는 두려워하지 말고 가만히 서서 여호와께서 오늘 너희를 위하여 행하시는 구원을 보라 너희가 오늘 본 애굽 사람을 영원히 다시 보지 아니하리라 여호와께서 너희를 위하여 싸우시리니 너희는 가만히 있을지니라 (출 14:1-14)

출애굽 사건의 의미는 이스라엘 백성을 구원하시는 하나님, 하나님의 하나님 되심을 계시하심, 하나님이 어떻게 우리를 사랑하시는가를 알리는 데 있다. 그리고 하나님의 영광을 드러내어 모든 사람들이 하나님이 어떤 분인지를 알게 하기 위함이었다. 탈출한 이스라엘 백성에 대한 애굽 왕 바로의 수습책은 무기도 변변치 않은 오합지졸인 이들을 맹추격하여, 다시 애굽으로 돌아오게 해서 노예로 만드는 일이었다.

이스라엘 사람들이 가는 길은 홍해로 가는 막다른 길이었다. 이는 바다와 믹돌 사이의 비하히롯 앞, 곧 바알스본 맞은 편 바닷가에 장막을 치는 것이었다. 이에 바로는 이스라엘 백성이 "광야에 갇힌 바 되었다"고 말했다. 이는 이스라엘 백성들 앞에는 홍해, 뒤에는 바로 군대, 좌우에는 산악지대로 둘러싸여 진퇴양난의 길에 갇혀 끝났다는 것이다.[13]

모세에게 전달된 하나님의 명령으로 시작된 여행 중 아주 위험한 상황에 처하게 된 것이다. 이스라엘 백성들은 광야 여행의 한계점에 이르렀다. 그들에게 있어서 그 순간은 위기였다. 애굽으로 돌아갈 것인가? 자유의 행진을 계속할 것인가? 이스라엘 백성들 앞에는 큰 파도의 포말이 그들을 기다리고 있었으며, 넘을 수 없는 거대한 산들이 그들 양편에 도사리고 있었다. 더군다나 바로와 그의 군대가 그들을 바짝 뒤쫓았다. 그러나 우리가 하나님의 사랑과 권능에 대해 최고의 계시와 은혜를 발견하는 곳은 바로 이러한 삶의 곤경 속에서이다. 사람들이 스스로 도울 수 없다고 느낄 때, 하나님은 바로 그때 일하신다.[14]

하지만 이스라엘 백성들은 완전무장하고, 위엄을 자랑하는 전차군단을 앞세워서 추격해오는 애굽의 병거와 군대들을 보고, 심히 두려움에 빠지게 되었다. 그리하여 이들은 종살이하던 애굽의 학대로부터 구원해 내신 하나님의 역사를 잊어버리고, 모세를 향해 불평과 원망을 쏟아냈다. "애굽에 매장지가 없어서 당신이 우리를 이끌어 내어 이 광야에서 죽게 하느냐 … 차라리 애굽사람을 섬기는 것이 광야에서 죽는 것보다 더 낫겠노라"(출애굽기 14장 11-12절)고. '과거로 돌아가자'고.

그러나 믿음의 사람 모세는 바위 같은 믿음과 뚝심으로 백성들을 달래고 격려했다. 뒤에는 애굽의 군대, 앞에는 바다로, 막다른 골목에 처해 있는 절체절명의 위기 속에서도 모세는 백성들에게 "너희는 두려워하지 말고 가만히 서서 여호와께서 오늘 너희를 위하여 행하시는 구원을 보라 … 여호와께서 너희를 위하여 싸우시리니 너희는 가만히 있을지니라."(출애굽기 14장 13-14절)고 선포한다. 모세는 하나님의 약속을 믿었고, 열 가지 재앙을 통해 애굽을 심판하시는 하나님의 역사하심을 보았기 때문에 이렇게 담대한 말을 할 수 있었던 것이다.

달려드는 애굽 군대나 넘실대는 붉은 바다를 보지 말고, 위로부터 오시는 하나님의 크신 능력을 바라보라는 뜻이다. 이는 이스라엘 백성들이 위기에 처했을 때도 하나님의 지도와 도움을 받을 수 있다는 믿음을 강조하면서, 이스라엘 백성에게 자신들의 능력이나 지혜에 의지하지 말고, 하나님에게 의지하라는 경고와 함께, 임박한 위험에도 불구하고 믿음을 가지고 서야 한다는 하나님의 선포요, 위로와 격려였다.[15]

인간이 자신의 한계를 느끼고 더 이상 자신의 힘으로 해결할 수 없는 상황에 처할 때, 우리는 "인간의 끝은 하나님의 시작일 뿐"이며, "고난은 하나님의 은혜의 시간일 뿐"임을 기억해야 할 것이다. 하나님의 무한한 능력에 대한 신뢰와 믿음으로 우리의 어려운 상황을 이겨내고, 죽음 가운데서도 길을 내시는 하나님의 구원의 약속을 믿고 희망과 위안을 찾자. '위기가 바로 하나님의 구원의 시작'이다.

한편 이스라엘 백성은 그들의 당혹스러운 상황 속에서 홍해 바닷물 속으로 전진하라는 명령을 받았다. 앞으로 나아가기를 열망하는 영혼은 거의 기대할 수 없고 불가능한 곳에서 길을 발견한다. 하나님은 모세에게 이렇게 말씀하신다. "이스라엘 자손에게 명령하여 앞으로 나아가게 하고 지팡이를 들고 손을 바다 위로 내밀어 그것이 갈라지게 하라. 이스라엘 자손이 바다 가운데서 마른 땅으로 행하리라."(출애굽기 14장 15-16절) 이렇듯 사람들은 "가만히 서 있기를" 배우면서, 동시에 "앞으로 나아갈"

준비를 해야 한다. 행동을 취하기에 앞서 인내할 줄 알아야 하며, 나아가 하나님의 계획과 목적에 협조해야 한다. 하나님은 홍해 바닷물 속에 길을 내실 것이지만, 사람들이 두려움 없이 바닷물 속에 발을 들여놓아야 한다. 곤경 중에 앞으로 나아가다 보면, 한 걸음 한 걸음마다 그 곤경이 사라져가는 것을 발견하게 될 것이다. 가만히 서서 산을 바라보고만 있는 것은 그 산을 넘어갈 수 있는 방법이 아니다. 그러나 그 같은 순간에도 전진함으로써 이성이나 성향이 아닌 하나님의 섭리의 안내를 받아야 한다. 어려운 상황들이 힘들게 할지라도 우리의 전진을 막을 수 없다. 하나님은 사람들이 전진하는 데 방해가 되는 장애물을 극복하게 해주신다.[16]

출애굽기 19장 4절에서 하나님은 이스라엘 자손이 애굽 땅을 떠난 지 3개월이 되던 날 그들이 시내 광야에 이르렀을 때 이렇게 말씀하셨다. "내가 애굽 사람에게 어떻게 행하였음과 내가 어떻게 독수리 날개로 너희를 업어 내게로 인도하였음을 너희가 보았느니라."

그리하여 시편 77편 11-15절에서 기자는 다음과 같이 노래했다.

> 곧 여호와의 일들을 기억하며 주께서 옛적에 행하신 기이한 일을 기억하리이다 또 주의 모든 일을 작은 소리로 읊조리며 주의 행사를 낮은 소리로 되뇌이리이다 하나님이여 주의 도는 극히 거룩하시오니 하나님과 같이 위대하신 신이 누구오니이까 주는 기이한 일을 행하신 하나님이시라 민족들 중에 주의 능력을 알리시고 주의 팔로 주의 백성 곧 야곱과 요셉의 자손을 속량하셨나이다

기독교는 결코 죽은 우상을 섬기는 헛된 종교가 아니라, 성도의 구체적인 삶의 정황 속에서 능동적으로 일하시는 살아계신 하나님의 능력을 믿는 구원의 종교이다.[17]

인간의 핵심적 가치, 십계명

하나님이 이 모든 말씀으로 말씀하여 이르시되 나는 너를 애굽 땅, 종 되었던 집에서 인도하여 낸 네 하나님 여호와니라 너는 나 외에는 다른 신들을 네게 두지 말라 너를 위하여 새긴 우상을 만들지 말고 또 위로 하늘에 있는 것이나 아래로 땅에 있는 것이나 땅 아래 물 속에 있는 것의 어떤 형상도 만들지 말며 그것들에게 절하지 말며 그것들을 섬기지 말라 나 네 하나님 여호와는 질투하는 하나님인즉 나를 미워하는 자의 죄를 갚되 아버지로부터 아들에게로 삼사 대까지 이르게 하거니와 나를 사랑하고 내 계명을 지키는 자에게는 천 대까지 은혜를 베푸느니라

너는 네 하나님 여호와의 이름을 망령되게 부르지 말라 여호와는 그의 이름을 망령되게 부르는 자를 죄 없다 하지 아니하리라 안식일을 기억하여 거룩하게 지키라 엿새 동안은 힘써 네 모든 일을 행할 것이나 일곱째 날은 네 하나님 여호와의 안식일인즉 너나 네 아들이나 네 딸이나 네 남종이나 네 여종이나 네 가축이나 네 문안에 머무는 객이라도 아무 일도 하지 말라 이는 엿새 동안에 나 여호와가 하늘과 땅과 바다와 그 가운데 모든 것을 만들고 일곱째 날에 쉬었음이라 그러므로 나 여호와가 안식일을 복되게 하여 그 날을 거룩하게 하였느니라

네 부모를 공경하라 그리하면 네 하나님 여호와가 네게 준 땅에서 네 생명이 길리라 살인하지 말라 간음하지 말라 도둑질하지 말라 네 이웃에 대하여 거짓 증거하지 말라 네 이웃의 집을 탐내지 말라 네 이웃의 아내나 그의 남종이나 그의 여종이나 그의 소나 그의 나귀나 무릇 네 이웃의 소유를 탐내지 말라 (출 20:1-17)

십계명은 하나님의 뜻을 따르는 삶의 지침으로서, 신앙인들에게 윤리적, 도덕적 행동의 기준을 제공한다. 아우구스티누스는 십계명을 일컬어 '열 줄 달린 현악기'라고 했다. 십계명은 개인의 도덕적 삶과 사회적 연대를 위한 윤리체계로써 전적으로 행복하고, 평등하고, 평화로운 삶을 목적으로 제정된 시스템이다. 즉 십계명은 이스라엘의 정신과 사상과 문화의 척추이다.[18]

또한 십계명은 하나님과 이스라엘 백성 사이 언약의 핵심이다. 이 언약은 하나님이 이스라엘을 선택하신 이유와 그들이 하나님의 백성으로서 지켜야 할 규범을 명확히 한다. 십계명을 지키는 것은 이스라엘 백성이 하나님의 인도와 보호를 받는 조건이 된다. 가나안 땅에 들어가면서, 하나님은 그들이 십계명과 율법을 지킬 때 축복을 내리실 것을 약속하셨다. 십계명은 이스라엘 백성들의 신앙과 도덕적 기준을 확립하는 데 중요한 역할을 하고, 이를 통해 그들은 하나님의 거룩한 백성으로서의 정체성을 지킬 수 있다. 또한 가나안에서의 새로운 삶은 새로운 사회적, 정치적 질서를 필요로 한다. 십계명은 이러한 질서를 세우는 기초가 된다. 즉 십계명은 이스라엘 백성이 새로운 가나안 땅에서 지속적으로 하나님을 예배하고 경건한 삶을 살도록 돕는 중요한 기준이며, 하나님의 백성으로서 살아가는 데 필요한 지침을 제공한 것이다. 요컨대 십계명은 이스라엘 백성들의 신앙과 정치적, 사회적 생활에서 핵심적인 역할을 한다.[19]

특히 십계명은 철저히 애굽의 노예생활에서 나온 경험적이고, 귀납적인 결과이다. 십계명은 이스라엘 민족이 실제로 체험한 역사에 대한 종교적 각성과 이해를 담은 믿음의 고백이며, 하나님의 혁명과 해방의 역사에 대한 이스라엘 민족의 집단적 동의와 결단으로 나타난 것이다. 십계명을 비롯한 모든 이스라엘의 법률과 윤리에는 철저히 '탈애굽', '반애굽' 사상이 들어 있다. 이스라엘은 애굽탈출 사건과 그 의미에 따른 평등하고, 평화로운 공동체를 건설해야 했으며, 그 상징이 십계명이다.[20]

요컨대 십계명은 애굽 체험을 통해 절절히 깨우친 종교적·정치적·윤리적 이해를 열 가지로 집약한 이스라엘의 헌법이요, 대헌장이며, 애굽 체험에서 싹튼 철저히 사회적이고, 역사적인 삶의 원리이다.[21] 그래서 십계명은 430년간 애굽의 종이었던 이스라엘 백성들을 노예의 신분에서 제사장의 신분으로 변화시키기 위해 영적으로 단련시키기 위한 가장 중요하면서도, 핵심적인 내용을 내포하고 있다.

그러나 십계명은 이스라엘 민족만을 대상으로 한 것이 아니라, 전 인류에게 주어진 보편적인 의무이며, 지극히 초보적인 수준의 것이다.[22]

십계명은 하나님과 사람 사이의 관계를 중심으로 두고 있다. 첫째는 하나님에 대한 숭배와 존경을 강조하며, 둘째는 인간 간의 관계를 다룬다. 그리하여 십계명은 두 가지로 요약된다. 하나는 하나님에 대한 계명이고, 또 하나는 인간에 대한 계명으로, 하나님 사랑과 이웃 사랑으로 집약된다.

이에 관해 마태복음 22장 35-40절에서 예수는 이렇게 설명하고 계신다.

> 그 중의 한 율법사가 예수를 시험하여 묻되 선생님 율법 중에서 어느 계명이 크니이까 예수께서 이르시되 '네 마음을 다하고 목숨을 다하고 뜻을 다하여 주 너의 하나님을 사랑하라' 하셨으니 이것이 크고 첫째 되는 계명이요 둘째도 그와 같으니 '네 이웃을 네 자신 같이 사랑하라' 하셨으니 이 두 계명이 온 율법과 선지자의 강령이니라

하나님은 십계명의 첫 계명으로, "너는 나 외에는 다른 신들을 네게 두지 말라"고 명령하셨다. 이는 하나님의 존재와 유일성을 인식하고, 하나님을 제외한 다른 신들을 숭배하지 말라는 내용을 담고 있으며, 하나님에 대한 충성과 숭배를 강조하는 계명이다.

특히 하나님은 애굽 땅에서 종살이하며 고난을 겪는 히브리인들의 역사와 삶 속으로 들어와 해방과 자유를 주신 분이시다. 그리하여 십계명의 첫 부분에 이 같은 사실을 선포하면서, 이런 하나님보다 중요하

게 여기는 모든 것이 우상이라고 밝힌 것이다. 하지만 우상 숭배는 단순히 금, 은, 나무, 돌 등으로 만든 신상이나 형상을 경배하는 물질적인 우상만을 말하는 것이 아니다. 이는 더 나아가 권력, 돈, 성공, 명예, 쾌락 등 물질적이나 세속적인 것들을 지나치게 숭배하고, 의존하는 정신적 우상과 하나님 외의 영적 존재나 영적 힘을 의지하거나 경배하는 영적 우상 그리고 특정 문화나 전통, 이념을 절대적으로 신뢰하고 경배하는 문화적 우상 등을 내포한다. 이 외에도 하나님을 목적으로 삼지 않고 자신의 복을 구하기 위해 하나님을 수단으로 삼는 것도 성도들이 빠지기 쉬운 우상숭배이다. 이러한 우상 숭배는 하나님과의 올바른 관계를 해치고 영적인 타락을 초래할 수 있기 때문에 성경에서는 이를 매우 중대한 죄로 여기고 있다.[23] 또한 우상 숭배는 현실과 비현실 사이에 불균형을 초래하거나, 다른 중요한 가치나 목표를 무시하게 함으로써 이성적인 판단을 가로막고, 선한 가치나 권위를 추구하는 것을 넘어서서 무분별한 추종이나 순종을 하게 함으로써 우상 숭배자들을 파멸시키는 죄이다.[24]

한편 십계명은 하나님의 이름을 망령되게 부르지 말라고 명령하고 있다. 이는 하나님의 이름을 존엄하고 거룩한 것으로 여기고 경배해야 한다는 뜻이다. 이름은 그 사람의 본질과 존재성 및 능력을 상징한다. 하나님의 이름에는 하나님의 존재성과 거룩함 및 역사성이 있으며, 더 나아가 하나님의 계획과 꿈을 담고 있다.

따라서 하나님의 능력과 존재성을 상징하는 그분의 이름을 개인적인 목적과 이익을 위해 사용하는 죄를 범하지 말아야 한다. 하나님의 이름으로 거짓 예언을 하고, 점을 치는 것 등도 이 범주에 속한다. 하나님의 이름은 경외와 경배를 자아내는 것이지, 결코 인간들에게 이용당하는 것이 아니다.[25]

하나님의 이름을 경멸적으로 또는 부주의하게 사용하는 것이나, 그 이름을 가볍게 대하는 것도 하나님의 이름을 망령되게 하는 것이다. 또한 하나님의 이름을 부르면서도 자기 이름을 높이거나, 자기의 이익을 위하여 하나님의 이름을 파는 것, 그리고 자신의 주장을 합리화하고 정당화시키기 위해서 하나님의 이름을 남용하는 것도 하나님의 이름을 망령되게 하는 것이다. 따라서 우리는 하나님의 이름을 존경하고 경외함으로써 하나님의 본질을 깨닫고, 하나님의 꿈과 희망에 따라 자신을 변화시켜 가는 삶을 살아야 할 것이다. 하나님의 이름은 우리에게 주어진 은혜의 선물이기 때문이다.

십계명의 두 번째는 이웃에 대한 사랑이다. 하나님과 이웃, 둘 중 하나라도 빠진다면 신앙은 절름발이가 될 수밖에 없다. 이웃 사랑의 구체적 내용은 종이나 나그네, 더 나아가 가축들에 이르기까지 안식일에 쉬게 하라고 명령하신 것이나, 보다 구체적으로 다음의 레위기 19장 9-18절에 나타나 있다.

> 너희가 너희의 땅에서 곡식을 거둘 때에 너는 밭 모퉁이까지 다 거두지 말고 네 떨어진 이삭도 줍지 말며 네 포도원의 열매를 다 따지 말며 네 포도원에 떨어진 열매도 줍지 말고 가난한 사람과 거류민을 위하여 버려두라 나는 너희의 하나님 여호와이니라 너희는 도둑질하지 말며 속이지 말며 서로 거짓말하지 말며 … 너는 네 이웃을 억압하지 말며 착취하지 말며 품꾼의 삯을 아침까지 밤새도록 네게 두지 말며 너는 귀먹은 자를 저주하지 말며 맹인 앞에 장애물을 놓지 말고 네 하나님을 경외하라 나는 여호와이니라
>
> 너희는 재판할 때에 불의를 행하지 말며 가난한 자의 편을 들지 말며 세력 있는 자라고 두둔하지 말고 공의로 사람을 재판할지며 너는 네 백성 중에 돌아다니며 사람을 비방하지 말며 네 이웃의 피를 흘려 이익을 도모하지 말라 나는 여호와이니라 너는 네 형제를 마음으로 미워하지

말며 네 이웃을 반드시 견책하라 그러면 네가 그에 대하여 죄를 담당하지 아니하리라 원수를 갚지 말며 동포를 원망하지 말며 네 이웃 사랑하기를 네 자신과 같이 사랑하라 나는 여호와이니라

"네 이웃 사랑하기를 네 자신과 같이 사랑하라"는 말씀은 성경 곳곳에서 세세하고 구체적으로 표현되어 있다. 잠언 14장 21절에서는 "이웃을 업신여기는 자는 죄를 범하는 자요, 빈곤한 자를 불쌍히 여기는 자는 복이 있는 자니라"고 했으며, 잠언 14장 31절에서도 "가난한 자를 학대하는 자는 그를 지으신 이를 멸시하는 자요, 궁핍한 사람을 불쌍히 여기는 자는 주를 공경하는 자니라"고 했다. 이러한 이웃 사랑은 과거 430년간 애굽에서 종으로 살아갔던 노예생활의 경험을 반영하면서, 앞으로 2백만 명이 넘는 오합지졸들인 이스라엘 백성이 가나안 땅에서 세워나가야 할 새로운 공동체 사회, 하나님 나라로 인도하기 위한 새로운 가치였다.

특히 이웃 사랑은 예수 그리스도를 통해 보다 구체적으로 나타나고 있다. 예수는 레위기의 말씀을 그대로 인용하면서, "네 이웃을 네 몸과 같이 사랑하라"(마태복음 19장 19절)고 했으며, "새 계명을 너희에게 주노니 서로 사랑하라 내가 너희를 사랑한 것같이 너희도 서로 사랑하라"(요한복음 13장 34절)는 말씀을 통해 이웃 사랑을 더욱 강조하고 있다.

이처럼 하나님 나라의 모습은 약자들의 권리가 보장되고, 공평과 정의 및 안식이 이루어지는 나라이다. 우리는 누구나 공평한 사회를 만들어가시는 하나님의 질서를 통해 희망을 가질 수 있다.

그리하여 하나님은 우리가 하나님을 사랑하고 그분의 규례와 계명을 준행하는 자에게는 천 대까지 은혜를 베푸신다고 약속하셨다. 즉 여호와의 규례와 명령을 지키면, "너와 네 후손이 복을 받아 네 하나님 여

호와께서 네게 주시는 땅에서 한없이 오래 살리라"(신명기 4장 40절)는 것이다. 그 구체적인 복의 내용은 이러하다.

> 너희가 내 규례와 계명을 준행하면 내가 너희에게 철따라 비를 주리니 땅은 그 산물을 내고 밭의 나무는 열매를 맺으리라 너희의 타작은 포도 딸 때까지 미치며 너희의 포도 따는 것은 파종할 때까지 미치리니 너희가 음식을 배불리 먹고 너희의 땅에 안전하게 거주하리라 내가 그 땅에 평화를 줄 것인즉 너희가 누울 때 너희를 두렵게 할 자가 없을 것이며 내가 사나운 짐승을 그 땅에서 제할 것이요 칼이 너희의 땅에 두루 행하지 아니할 것이며 너희의 원수들을 쫓으리니 그들이 너희 앞에서 칼에 엎드러질 것이라 또 너희 다섯이 백을 쫓고 너희 백이 만을 쫓으리니 너희 대적들이 너희 앞에서 칼에 엎드러질 것이며 내가 너희를 돌보아 너희를 번성하게 하고 너희를 창대하게 할 것이며 내가 너희와 함께 한 내 언약을 이행하리라
>
> 너희는 오래 두었던 묵은 곡식을 먹다가 새 곡식으로 말미암아 묵은 곡식을 치우게 될 것이며 내가 내 성막을 너희 중에 세우리니 내 마음이 너희를 싫어하지 아니할 것이며 나는 너희 중에 행하여 너희의 하나님이 되고 너희는 내 백성이 될 것이니라 (레 26:3-12)

그리고 여호와를 이스라엘 백성들의 하나님으로 인정하고, 그의 규례와 명령과 법도를 마음을 다하고 뜻을 다하여 지켜 행하면, 이스라엘 민족을 하나님의 보배로운 백성이 되게 하시고, 세계 모든 민족 위에 뛰어나게 하사 찬송과 명예와 영광을 삼으실 것을 약속했다.(신명기 26장 16-19절)

하나님은 그의 이름으로 그의 백성을 축복하사, "여호와는 네게 복을 주시고 너를 지키시기를 원하며, 여호와는 그의 얼굴을 네게 비추사 은혜 베푸시기를 원하며, 여호와는 그 얼굴을 네게로 향하여 드사 평강 주시기를 원하노라"(민수기 6장 24-26절)고 하신다.

또한 하나님은 말씀하시기를, "너는 마음을 다하고 뜻을 다하고 힘

을 다하여 네 하나님 여호와를 사랑하라. 오늘 내가 네게 명하는 이 말씀을 너는 마음에 새기고, 네 자녀에게 부지런히 가르치며, 집에 앉았을 때에든지, 길을 갈 때에든지, 누워 있을 때에든지, 일어날 때에든지 이 말씀을 강론할 것이며, 너는 또 그것을 네 손목에 메어 기호를 삼으며, 네 미간에 붙여 표로 삼고, 또 네 집 문설주와 바깥 문에 기록할지니라."(신명기 6장 5-9절)라고 했다.

이렇게 하면, "네가 들어와도 복을 받고 나가도 복을 받을 것"(신명기 28장 6절)이라고 강력하게 말씀하신다. 그리하여 하나님은 우리에게 신앙적 결단을 다음과 같이 단호하게 요구하신다.

> 내가 오늘 복과 저주를 너희 앞에 두나니 너희가 만일 내가 오늘 너희에게 명하는 너희의 하나님 여호와의 명령을 들으면 복이 될 것이요, 너희가 만일 내가 오늘 너희에게 명령하는 도에서 돌이켜 떠나 너희의 하나님 여호와의 명령을 듣지 아니하고 본래 알지 못하던 다른 신들을 따르면 저주를 받으리라 (신명기 11장 26-28절)

이러한 말씀은 신명기뿐만 아니라 구약성경을 관통하는 이스라엘 민족의 역사관이자 신앙관이다.

여호와 하나님은 우리를 죽이기도 하고 살리기도 하며, 상하게도 하고, 낫게도 하시는 분이시다.(신명기 32장 39절) 이러한 전능하신 하나님을 믿고, 그 말씀을 따름으로써 하나님의 통치를 바라는 복 받는 백성이 되자. 광야와 같은 우리의 인생길에서 하나님의 약속은 변하지 않는다. 하나님은 절대 변하지 않는다. 죽을 것 같은 삶 속에서 우리는 하나님께 매달리자. 하나님의 말씀은 우리가 지옥 같은 삶을 살아갈지라도, 어떻게 하나님의 은혜로 살 수 있는가를 보여주는 생명의 길이다.

모세오경

신명기

네 사명은 여기까지이다

모세의 죽음

모세가 모압 평지에서 느보 산에 올라가 여리고 맞은편 비스가 산꼭대기에 이르매 여호와께서 길르앗 온 땅을 단까지 보이시고 또 온 납달리와 에브라임과 므낫세의 땅과 서해까지의 유다 온 땅과 네겝과 종려나무의 성읍 여리고 골짜기 평지를 소알까지 보이시고 여호와께서 그에게 이르시되 이는 네가 아브라함과 이삭과 야곱에게 맹세하여 그의 후손에게 주리라 한 땅이라 내가 네 눈으로 보게 하였거니와 너는 그리로 건너가지 못하리라 하시매 이에 여호와의 종 모세가 여호와의 말씀대로 모압 땅에서 죽어 벳브올 맞은편 모압 땅에 있는 골짜기에 장사되었고 오늘까지 그의 묻힌 곳을 아는 자가 없느니라

모세가 죽을 때 나이 백이십 세였으나 그의 눈이 흐리지 아니하였고 기력이 쇠하지 아니하였더라 이스라엘 자손이 모압 평지에서 모세를 위하여 애곡하는 기간이 끝나도록 모세를 위하여 삼십 일을 애곡하니라 모세가 눈의 아들 여호수아에게 안수하였으므로 그에게 지혜의 영이 충만하니 이스라엘 자손이 여호와께서 모세에게 명령하신 대로 여호수아의 말을 순종하였더라

그 후에는 이스라엘에 모세와 같은 선지자가 일어나지 못하였나니 모

세는 여호와께서 대면하여 아시던 자요 여호와께서 그를 애굽 땅에 보내사 바로와 그의 모든 신하와 그의 온 땅에 모든 이적과 기사와 모든 큰 권능과 위엄을 행하게 하시매 온 이스라엘의 목전에서 그것을 행한 자이더라 (신 34:1-12)

모세는 40년 동안 애굽에서 궁중생활을 했고, 40년 동안 미디안 광야에서 목자생활을 했다. 그리고 나머지 40년을 이스라엘 백성을 해방시키는 출애굽을 비롯하여 광야에서 이스라엘 백성을 인도하였다. 모세의 일생은 하나님의 섭리 아래 진행되었으며, 그의 죽음 또한 하나님의 뜻 안에 있었다. 모세는 80세에 하나님의 부르심을 받아 사역을 한 이후, 120세까지 40년 동안 가나안 땅에 들어가는 꿈을 꾸면서, 반역의 족속인 이스라엘 백성들을 이끌고 광야에서 온갖 고난을 겪은 사람이었다.

그러나 모세가 가나안 땅에 들어갈 수 없었던 이유는 이미 민수기 20장에서 므리바 물사건으로 인해 하나님께서 말씀해 주셨다. 하나님을 절대적으로 신뢰하지 않고, 예전의 자기 경험과 지식 및 혈기대로 행동했기 때문이다. 하나님은 그동안 베풀어주신 하나님의 은혜를 잊고 또다시 물이 없어 불평하는 이스라엘 백성들을 위하여 모세에게 명하여 반석에서 물을 내게 하라고 하셨다. 그러나 모세는 반역하는 이스라엘 백성들을 향해 분노하며 이르기를, “우리가 너희를 위하여 이 반석에서 물을 내랴” 하고, 그의 지팡이로 반석을 두 번 쳐서 물이 나오게 했다. 이에 하나님은 “너희가 나를 믿지 아니하고 이스라엘 자손의 목전에서 내 거룩함을 나타내지 아니한 고로 너희는 이 회중을 내가 그들에게 준 땅으로 인도하여 들이지 못하리라”고 하셨다.(민수기 20장 7-12절)[1]

하나님은 지도자를 세우셔서 특별한 은혜와 권세를 주시는 대신 철저한 순종을 요구하신다. 하나님은 반석에 명령하여 물을 내라고 하셨지만, 모세는 자기의 경험과 지식 및 혈기대로 함으로써 불순종했다.

나의 경험과 나의 지식이 정답이 아니다. 그때그때 주시는 하나님의 말씀과 명령에 따르는 것이 정답이다. 믿음이란 하나님을 바라보면서 그 말씀에 철저하게 순종하는 것이다.[2] 그리하여 모세는 므리바 물사건을 통해서 이스라엘 백성들의 불순종을 대표하는 책임자로써 죽음을 맞이하고, 가나안 땅에 들어갈 수 없었던 것이다.

그러나 모세는 평생의 꿈이었던 가나안 땅에 들어가지 못하게 하신 하나님을 원망하거나, 섭섭해하거나 불평하지 않았다. 왜냐하면 하나님의 뜻을 받아들였기 때문이다. 또한 하나님은 모세의 영안을 열어주어 이미 가나안 땅을 속속들이 다 보여 주셨으며, 그 꿈이 어떻게 이루어지는가를 보여주시고 체험하게 해주셨다. 그리고 진정한 가나안 땅인 천국으로 인도하셨다.[3] 모세는 하나님이 그에게 미리 보여주신 새로운 시대를 이끌어갈 지도자로 말씀과 지혜의 영이 충만한 여호수아에게 권력을 승계했다.

모세의 죽음은 하나님의 계획과 역사의 진행을 나타내는 것이다. 모세는 이스라엘 백성들을 애굽의 종살이에서 해방시키고, 하나님의 법을 전하며, 광야에서 이끌었다. 그러나 그는 꿈에 그리던 약속의 땅인 가나안 땅에 들어가지는 못했다. 이는 새로운 시대가 새로운 지도자와 함께 하나님의 약속을 이루기 위해 준비되어야 함을 나타낸다. 즉 새로운 땅인 가나안에서는 새로운 역사를 이끌어갈 새 지도자가 필요했던 것이다. 모세의 죽음은 이스라엘 역사의 중요한 전환점으로써 새로운 세대가 나아가야 할 때가 왔음을 상징적으로 보여준다. 그리고 여호수아가 그 역할을 넘겨받는다. 이것은 새로운 시대의 시작과 하나님의 약속 이행을 나타내는 것이다.

요컨대 모세의 죽음은 그의 시대적 사명이 다하였음을 의미하는 것이었다. 네 몫은, 네 사명은 여기까지이다! 모세는 이를 인정하고 순종했다. 그리하여 하나님은 모세의 죽음을 통해 아무리 위대한 권력, 위대한 사람이라도 유한하다는 사실을 보여주신 것이다.

모세는 모압 평원에 있는 느보 산의 비스가 봉우리에 올라가 하나님이 보여주시는 가나안 땅을 바라보다가, 그곳에서 죽었다. 운구행렬도 묘지도 비석도 없었다. 햇볕과 바람 속에서 먼지처럼 흩어졌다. 하나님은 모세를 기념할 수 있는 그의 무덤조차 이 땅에 남겨두지 않으셨다.[4] 다만 이스라엘 자손은 모압 평지에서 위대한 지도자 모세의 죽음에 대한 예우로써 30일간 애곡했다.

민족을 해방하고 40년간 인도한 지도자의 죽음치고는 너무나도 쓸쓸한 것이었다. 하나님은 그렇게 평생을 써먹고 매몰차게 내버렸다. 상도, 칭찬도 없었다. 그러나 평생을 바쳐서 민족을 이끌었던 모세의 인격과 삶 자체가 하나님의 보상이었다. 모세는 이스라엘 민족의 마음과 기억과 역사 속에 절대로 지워지지 않는 영원한 상(像)으로 새겨졌다. 이스라엘이 지상에서 없어지지 않는 한, 모세라는 인간은 언제나 기억되고 존경받을 것이다.[5]

모세는 하나님의 능력으로 바로와 그의 모든 신하와 그의 온 땅에 모든 이적과 기사와 모든 큰 권능과 위엄을 온 이스라엘의 목전에서 행하여 하나님을 대신한 위대한 인물이었다. 그러나 그는 하나님이 시키신 것만 행하고, 지시하는 곳에서 멈추어 죽음을 맞이했다. 그는 몸이 쇠약해지거나 아파서 죽은 것이 아니다. 하나님의 부르심으로 그 사명을 다하고 죽었다.

모세는 푯대를 향해 달려갈 길을 다 달려간 자였고, 부르심을 위해 산 자였다. 그의 삶과 소명은 분리되지 않았다. 그는 절망에서 완성을 이루어간 사람이었다. 우리도 절망 가운데서 완성을 향해 나아가는 사람이 되어야 한다.

제2부

역사서

여호수아 | 룻기 | 사무엘상 | 사무엘하 | 열왕기상 | 열왕기하 |
역대상 | 역대하 | 에스라 | 에스더

역사서

여호수아

영원한 청년, 갈렙의 믿음

온 회중이 소리를 높여 부르짖으며 백성이 밤새도록 통곡하였더라 이스라엘 자손이 다 모세와 아론을 원망하며 온 회중이 그들에게 이르되 우리가 애굽 땅에서 죽었거나 이 광야에서 죽었으면 좋았을 것을 어찌하여 여호와가 우리를 그 땅으로 인도하여 칼에 쓰러지게 하려 하는가 우리 처자가 사로잡히리니 애굽으로 돌아가는 것이 낫지 아니하랴

이에 서로 말하되 우리가 한 지휘관을 세우고 애굽으로 돌아가자 하매 모세와 아론이 이스라엘 자손의 온 회중 앞에서 엎드린지라 그 땅을 정탐한 자 중 눈의 아들 여호수아와 여분네의 아들 갈렙이 자기들의 옷을 찢고 이스라엘 자손의 온 회중에게 말하여 이르되 우리가 두루 다니며 정탐한 땅은 심히 아름다운 땅이라 여호와께서 우리를 기뻐하시면 우리를 그 땅으로 인도하여 들이시고 그 땅을 우리에게 주시리라 이는 과연 젖과 꿀이 흐르는 땅이니라

다만 여호와를 거역하지 말라 또 그 땅 백성을 두려워하지 말라 그들은 우리의 먹이라 그들의 보호자는 그들에게서 떠났고 여호와는 우리와 함께 하시느니라 그들을 두려워하지 말라 하나 온 회중이 그들을 돌로 치려 하는데 그 때에 여호와의 영광이 회막에서 이스라엘 모든 자손에게 나타나시니라 …

여호와께서 모세와 아론에게 말씀하여 이르시되 나를 원망하는 이 악한 회중에게 내가 어느 때까지 참으랴 이스라엘 자손이 나를 향하여 원망하는 바 그 원망하는 말을 내가 들었노라 그들에게 이르기를 여호와의 말씀에 내 삶을 두고 맹세하노라 너희 말이 내 귀에 들리는 대로 내가 너희에게 행하리니 너희 시체가 이 광야에 엎드러질 것이라 너희 중에서 이십 세 이상으로서 계수된 자 곧 나를 원망한 자 전부가 여분네의 아들 갈렙과 눈의 아들 여호수아 외에는 내가 맹세하여 너희에게 살게 하리라 한 땅에 결단코 들어가지 못하리라 (민 14:1-10, 26-30)

이것은 이스라엘 자손이 가나안 땅에서 받은 기업 곧 제사장 엘르아살과 눈의 아들 여호수아와 이스라엘 자손 지파의 족장들이 분배한 것이니라 여호와께서 모세에게 명령하신 대로 그들의 기업을 제비 뽑아 아홉 지파와 반 지파에게 주었으니 … 그 때에 유다 자손이 길갈에 있는 여호수아에게 나아오고 그니스 사람 여분네의 아들 갈렙이 여호수아에게 말하되 여호와께서 가데스 바네아에서 나와 당신에게 대하여 하나님의 사람 모세에게 이르신 일을 당신이 아시는 바라 내 나이 사십 세에 여호와의 종 모세가 가데스 바네아에서 나를 보내어 이 땅을 정탐하게 하였으므로 내가 성실한 마음으로 그에게 보고하였고 나와 함께 올라갔던 내 형제들은 백성의 간담을 녹게 하였으나 나는 내 하나님 여호와께 충성하였으므로 그 날에 모세가 맹세하여 이르되 네가 내 하나님 여호와께 충성하였은즉 네 발로 밟는 땅은 영원히 너와 네 자손의 기업이 되리라 하였나이다

이제 보소서 여호와께서 이 말씀을 모세에게 이르신 때로부터 이스라엘이 광야에서 방황한 이 사십오 년 동안을 여호와께서 말씀하신 대로 나를 생존하게 하셨나이다 오늘 내가 팔십오 세로되 모세가 나를 보내던 날과 같이 오늘도 내가 여전히 강건하니 내 힘이 그 때나 지금이나 같아서 싸움에나 출입에 감당할 수 있으니 그 날에 여호와께서 말씀하신 이 산지를 지금 내게 주소서 당신도 그 날에 들으셨거니와 그 곳에는 아낙 사람이 있고 그 성읍들은 크고 견고할지라도 여호와께서 나와 함께 하시면 내가 여호와께서 말씀하신 대로 그들을 쫓아내리이다 하니 여호수아가 여분네의 아들 갈렙을 위하여 축복하고 헤브론을 그에게 주어 기업을 삼게 하매 헤브론이 그니스 사람 여분네의 아들 갈렙의 기업이 되어 오늘까지 이르렀으니 이는 그가 이스라엘의 하나님 여호와를 온전

> 히 좇았음이라 헤브론의 옛 이름은 기럇 아르바라 아르바는 아낙 사람 가운데에서 가장 큰 사람이었더라 그리고 그 땅에 전쟁이 그쳤더라 (수 14:1-2, 6-15)

갈렙은 '개'란 뜻이다. 갈렙은 유다 지파의 족장이요 열두 정탐꾼 중 한 사람이다. 그는 가나안을 정탐한 뒤 10명의 정탐꾼과 이에 동조하는 수많은 이스라엘 백성의 반대에도 불구하고, 여호수아와 함께 하나님의 언약을 상기시키며, 가나안 땅을 공격하여 정복할 것을 주장했다.[1]

가나안 정탐꾼 열두 명 중 열 명은 눈에 보이는 대로만 보았다. 그들은 말했다. "우리는 능히 올라가서 그 백성을 치지 못하리라. 그들은 우리보다 강하니라 … 거기서 아낙 자손의 거인들을 보았나니 우리는 스스로 보기에도 메뚜기 같으니 그들이 보기에도 그와 같았을 것이니라."(민수기 13장 31-33절)

하지만 갈렙과 여호수아는 그들과는 다른 눈, 믿음의 눈으로 보았다. 그들은 이스라엘 자손의 온 회중에게 이렇게 말하였다. "여호와께서 우리를 기뻐하시면 우리를 그 땅으로 인도하여 들이시고, 그 땅을 우리에게 주시리라. 이는 과연 젖과 꿀이 흐르는 땅이니라. 다만 여호와를 거역하지 말라. 또 그 땅 백성을 두려워하지 말라. 그들은 우리의 먹이라."(민수기 14장 8-9절)

여기에서 나타나듯이 갈렙과 여호수아는 하나님이 택한 위대한 종이었다. 그러나 여호수아는 모세의 뒤를 이어 이스라엘의 최고 지도자가 되고, 세상 사람들이 볼 때 갈렙은 밀려난 2인자요 실패한 사람처럼 보였다. 그러나 그는 한마디도 하나님을 향해 불평하지 않고 묵묵히 이스라엘을 위해 일하고, 유다 지파에 헌신한 지도자였다. 갈렙 같은 사람이 있었기에 여호수아가 빛나고, 갈렙 같은 사람이 있었기에 이스라엘 사

람들은 흔들리지 않을 수 있었던 것이다.[2]

하나님께서도 "내 종 갈렙은 나를 온전히 따랐다"고 인정하셨다.(민수기 14장 24절) 갈렙은 오직 하나님이 주신 약속을 붙잡고 45년이라는 긴 세월을 기다렸다. 그 약속은 모세의 증언대로 "네가 내 하나님 여호와께 충성하였은즉 네 발로 밟는 땅은 영원히 너와 네 자손의 기업이 되리라."(여호수아 14장 9절)는 것이었다.

하나님이 갈렙에게 주신 약속의 말씀은 언뜻 막연하게 보이지만, 그는 그 약속을 분명하게 붙잡았다. 85세의 나이에도 불구하고, 갈렙은 이렇게 말했다. "여호와께서 나와 함께 하시면 내가 여호와께서 말씀하신 대로 그들을 쫓아내리이다."(여호수아 14장 12절)

갈렙은 그 자신과 여호수아를 제외하고 출애굽 1세대가 모두 이런저런 방법으로 죽어 없어지는데도 불구하고, 그를 광야에서 살아남게 해주신 하나님께 감사하면서,[3] 하나님에 대한 기대와 소망을 가지고 "이 산지를 지금 내게 주소서"라고 요구하고 있다. 하나님은 하나님의 꿈을 이루기 위해 나이를 초월해서 사람을 사용하신다. 아브라함이 그러했고, 모세가 그러했으며, 갈렙이 그러했다.

늙은 나이에도 갈렙은 삶의 목표와 꿈이 있었다. 사람이 늙어가는 이유는 목표와 꿈을 잃어버렸기 때문이다. 사람은 희망하는 것만큼 젊어지고, 절망하는 것만큼 늙는다.[4] 절망적인 상황 속에서도 갈렙은 소망을 선포했으며, 시련기인 광야의 시간에도 하나님의 때를 인내하고 기다렸다. 갈렙의 소망의 근원은 바로 약속의 말씀이었다. 갈렙은 하나님의 꿈을 그도 꾸고 있었고, 하나님을 절대적으로 신뢰하고 충성했기 때문에 하나님의 약속을 굳게 믿고 있었다. 그는 85세의 나이에도 불구하고 하나님이 함께 하신다면 나이는 숫자에 불과하다는 것을 알았다. 갈렙은 나이가 들었음에도 불구하고 하나님의 약속에 대한 확고한 믿음을 갖고 있었으며, 자신의 목표를 위해 계속해서 노력했다. 갈렙은 젊었을 때나 늙었을 때를 막론하고 평생 희망과 목표를 잃어버리지 않고, 영원한 청년으로 믿음의 도전을 하고 있다.

갈렙이 요구한 헤브론은 산악지대와 협곡 사이에 위치한 난공불락의 군사적 요새지로서 이스라엘에게는 공포의 대상인 아낙 자손이 지키고 있었다. 때문에 피를 흘리지 않으면 얻을 수 없는 땅이었다. 그래서 이스라엘 민족은 누구나 꺼리는 지역이었으며, 가장 정복하기 힘든 땅이었다. 특히 헤브론은 고대 유다 왕국의 정치적 중심지였고, 종교적으로는 유다인들의 영적 교두보였다. 헤브론은 아브라함과 그 가족들이 처음으로 거주한 곳이자, 아브라함이 믿음의 시험을 받았고, 하나님의 약속을 받은 곳으로 아브라함과 사라, 이삭과 리브가, 야곱과 레아 등 믿음의 조상들이 묻힌 곳이다. 또한 앞으로 후손들이 들어갈 가나안 땅의 예배의 중심지요, 은혜의 중심지로서 성경에서 성스러운 곳으로 간주된다. 따라서 헤브론은 과거와 현재 그리고 미래를 연결하는 희망과 기대의 장소를 상징하는 곳이다. 갈렙은 이곳을 선택함으로써 그의 믿음과 하나님의 약속을 연결시켰으며, 하나님의 능력을 증명하고자 했다.[5]

갈렙은 청년시절부터 하나님과 동행했던 영적 내공의 소유자였기 때문에, 난공불락이지만 하나님의 은혜의 중심지요, 영적 교두보였던 헤브론을 차지하여 이스라엘의 영지를 확장시켰던 것이다. 갈렙의 헤브론 공략은 그에 대한 하나님의 약속의 성취였으며, 그의 신앙과 용기가 이룩한 결과였다. 그리고 갈렙은 그 땅에 전쟁을 그치게 하고, 평화를 가져온 사람이 되었다. 영원한 청년, 갈렙의 믿음은 그의 지파인 유다 지파를 축복하여, 그 후손으로 다윗과 더 나아가 메시아인 예수 그리스도를 낳은 축복과 영광을 누리게 되었다.

갈렙처럼 우리도 하나님이 약속하신 '내게 주실 산지가 무엇인가? 내게 주실 헤브론은 무엇인가?'를 하나님께 묻고, 도전해야 한다. 이러한 사람을 하나님은 도와주시기 때문이다. 도전은 실패를 경험하게 하지만, 동시에 성장의 기회를 제공한다.

봄을 기다리는 겨울나무처럼 살아갑시다

김행선[6]

타성화 된 생활의 의무로 젖어버린
나약하고 소심하며 거짓된 자아를 벗어버리고
나태와 무기력과 가증스러움에 찌든 자아를 벗어던지고

저만치서 저만치서 봄을 기다리며
모진 비바람에도 무너지지 않고
단단하게 서있는 바위처럼 굳세게 살아갑시다.

저만치서 저만치서 봄을 기다리며
조용히 인내하며 칼바람과 눈보라를 맞으면서
앙싱하게 벌거벗은 겨울나무처럼 살아갑시다.

스스로 씨뿌리고 스스로 수확하며 스스로 축복할 수 있는
사람이 되어야겠습니다.

우리 모두가 살아야 할 것은
자기 생명이 끝나는 그 순간까지
자기에게 주어진 가능성을 발견하고
다 불살라 버리고 재가 되는 삶입니다.

행복한 죽음을 택하기에 앞서 자신에게 주어진
생명을 남김없이 불사르는 삶입니다.

신이 모든 인간에게 준 각자의 고유한 별과
고귀한 생명의 빛을 발견하고
적극적이고 능동적으로 살아가는 삶입니다.
자신과의 끝없는 싸움에서 승리하는 삶입니다.

가장 완벽하고 가득한 삶이 되도록
순간순간을 힘껏 포옹하는 삶입니다.

꽃보다 아름다운 사람

사사들이 치리하던 때에 그 땅에 흉년이 드니라 유다 베들레헴에 한 사람이 그의 아내와 두 아들을 데리고 모압 지방에 가서 거류하였는데 그 사람의 이름은 엘리멜렉이요 그의 아내의 이름은 나오미요 그의 두 아들의 이름은 말론과 기룐이니 유다 베들레헴 에브랏 사람들이더라 그들이 모압 지방에 들어가서 거기 살더니 나오미의 남편 엘리멜렉이 죽고 나오미와 그의 두 아들이 남았으며 그들은 모압 여자 중에서 그들의 아내를 맞이하였는데 하나의 이름은 오르바요 하나의 이름은 룻이더라 그들이 거기에 거주한 지 십 년쯤에 말론과 기룐 두 사람이 다 죽고 그 여인은 아들과 남편의 뒤에 남았더라

그 여인이 모압 지방에서 여호와께서 자기 백성을 돌보시사 그들에게 양식을 주셨다 함을 듣고 이에 두 며느리와 함께 일어나 모압 지방에서 돌아오려 하여 … 나오미가 또 이르되 보라 네 동서는 그의 백성과 그의 신들에게로 돌아가나니 너도 너의 동서를 따라 돌아가라 하니 룻이 이르되 내게 어머니를 떠나며 어머니를 따르지 말고 돌아가라 강권하지 마옵소서 어머니께서 가시는 곳에 나도 가고 어머니께서 머무시는 곳에서 나도 머물겠나이다 어머니의 백성이 나의 백성이 되고 어머니의 하나님이 나의 하나님이 되시리니 어머니께서 죽으시는 곳에서 나도 죽어

거기 묻힐 것이라 만일 내가 죽는 일 외에 어머니를 떠나면 여호와께서 내게 벌을 내리시고 더 내리시기를 원하나이다 하는지라

나오미가 룻이 자기와 함께 가기로 굳게 결심함을 보고 그에게 말하기를 그치니라 이에 두 사람이 베들레헴까지 갔더라 베들레헴에 이를 때에 온 성읍이 그들로 말미암아 떠들며 이르기를 이이가 나오미냐 하는지라 나오미가 그들에게 이르되 나를 나오미라 부르지 말고 나를 마라라 부르라 이는 전능자가 나를 심히 괴롭게 하셨음이니라 내가 풍족하게 나갔더니 여호와께서 내게 비어 돌아오게 하셨느니라 여호와께서 나를 징벌하셨고 전능자가 나를 괴롭게 하셨거늘 너희가 어찌 나를 나오미라 부르느냐 나오미가 모압 지방에서 그의 며느리 모압 여인 룻과 함께 돌아왔는데 그들이 보리 추수 시작할 때에 베들레헴에 이르렀더라(룻 1:1-7, 15-22)

나오미의 남편 엘리멜렉의 친족으로 유력한 자가 있으니 그의 이름은 보아스더라 모압 여인 룻이 나오미에게 이르되 원하건대 내가 밭으로 가서 내가 누구에게 은혜를 입으면 그를 따라서 이삭을 줍겠나이다 하니 나오미가 그에게 이르되 내 딸아 갈지어다 하매 룻이 가서 베는 자를 따라 밭에서 이삭을 줍는데 우연히 엘리멜렉의 친족 보아스에게 속한 밭에 이르렀더라 마침 보아스가 베들레헴에서부터 와서 베는 자들에게 이르되 여호와께서 너희와 함께 하시기를 원하노라 하니 그들이 대답하되 여호와께서 당신에게 복 주시기를 원하나이다 하니라 보아스가 베는 자들을 거느린 사환에게 이르되 이는 누구의 소녀냐 하니 …

보아스가 룻에게 이르되 내 딸아 들으라 이삭을 주우러 다른 밭으로 가지 말며 여기서 떠나지 말고 나의 소녀들과 함께 있으라 그들이 베는 밭을 보고 그들을 따르라 내가 그 소년들에게 명령하여 너를 건드리지 말라 하였느니라 목이 마르거든 그릇에 가서 소년들이 길어 온 것을 마실지니라 하는지라 룻이 엎드려 얼굴을 땅에 대고 절하며 그에게 이르되 나는 이방 여인이거늘 당신이 어찌하여 내게 은혜를 베푸시며 나를 돌보시나이까 하니

보아스가 그에게 대답하여 이르되 네 남편이 죽은 후로 네가 시어머니에게 행한 모든 것과 네 부모와 고국을 떠나 전에 알지 못하던 백성에게로 온 일이 내게 분명히 알려졌느니라 여호와께서 네가 행한 일에 보답하시기를 원하며 이스라엘의 하나님 여호와께서 그의 날개 아래에 보호

를 받으러 온 네게 온전한 상 주시기를 원하노라 하는지라
룻이 이르되 내 주여 내가 당신께 은혜 입기를 원하나이다 나는 당신의 하녀 중의 하나와도 같지 못하오나 당신이 이 하녀를 위로하시고 마음을 기쁘게 하는 말씀을 하셨나이다 하니라 …
나오미가 자기 며느리에게 이르되 그가 여호와로부터 복받기를 원하노라 그가 살아있는 자와 죽은 자에게 은혜 베풀기를 그치지 아니하도다 하고 나오미가 또 그에게 이르되 그 사람은 우리와 가까우니 우리 기업을 무를 자 중의 하나이니라 하니라 (룻2:1-5, 8-13, 20)

룻의 시어머니 나오미가 그에게 이르되 내 딸아 내가 너를 위하여 안식할 곳을 구하여 너를 복되게 하여야 하지 않겠느냐 네가 함께 하던 하녀들을 둔 보아스는 우리의 친족이 아니냐 보라 그가 오늘 밤에 타작 마당에서 보리를 까불리라 그런즉 너는 목욕하고 기름을 바르고 의복을 입고 타작 마당에 내려가서 그 사람이 먹고 마시기를 다 하기까지는 그에게 보이지 말고 그가 누울 때에 너는 그가 눕는 곳을 알았다가 들어가서 그의 발치 이불을 들고 거기 누우라 그가 네 할 일을 네게 알게 하리라 하니 룻이 시어머니에게 이르되 어머니의 말씀대로 내가 다 행하리라 하니라 그가 타작 마당으로 내려가서 시어머니의 명령대로 다 하니라 (룻 3:1-6)

옛적 이스라엘 중에는 모든 것을 무르거나 교환하는 일을 확정하기 위하여 사람이 그의 신을 벗어 그의 이웃에게 주더니 이것이 이스라엘 중에 증명하는 전례가 된지라 이에 그 기업 무를 자가 보아스에게 이르되 네가 너를 위하여 사라 하고 그의 신을 벗는지라 보아스가 장로들과 모든 백성에게 이르되 내가 엘리멜렉과 기룐과 말론에게 있던 모든 것을 나오미의 손에서 산 일에 너희가 오늘 증인이 되었고 또 말론의 아내 모압 여인 룻을 사서 나의 아내로 맞이하고 그 죽은 자의 기업을 그의 이름으로 세워 그의 이름이 그의 형제 중과 그 곳 성문에서 끊어지지 아니하게 함에 너희가 오늘 증인이 되었느니라 하니 성문에 있는 모든 백성과 장로들이 이르되 우리가 증인이 되나니 여호와께서 네 집에 들어가는 여인으로 이스라엘의 집을 세운 라헬과 레아 두 사람과 같게 하시고 네가 에브랏에서 유력하고 베들레헴에서 유명하게 하시기를 원하며 여호와께서 이 젊은 여자로 말미암아 네게 상속자를 주사 네 집이 다말이 유

다에게 낳아준 베레스의 집과 같게 하시기를 원하노라 하니라

이에 보아스가 룻을 맞이하여 아내로 삼고 그에게 들어갔더니 여호와께서 그에게 임신하게 하시므로 그가 아들을 낳은지라 여인들이 나오미에게 이르되 찬송할지로다 여호와께서 오늘 네게 기업 무를 자가 없게 하지 아니하셨도다 이 아이의 이름이 이스라엘 중에 유명하게 되기를 원하노라 이는 네 생명의 회복자이며 네 노년의 봉양자라 곧 너를 사랑하며 일곱 아들보다 귀한 네 며느리가 낳은 자로다 하니라 …

그의 이웃 여인들이 그에게 이름을 지어 주되 나오미에게 아들이 태어났다 하여 그의 이름을 오벳이라 하였는데 그는 다윗의 아버지인 이새의 아버지였더라 (룻 4:7-17)

룻기는 현숙한 한 여인이 타락하고 부패하여 죄로 점철된 혼란스런 사사시대를 살아가면서 겪는 가정적 불행과 생활고를 사랑과 헌신으로 극복하여 마침내 복된 결과를 얻게 되는 이야기다. 또한 룻기는 모압 출신인 이방 여인 룻을 다윗 조상의 씨를 낳고, 장차 올 메시아인 예수 그리스도의 조상으로 등장시켜 이스라엘을 새롭게 일으키는 주인공으로 만드는 이야기이다.[1] 이는 유다 사회의 배타적이고 국수주의적인 체제에 정면 도전한 것이다.

룻기는 룻의 아름다운 믿음에 관한 책이기도 하다. 사사기라는 암울한 시대에 하나님과 아무 상관이 없던 한 모압 여인이 어느 날 하나님을 만나고 그날 이후로 삶이 바뀐다. 그녀에게 하나님은 모든 것이 되었다. 성경 66권 가운데 여자의 이름을 따라서 지은 책은 룻기와 에스더이다. 그나마 에스더는 이스라엘 여인이었지만, 룻은 천한 이방 여인이었다. 이 이방 여인의 이름을 따서 성경의 제목이 지어졌고, 그것을 오늘날까지 우리가 읽는 놀라운 복을 룻은 누린 것이다.[2]

룻기는 암흑과 혼돈의 시대인 사사기에서 구원의 시작인 사무엘서 및 다윗시대로 이어지는 전환점이다. 즉 환난과 절망에서 회복과 은혜

로 나아가는 전환점이 룻기이다.

특히 룻기는 지극히 평범한 사람들의 일상생활을 통해 하나님의 꿈과 하나님 나라의 비전이 어떻게 확장되어 가는지를 보여주는 이야기이다. 일상생활이 하나님의 섭리활동의 중심무대라는 것이다.[3]

사사기에 흉년이 들었다는 것은 그 시대의 절망적 현실을 나타내는 것이다. 이에 유다 지파의 한 사람인 엘리멜렉 가족들은 하나님과 약속의 땅을 버리고, 이방 땅인 모압 지역으로 도망쳤고, 모압 여인들을 며느리로 삼았다.

이는 하나님의 명령을 철저하게 어기는 일이었다. 그로 인해 나오미의 가정은 기근으로 인한 피난생활 10년만에 남편과 두 아들이 모두 죽고 집안이 몰락하고 만다. 희망을 품고 떠난 타향살이 10여 년, 잇따른 불행으로 쓰디쓴 괴로움만 겪은 나오미는 심신이 모두 지쳐 아무런 희망도 없는 것처럼 보였다. 이는 하나님과의 관계가 끊어져 버린 이스라엘의 절망적인 현실과 병약한 영적 상태를 드러낸 것이다.[4]

그러나 내가 하나님을 버렸어도, 하나님은 결코 그의 백성을 버리지 않으시는 분이시다. 이때 나오미는 하나님께서 자기 백성을 돌보시고, 그들에게 양식을 주셨다 함을 듣고, 두 며느리와 함께 고향 땅, 하나님의 품으로 돌아오게 된다. 도중에 두 며느리 중 오르바는 자기 고향으로 돌아가고, 룻은 시어머니인 나오미를 모시고 베들레헴에 도착한다.

남편을 잃은 룻이 홀로 된 시어머니를 좇아 생활과 풍습이 다른 낯선 땅 베들레헴으로 이주하는 것은, 장래를 보장받을 수 없는 어리석은 선택처럼 보일 수도 있었다. 그럼에도 불구하고 룻은 홀로 된 시어머니에 대한 신의와 하나님을 향한 믿음으로 약속의 땅을 선택했다. 룻은 나오미에게 "어머니의 백성이 나의 백성이 되고, 어머니의 하나님이 나의 하나님이 되시리니"(룻기 1장 16절)라고 한다. 이는 자신의 동족과 자신이 태어나면서부터 섬겨온 모압 신들을 버리고 하나님을 섬기겠다는 의미이며, 이제껏 룻이 누려왔던 모든 것을 포기하겠다는 큰 결단이었다.

룻이란 이름은 '친절함', '친절한 동반자'란 의미를 갖는다. 이 이름은 룻기의 주인공인 룻의 성격과 특성을 나타내는 것이다.[5] 룻은 선택의 갈림길에서 자신의 모든 것을 포기하고, 절망에 빠진 시어머니를 선택하는 친절한 동반자의 길을 선택했던 것이다. 룻은 절망에 처한 시어머니에게 한 줄기 희망의 햇살이 되어 주었다. 룻은 "일곱 아들보다 귀한 며느리였다."(룻기 4장 15절)

따라서 룻기는 나눔과 살림의 신학을 주창한다. 룻기는 인애와 자비의 정신이 흘러넘치는 작고 소박한 메시지를 담은 책이다. 즉 룻기는 고난과 불행의 나눔을 통해 분열과 박탈의 상처를 치료하는 복음을 담고 있다.[6]

룻기에 등장하는 주요 인물들인 나오미와 룻, 그리고 보아스 세 사람에게서 우리는 자기의 유익보다는 타자를 위해 대가없이 내미는 사랑인 '헤세드(Hesed)' 정신을 발견할 수 있다. 이러한 정신은 자기의 소견대로 자기 유익만을 구하던 사사기 시대에 있어서 소중한 것이었다.[7]

사람을 사람답게 하는 것은 타자에 대한 공감 능력이 커지는 데 있다. 그리스도를 따르고 그의 존재, 고난에 참여한다는 것은 그리스도의 '타인을 위해서 존재하는 것'에 동참하는 것이요, 타인의 고난에 참여하는 것이다. 나와 너의 관계에서 인간은 타자를 통해서 인격이 된다. 인격이 형성되는 것은 '당신과 함께'이다. 비록 개인은 완전히 타자로부터 분리되어 있지만, 본질적으로는 하나님의 뜻에 따라 타자를 배려하고 함께 하는 것이다. 이것이 기독교의 기본적인 인격개념이다.[8] 따라서 세상은 타자의 고통을 위해 자신을 바치는 사람들로 인해 새롭게 된다. 하나님은 인간이 망친 세상을 한 연약한 여성인 룻을 통해 새롭게 바꾸시며, 절망적인 세상에 희망이 유입되게 하신다.[9]

그러나 오늘날 한국교회와 기독교인들은 세상을 향해 그리스도의 사랑으로 나아가는 것이 아니라, 자신들의 배만 채우고, 자신들만을 위해 살아가고 있다. 그리하여 한국교회와 기독교인들은 사회적, 역사적 책임을 상실하고 역사 내에서 공신력을 상실한 지 오래되었다. 이처럼 기독교인이 사회와 타자에 대한 책임을 피하고, 외면하는 것은 자기기만이며, 위선적인 바리새인이다. 교회와 기독교인들이 타자를 위해 존재할 때, 그 본질적 근원인 예수 그리스도 안에서 참된 교회와 기독교인으로 살아가게 된다.[10]

한편 룻과 나오미는 하나님이 없는 절망적인 현실에서 벗어나 새로운 희망의 길로 들어선다. 이들은 보리 추수의 때에 떡집 베들레헴으로 돌아와 이삭을 줍는 일로 연명하고, 룻은 우연히 나오미의 친족이며 부자인 보아스의 밭으로 가게 된다. 그리고 마침 그때 구원자인 보아스가 자기 밭으로 와서 이삭을 줍는 룻을 발견한다. 그리고 룻에게 다가가 구원의 손길을 내민다.

보아스는 이방 여인인 룻을 자신의 밭에서 일하게 하고, 그녀를 배려하며 돌봐주고, 더 나아가 기업 무를 자의 책임까지 진다. 이러한 보아스의 행동은 하나님의 은혜와 예수 그리스도의 사랑을 상징적으로 나타내는 것이다.

룻은 후에 보아스의 아내가 되었고, 그 후손 중에서 이스라엘의 가장 위대한 왕으로 꼽히는 다윗 왕이 나왔다. 룻기는 다윗 왕의 조상이 된 이방 여인을 주제로 삼아 하나님의 사랑은 이방인에게까지도 미친다는 것을 시사하고 있다.[11] 이방 여인인 룻은 이스라엘의 집을 세우고, 이스라엘 12지파의 뿌리가 된 레아와 라헬처럼 존귀하게 되어 다시금 이스라엘을 일으키게 되었다. 이 같은 사실은 하나님은 혈통이나 종족, 전통, 교리에 얽매이지 않는 분이심을 보여주는 것이다.

이처럼 룻기는 보아스와 룻의 아들 오벳 그리고 그의 손자인 다윗의 조상에 관한 이야기면서, 궁극적으로는 예수 그리스도의 사역을 미리 내다보는 이야기이다.[12]

절망 가운데서도 역사하시는 하나님의 은혜와 축복의 손길이 우리를 소망과 희망의 새로운 길로 인도하심을 믿자. 그리고 가만히 앉아서 복을 기다리는 소극적이고, 안일한 신앙에서 벗어나, 나오미와 룻처럼 적극적으로 하나님을 의지하면서 복을 쟁취하는 사람이 되자.

사무엘의 등장과 희망의 싹

에브라임 산지 라마다임소빔에 에브라임 사람 엘가나라 하는 사람이 있었으니 그는 여로함의 아들이요 엘리후의 손자요 도후의 증손이요 숩의 현손이더라 그에게 두 아내가 있었으니 한 사람의 이름은 한나요 한 사람의 이름은 브닌나라 브닌나에게는 자식이 있고 한나에게는 자식이 없었더라 …

여호와께서 그에게 임신하지 못하게 하시므로 그의 적수인 브닌나가 그를 격분하게 하여 괴롭게 하더라 매년 한나가 여호와의 집에 올라갈 때마다 남편이 그같이 하매 브닌나가 그를 격분시키므로 그가 울고 먹지 아니하니 그의 남편 엘가나가 그에게 이르되 한나여 어찌하여 울며 어찌하여 먹지 아니하며 어찌하여 그대의 마음이 슬프냐 내가 그대에게 열 아들보다 낫지 아니하냐 하니라 그들이 실로에서 먹고 마신 후에 한나가 일어나니 그 때에 제사장 엘리는 여호와의 전 문설주 곁 의자에 앉아 있었더라

한나가 마음이 괴로워서 여호와께 기도하고 통곡하며 서원하여 이르되 만군의 여호와여 만일 주의 여종의 고통을 돌보시고 나를 기억하사 주의 여종을 잊지 아니하시고 주의 여종에게 아들을 주시면 내가 그의 평생에 그를 여호와께 드리고 삭도를 그의 머리에 대지 아니하겠나이다

그가 여호와 앞에 오래 기도하는 동안에 엘리가 그의 입을 주목한즉 한나가 속으로 말하매 입술만 움직이고 음성은 들리지 아니하므로 엘리는 그가 취한 줄로 생각한지라

엘리가 그에게 이르되 네가 언제까지 취하여 있겠느냐 포도주를 끊으라 하니 한나가 대답하여 이르되 내 주여 그렇지 아니하니이다 나는 마음이 슬픈 여자라 포도주나 독주를 마신 것이 아니요 여호와 앞에 내 심정을 통한 것뿐이오니 당신의 여종을 악한 여자로 여기지 마옵소서 내가 지금까지 말한 것은 나의 원통함과 격분됨이 많기 때문이니이다 하는지라

엘리가 대답하여 이르되 평안히 가라 이스라엘의 하나님이 네가 기도하여 구한 것을 허락하시기를 원하노라 하니 이르되 당신의 여종이 당신께 은혜 입기를 원하나이다 하고 가서 먹고 얼굴에 다시는 근심 빛이 없더라 … 한나가 임신하고 때가 이르매 아들을 낳아 사무엘이라 이름하였으니 이는 내가 여호와께 그를 구하였다 함이더라 …

이 아이를 위하여 내가 기도하였더니 내가 구하여 기도한 바를 여호와께서 내게 허락하신지라 그러므로 나도 그를 여호와께 드리되 그의 평생을 여호와께 드리나이다 하고 그가 거기서 여호와께 경배하니라 (삼상 1:1-28)

사무엘서는 혼란과 무질서의 사사시대가 마감되고 왕정시대가 시작되는 전환기 역사를 다루고 있다. 사무엘상은 세 지도자의 활동을 중심으로 전개된다. 사사시대 말기 마지막 사사요, 선지자로 활약하며 이스라엘 백성을 지도한 사무엘과 왕정시대를 연 초대 임금 사울, 그리고 사울을 대신하여 이스라엘의 2대 왕으로 세움받은 다윗이 대표적 인물이다.[1]

사무엘서에서 가장 중심적인 인물 중 한 명은 사무엘이다. 그는 다른 두 주동 인물인 사울과 다윗을 기름 부어 왕으로 세운 사람이기 때문이다. 본문은 사무엘의 가문과 그 어머니 한나의 기도와 서약, 그리고 사무엘의 출생과 제단에 바쳐지는 사무엘을 기록하고 있다.[2] 화려하게 소개되지만 자식이 없는 한나의 절망은 미래가 없는 매우 안타까운 이스

라엘의 모습이고, 대외적 위기와 영적·도덕적 혼란에 빠진 이스라엘 민족의 절망을 은유적으로 보여준다.

당시 고대 근동사회에서 자식은 신의 선물로 인식되었으며, 자식이 없다는 것은 신의 은총에서 제외되는 큰 수치로 여겨졌고, 미래가 없다는 것을 의미했다.[3] 따라서 경쟁자 브닌나를 비롯해서 주위 사람들은 모두 자식 없는 한나를 비웃고 격분시켰다. 더군다나 유일하게 자신의 편이라 믿었던 하나님마저 자신을 버렸다는 생각이 들면서, 한나는 절망의 밑바닥까지 이른다. 모든 희망의 빛이 사라진 것이다.

그러나 한나는 고통스런 현실 가운데서도 도리어 주의 여종임을 고백하고, 하나님 앞에 나아가 그녀의 문제를 내려놓고, 간절히 기도하고 기대하며 기다린다. 한나는 비록 공적인 장소에서 드리는 기도였지만, 겸손하고 은밀한 가운데 드리는 기도를 통해서 절망 가운데 머물러 있기를 거부하고, 그곳으로부터 일어나 새로운 인생의 문을 연다. 이는 바로 역사의 새벽을 여는 기도로 이어졌다.[4]

모든 문제의 해결은 여호와께 나아가는 것에서부터 시작된다. 한나는 여호와 앞에 나아가 그녀의 슬픔과 아픔을 쏟아냈고, 그 기도는 솔직하고 열정적인 믿음의 표현으로 우리에게 강한 신잉과 믿음의 힘, 그리고 하나님의 은혜와 능력에 대한 신뢰를 가르쳐준다. 또한 이 기도는 하나님 앞에서 우리의 소망과 바램을 표현하고, 그 소망을 신뢰하며 기다리는 인내의 중요성을 강조한다.[5]

영적 암흑기인 사사시대에서도 한나는 깨어 있었던 것이다. 그녀는 고난 가운데서도 하나님을 의지하면서 하나님께 소망을 두며 기도의 자리, 예배의 자리를 지켰다. 이것이 새로운 인생과 새로운 역사를 여는 출발점이 되었다.[6]

한나는 단지 아이를 갖고 싶다는 개인적인 갈망을 넘어서서, 나라와 종교의 쇠퇴기에 민족이 절실히 필요로 하는 사람을 나실인의 서원에 규정되어 있는대로 성별하여 하나님께 드리고자 했다.[7] 따라서 이 기도는 자기 중심적 기도에서 벗어나 하나님의 꿈과 통치가 이루어지게 해달라는 하나님 중심의 기도로 바뀌어 그 시대를 아파하는 하나님의 마음과 통하게 되었다. 그리고 한나는 마침내 하나님의 은혜로 아들 사무엘을 낳았고, 그녀가 서약한 대로 어린 사무엘을 하나님 앞에 바치게 되었다.[8]

한나는 이스라엘 민족의 문제를 해결하려는 거창한 비전을 가지고 행동한 것은 아니었다. 자신의 삶에 주어진 작은 도전에 믿음으로 반응한 것이다. 엄청난 절망 가운데 머물러 있기를 거부하고, 한나는 하나님의 전을 향해 결연히 일어섰다. 그리고 그녀의 불굴의 믿음은 자신의 운명을 바꾸어 놓았을 뿐만 아니라, 자신도 의식하지 못하는 가운데 이스라엘 민족의 구속사의 가장 중요한 연결고리를 제공했던 것이다.[9] 그리고 한나의 기도를 통해 새로운 희망의 역사가 시작되었다. 한 시대가 저물고 있었고, 새로운 시대가 새벽처럼 밝아왔다. 새 시대의 싹은 역사의 두꺼운 땅껍질을 뚫고 세차게 솟구쳐 올랐다.[10]

인간의 실패에도 불구하고 하나님의 구속역사는 실패함 없이 성취되며, 하나님은 역사의 암흑기일수록 그 어둠을 깨칠 영적 지도자를 예비하신다.[11] 하나님은 다윗 왕이 등장하기 전에 그에게 기름 부으실 선지자로 사무엘을 준비시키신다. 사무엘 선지자를 통해 암흑과 절망의 이스라엘은 꿈을 꾸듯 회복되기 시작한다.

하나님의 소명과 은혜로 태어난 사무엘은 하루아침에 역사에 등장한 것이 아니라, 하나님의 계획 속에서 준비되어 온 인물이었다. 선지자요, 사사요, 제사장인 사무엘은 이스라엘 역사의 중요한 전환점에 있었던 인물로서, 사사시대에서 왕정시대로 이어지는 과도기를 이끈 중요한 인물이었다. 그의 사역은 이스라엘의 정치 및 종교 체제에 큰 영향을 미쳤으며, 왕정체제를 도입하여 몰락해 가는 이스라엘을 일으키고, 역사의 새벽을 열었다. 그의 역사는 이스라엘의 변화와 성장을 반영하며, 그의 생애는 하나님의 지도와 능력에 대한 믿음과 순종의 모범적 사례가 되었다.[12]

하나님은 환난과 고통에 처한 한 여인을 도우사 불임의 여인에게 아들을 주시고, 어둠의 역사를 희망의 역사로 이어가셨듯이, 가능성이 없는 시대, 절망에 처한 우리에게도 새로운 생명의 씨앗을 심게 하시며, 새로운 시대로 이끌어가실 것이다.

사무엘의 고별사

사무엘이 온 이스라엘에게 이르되 보라 너희가 내게 한 말을 내가 다 듣고 너희 위에 왕을 세웠더니 이제 왕이 너희 앞에 출입하느니라 보라 나는 늙어 머리가 희어졌고 내 아들들도 너희와 함께 있느니라 내가 어려서부터 오늘까지 너희 앞에 출입하였거니와 내가 여기 있나니 여호와 앞과 그의 기름 부음을 받은 자 앞에서 내게 대하여 증언하라

내가 누구의 소를 빼앗았느냐 누구의 나귀를 빼앗았느냐 누구를 속였느냐 누구를 압제하였느냐 내 눈을 흐리게 하는 뇌물을 누구의 손에서 받았느냐 그리하였으면 내가 그것을 너희에게 갚으리라 하니 그들이 이르되 당신이 우리를 속이지 아니하였고 압제하지 아니하였고 누구의 손에서든지 아무 것도 빼앗은 것이 없나이다 하니라 사무엘이 백성에게 이르되 너희가 내 손에서 아무것도 찾아낸 것이 없음을 여호와께서 너희에게 대하여 증언하시며 그의 기름 부음을 받은 자도 오늘 증언하느니라 하니 그들이 이르되 그가 증언하시나이다 하니라 …

이제 너희가 구한 왕, 너희가 택한 왕을 보라 여호와께서 너희 위에 왕

을 세우셨느니라 너희가 만일 여호와를 경외하여 그를 섬기며 그의 목소리를 듣고 여호와의 명령을 거역하지 아니하며 또 너희와 너희를 다스리는 왕이 너희의 하나님 여호와를 따르면 좋겠지마는 너희가 만일 여호와의 목소리를 듣지 아니하고 여호와의 명령을 거역하면 여호와의 손이 너희의 조상들을 치신 것 같이 너희를 치실 것이라 너희는 이제 가만히 서서 여호와께서 너희 목전에서 행하시는 이 큰 일을 보라 …

여호와께서는 너희를 자기 백성으로 삼으신 것을 기뻐하셨으므로 여호와께서는 그의 크신 이름을 위해서라도 자기 백성을 버리지 아니하실 것이요 나는 너희를 위하여 기도하기를 쉬는 죄를 여호와 앞에 결단코 범하지 아니하고 선하고 의로운 길을 너희에게 가르칠 것인즉 너희는 여호와께서 너희를 위하여 행하신 그 큰 일을 생각하여 오직 그를 경외하며 너희의 마음을 다하여 진실히 섬기라 만일 너희가 여전히 악을 행하면 너희와 너희 왕이 다 멸망하리라 (삼상 12:1-25)

본문은 새로운 지도자 사울에게 이스라엘의 통치권을 이양하면서 사무엘이 행한 고별연설을 기록하고 있다. 이 연설을 마침으로써 약 400년간 지속되었던 사사시대는 종말을 고하고, 이스라엘 역사는 왕정시대라는 새로운 국면을 맞이하게 된다.[13] 이스라엘의 왕정은 궁극적으로 하나님의 뜻을 온전히 이룰 수 있는 진정한 통치자이신 그리스도를 통한 하나님 나라에의 소망을 주기 위한 계시였다.[14]

마지막 사사이자 선지자인 사무엘은 이제 백성들이 원하여 세운 사울 왕에게 정권을 인수인계하면서, 그가 이스라엘을 다스리는 동안 어떻게 행동했는지와 하나님의 뜻에 따라서만 행동해 왔음을 강조하고 있다. 그는 자신이 정직하고 올바르게 이스라엘을 다스렸다고 말하며, 백성들에게 하나님의 법을 따르고 그를 경외해야 한다고 촉구하고 있다. 또한 만일 백성들이 하나님의 길을 따르지 않으면 그들에게 재앙이 닥칠 것임을 경고하고, 하나님께로 돌아와 회개할 것을 권유하고 있다. 이 고별연설은 사무엘이 이스라엘에게 남긴 마지막 메시지로써, 백성들에게 하나님과의 관계를 중시하고, 하나님의 뜻을 따르는 삶을 살아가라는 점을 강조한 것이다.

사무엘의 고별사는 사무엘이 얻은 빛나는 명예요, 인생의 졸업장으로서, 이스라엘 민족사에 청백리의 표상으로 남은 사람의 말이었다. 사무엘은 진정한 리더십이 무엇인지를 보여준 지도자였으며, 이스라엘 민족의 정신적 횃불이었다. 그는 어머니 한나가 성전에 바칠 적부터 평생토록 민족의 지도자로 살아왔지만, 단 한 번도 백성 위에 군림해 본 적이 없었다. 하나님과 백성 앞에서 아무 부끄러움이 없는 삶이었다. 사무엘의 한 평생은 오직 민족의 평화와 구원을 위한 종과 같은 삶이었다. 사욕 없이 살아온 위대한 스승이 역사의 뒤편으로 사라져가고 있었다.[15]

이렇게 사무엘은 하나님의 영광을 드러낸 자신의 삶을 보여주면서, 이스라엘 왕과 백성들에게 마지막으로 정직한 삶, 하나님에 대한 변함없는 믿음과 순종을 당부하고 있다. 위와 같은 사무엘의 당부는 오늘날 우리 기독교인들과 교회는 물론, 사회지도층이 명심해야 할 삶의 기준이며, 하나님 나라가 그 안에 세워질 기준이다.

그리고 사무엘은 쉬지 않고 이스라엘과 백성들을 위해 기도하며, 선하고 의로운 길을 가르쳤다. 그는 영적 지도자로서 자신에게 맡겨진 백성들을 포기하지 않고 끝까지 사랑하고 책임졌던 것이다. 그리하여 사무엘의 죽음으로 이스라엘 백성들은 그들이 가졌던 가장 좋은 친구를 잃게 되었다. 그의 죽음은 사울의 횡포가 더욱 심해지고, 다윗은 그의 나라에서 쫓겨나 있는 시점에 일어난 것인 만큼 그 손실이 더하였다. 그리하여 모든 이스라엘 사람들은 그의 죽음을 애도하였다. 그의 공로가 컸기 때문에 그만큼 그를 더욱 존경하고 애도했던 것이다.[16] 우리에게도 사무엘 같은 위대한 지도자, 정직하고 책임감 있는 지도자가 나오기를 희망한다.

서시(序詩)

윤동주[17]

죽는 날까지 하늘을 우러러
한점 부끄럼이 없기를,
잎새에 이는 바람에도
나는 괴로워했다.
밤을 노래하는 마음으로
모든 죽어가는 것을 사랑해야지
그리고 나한테 주어진 길을
걸어가야겠다.

오늘밤에도 별이 바람에 스치운다.

순종이 제사보다 낫고

사무엘이 사울에게 이르되 여호와께서 나를 보내어 왕에게 기름을 부어 그의 백성 이스라엘 위에 왕으로 삼으셨은즉 이제 왕은 여호와의 말씀을 들으소서 만군의 여호와께서 이같이 말씀하시기를 아말렉이 이스라엘에게 행한 일 곧 애굽에서 나올 때에 길에서 대적한 일로 내가 그들을 벌하노니 지금 가서 아말렉을 쳐서 그들의 모든 소유를 남기지 말고 진멸하되 남녀와 소아와 젖먹는 아이와 우양과 낙타와 나귀를 죽이라 하셨나이다 하니 사울이 백성을 소집하고 그들을 들라임에서 세어 보니 보병이 이십만 명이요 유다 사람이 만 명이라 …

사울이 하윌라에서부터 애굽 앞 술에 이르기까지 아말렉 사람을 치고 아말렉 사람의 왕 아각을 사로잡고 칼날로 그의 모든 백성을 진멸하였으되 사울과 백성이 아각과 그의 양과 소의 가장 좋은 것 또는 기름진 것과 어린 양과 모든 좋은 것을 남기고 진멸하기를 즐겨 아니하고 가치 없고 하찮은 것은 진멸하니라

여호와의 말씀이 사무엘에게 임하니라 이르시되 내가 사울을 왕으로 세운 것을 후회하노니 그가 돌이켜서 나를 따르지 아니하며 내 명령을 행하지 아니하였음이니라 하신지라 사무엘이 근심하여 온 밤을 여호와께 부르짖으니라

사무엘이 사울을 만나려고 아침에 일찍이 일어났더니 어떤 사람이 사무엘에게 말하여 이르되 사울이 길갈에 이르러 자기를 위하여 기념비를 세우고 발길을 돌려 길갈로 내려갔다 하는지라 … 사무엘이 이르되 왕이 스스로 작게 여길 그 때에 이스라엘 지파의 머리가 되지 아니하셨나이까 여호와께서 왕에게 기름을 부어 이스라엘 왕을 삼으시고 또 여호와께서 왕을 길로 보내시며 이르시기를 가서 죄인 아말렉 사람을 진멸하되 다 없어지기까지 치라 하셨거늘 어찌하여 왕이 여호와의 목소리를 청종하지 아니하고 탈취하기에만 급하여 여호와께서 악하게 여기시는 일을 행하였나이까

사울이 사무엘에게 이르되 나는 실로 여호와의 목소리를 청종하여 여호와께서 보내신 길로 가서 아말렉 왕 아각을 끌어 왔고 아말렉 사람들을 진멸하였으나 다만 백성이 그 마땅히 멸할 것 중에서 가장 좋은 것으로 길갈에서 당신의 하나님 여호와께 제사하려고 양과 소를 끌어 왔나이다 하는지라

사무엘이 이르되 여호와께서 번제와 다른 제사를 그의 목소리를 청종하는 것을 좋아하심 같이 좋아하시겠나이까 순종이 제사보다 낫고 듣는 것이 수양의 기름보다 나으니 이는 거역하는 것이 점치는 죄와 같고 완고한 것은 사신 우상에게 절하는 죄와 같음이라 왕이 여호와의 말씀을 버렸으므로 여호와께서도 왕을 버려 왕이 되지 못하게 하셨나이다 하니 사울이 사무엘에게 이르되 내가 범죄하였나이다 내가 여호와의 명령과 당신의 말씀을 어긴 것은 내가 백성을 두려워하여 그들의 말을 청종하였음이니이다 (삼상 15:1-24)

본문은 사울 왕이 하나님께 순종과 헌신의 행위를 보여드릴 수 있는 최후의 기회에 대해 기술하고 있다. 하지만 사울 왕은 여기에서마저 자신의 욕망을 앞세운 나머지 불순종의 죄를 저지름으로써 하나님께 완전히 버림받는 처지에 떨어지고 말았다.[18]

그리하여 본문은 우리에게 신앙의 순수한 동기를 잃어버리면 어떤 결과를 낳게 되는지 교훈하고 있다. 하나님은 사울 왕에게 다시 한번 기회를 주셨다. 하나님은 사울에게 사무엘을 보내셔서 아말렉을 진멸하라고 하셨다. 아말렉은 모세시대부터 다윗시대까지 오랜 기간 동안 계속해서 이스라엘을 공격하고 전쟁을 벌인 원수의 나라이다. 아말렉은 출애굽하던 이스라엘 백성들을 첫 번째로 공격한 족속이다. 이후 그들은 이스라엘에게 항상 위협이 되었으며, 하나님은 아말렉과의 영원한 전쟁을 선포했다. 이런 이유로 하나님은 아말렉을 모두 진멸하라고 명령하신 것이다. 아말렉을 진멸하는 것은 결코 이익을 위한 것이 아니다. 하나님의 뜻과 공의를 이루어 하나님의 심판을 드러내고자 한 것이다.[19]

그러나 사울은 아말렉 사람들을 전부 진멸하라는 하나님의 명령을 완전히 이행하지 않았다. 즉 자기 욕심과 유익에 따라 자기 임의대로 생각하고 행하였다. 그리하여 사울은 아말렉과의 거룩한 전쟁을 전리품을 위한 치졸한 약탈전으로 만들었다. 정치적으로 도움이 될 만한 아말렉 왕은 살려두고, 백성들의 목소리가 두려워 가치 없고 하찮은 것들은 진멸하였으나, 기름지고 좋은 가축들은 살려서 취했다. 이것은 자기가 지키고 싶은 것만을 지키는 반쪽짜리 하찮은 순종에 불과했다.[20] 하나님은 제사나 예배의 형식적인 행위보다는 하나님께 순종하는 마음을 더욱 소중히 여기신다. 그리하여 순종은 기적을 낳지만, 불순종은 멸망을 낳는다.

더 나아가 사울은 아말렉과의 싸움에서 승리한 것을 하나님께 영광 돌리지 않고, 자기를 위하여 기념비를 세우고, 하나님이 이루신 것을 자신이 이룬 것으로 하는 교만에 사로잡히게 되었다.

또한 사울 왕은 하나님의 인정보다는 사람들이 자기를 어떻게 생각하느냐에 더 관심을 갖고 있었으며, 하나님을 두려워하기보다는 백성들을 두려워하고, 백성들 앞에서 자기 체면을 유지하는 것을 더 중요하게 여긴 사람이었다. 그러나 사울 왕이 하나님의 명령을 어긴 것은 백성을 두려워하여 그들의 말을 청종했기 때문이라고 한 것은, 단지 자기 합리화요 변명에 지나지 않았다. 그것은 사울시대에 백성들을 위한 평강이 없었기 때문이다.

사무엘은 사울을 찾아가, 하나님의 말씀에 순수히게 순종하지 못한 사울을 책망했다. 그러나 사울은 끝내 자신의 죄를 돌이키지 않았다. 사울 왕이 버림받은 이유는 불순종했기 때문만이 아니라, 회개하지 않았기 때문이다. 사울은 불순종하여 죄를 짓고도, 다윗 왕과는 달리 진심으로 회개하지 않았다. 사람은 잘못할 수 있다. 그러나 잘못을 범하고도 회개하지 않고, 자신의 체면만을 생각한 사울은 결국 왕의 자리에서 끌려 내려오는 처지에 놓이게 되었다. 하나님은 사울을 왕으로 세운 것을 후회하셨고, 사울 왕을 버리고 새로운 왕을 택하겠다고 선언했다. 결국 사울 왕은 신앙의 순수함을 잃은 결과 하나님도, 권력도 잃게 되었다.[21] 오늘 우리 안에도 사울의 불순종과 교만이 많이 있다. 하나님이 후회하시는 사람이 되느냐, 기뻐하시는 사람이 되느냐가 문제이다.

복종

한용운[22]

남들이 자유를 사랑한다지마는
나는 복종을 좋아하여요

자유를 모르는 것은 아니지만
당신에게는 복종만 하고 싶어요

복종하고 싶은데 복종하는 것은
아름다운 자유보다도 달콤합니다
그것이 나의 행복입니다

그러나 당신이 나더러
다른 사람을 복종하라면
그것만은 복종 할 수가 없습니다

다른 사람을 복종하려면
당신에게 복종할 수 없는 까닭입니다

나는 만군의 여호와의 이름으로 네게 나아가노라

다윗과 골리앗의 싸움

블레셋 사람들이 그들의 군대를 모으고 싸우고자 하여 유다에 속한 소고에 모여 소고와 아세가 사이의 에베스담밈에 진 치매 … 블레셋 사람들의 진영에서 싸움을 돋우는 자가 왔는데 그의 이름은 골리앗이요 가드 사람이라 그의 키는 여섯 규빗 한 뼘이요 머리에는 놋 투구를 썼고 몸에는 비늘 갑옷을 입었으니 그 갑옷의 무게가 놋 오천 세겔이며 그의 다리에는 놋 각반을 쳤고 어깨 사이에는 놋 단창을 메었으니 그 창자루는 베틀 채 같고 창 날은 철 육백 세겔이며 방패 든 자가 앞서 행하더라

그가 서서 이스라엘 군대를 향하여 외쳐 이르되 너희가 어찌하여 나와서 전열을 벌였느냐 나는 블레셋 사람이 아니며 너희는 사울의 신복이 아니냐 너희는 한 사람을 택하여 내게로 내려보내라 그가 나와 싸워서 나를 죽이면 우리가 너희의 종이 되겠고 만일 내가 이겨 그를 죽이면 너희가 우리의 종이 되어 우리를 섬길 것이니라 …

사울과 온 이스라엘이 블레셋 사람의 이 말을 듣고 놀라 크게 두려워하니라 … 다윗이 곁에 서 있는 사람들에게 말하여 이르되 이 블레셋 사람을 죽여 이스라엘의 치욕을 제거하는 사람에게는 어떠한 대우를 하겠느냐 이 할례 받지 않은 블레셋 사람이 누구이기에 살아계시는 하나님의 군대를 모욕하겠느냐 … 다윗이 사울에게 말하되 그로 말미암아 사람이 낙담하지 말 것이라 주의 종이 가서 저 블레셋 사람과 싸우리이다 하니 사울이 다윗에게 이르되 네가 가서 저 블레셋 사람과 싸울 수 없으리니 너는 소년이요 그는 어려서부터 용사임이니라

다윗이 사울에게 말하되 주의 종이 아버지의 양을 지킬 때에 사자나 곰이 와서 양 떼에서 새끼를 물어가면 내가 따라가서 그것을 치고 그 입에서 새끼를 건져내었고 그것이 일어나 나를 해하고자 하면 내가 그 수염을 잡고 그것을 쳐죽였나이다 주의 종이 사자와 곰도 쳤은즉 살아계시는 하나님의 군대를 모욕한 이 할례 받지 않은 블레셋 사람이리이까 그가 그 짐승의 하나와 같이 되리이다 또 다윗이 이르되 여호와께서 나를 사자의 발톱과 곰의 발톱에서 건져내셨은즉 나를 이 블레셋 사람의 손에서도 건져내시리이다 사울이 다윗에게 이르되 가라 여호와께서 너와 함께 계시기를 원하노라 …

블레셋 사람이 방패 든 사람을 앞세우고 다윗에게로 점점 가까이 나아가니라 그 블레셋 사람이 둘러보다가 다윗을 보고 업신여기니 이는 그가 젊고 붉고 용모가 아름다움이라 블레셋 사람이 다윗에게 이르되 네가 나를 개로 여기고 막대기를 가지고 내게 나아왔느냐 하고 그의 신들의 이름으로 다윗을 저주하고 …

다윗이 블레셋 사람에게 이르되 너는 칼과 창과 단창으로 내게 나아오거니와 나는 만군의 여호와의 이름 곧 네가 모욕하는 이스라엘 군대의 하나님의 이름으로 네게 나아가노라 …

또 여호와의 구원하심이 칼과 창에 있지 아니함을 이 무리에게 알게 하리라 전쟁은 여호와께 속한 것인즉 그가 너희를 우리 손에 넘기시리라 블레셋 사람이 일어나 다윗에게로 마주 가까이 올 때에 다윗이 블레셋 사람을 향하여 빨리 달리며 손을 주머니에 넣어 돌을 가지고 물매로 던져 블레셋 사람의 이마를 치매 돌이 그의 이마에 박히니 땅에 엎드러지니라 …

다윗이 달려가서 블레셋 사람을 밟고 그의 칼을 그 칼집에서 빼내어 그 칼로 그를 죽이고 그의 머리를 베니 블레셋 사람들이 자기 용사의 죽음을 보고 도망하는지라 (삼상 17:1-51)

블레셋 진영에는 골리앗이라는 거인 군인이 있었다. 키가 3m, 57kg의 갑옷과 투구를 입고, 방패부대의 호위를 받으며, 날의 무게가 7kg에 이르는 창을 메고 있었다. 그는 자신의 외적인 것을 과시하며 싸움을 기는 사람이었다. 그가 하나님과 이스라엘 군대를 모욕했다.[23] 이처럼 중무장한 거인 골리앗의 등장에 사울이 이끄는 이스라엘 군대는 모두 놀라 크게 두려워했다. 아무도 나가서 싸울 용기가 없어 하나님의 이름이 모욕을 당해도 머뭇거리고 있었다.

다윗은 전쟁터에 나간 형들이 잘 있는지 보고 오라는 아버지의 심부름으로 이스라엘의 운명이 걸린 전쟁터에 나가게 되었고, 하나님은 한낱 양치기 소년에 불과했던 다윗을 통해 하나님의 영광을 드러내고, 역사의 물꼬를 터놓으셨다. 다윗은 이스라엘을 모욕하는 골리앗과의 대결을 감행한다. 다윗은 자기에게 맞지 않는 화려한 갑옷과 방패를 거부하고, 목자의 차림새 그대로 골리앗에게로 나아갔다. 그는 흉배도 붙이지 않았고, 갑옷도 입지 않았다. 칼이 아니라 막대기를, 그리고 활 대신에 물매를 가지고 있었으며, 화살통이 아니라 목자의 제구 주머니를 가졌고, 화살 대신에 시내에서 골라잡은 매끄러운 다섯 개의 작은 돌을 가졌을 뿐이다. 이것으로 볼 때 다윗은 확실히 자기 힘이 아니라, 하나님의 능력을 전적으로 믿고 있었다는 것을 알 수 있다.[24]

다윗은 여호와의 구원하심이 칼과 창에 있지 아니하며, 전쟁은 여호와께 속한 것이라는 믿음 아래, 이 싸움을 하나님의 싸움으로 인식하고 있었다. 다윗은 골리앗을 향해 이렇게 외쳤다. "너는 칼과 창과 단창으로 내게 나아오거니와 나는 만군의 여호와의 이름 곧 네가 모욕하는 이스라엘 군대의 하나님의 이름으로 네게 나아가노라."(사무엘상 17장 45절)

다윗은 다른 사람들에게 명령하는 것을 배우기 전에 먼저 하나님에게 복종하는 법을 배웠다. 하나님을 붙든 다윗은 골리앗에 대한 두려움을 극복하고, 하나님의 이름으로 나아가 승리하였다. 이러한 다윗의 힘은 그동안 들녘에서 삶의 경험으로 체득한 믿음으로부터 나온 것이다. 그는 들녘에서 하나님을 온몸으로 배웠으며, 하나님을 의지하는 동안 모든 문제가 해결되는 것을 경험했다. 그리하여 다윗은 양을 칠 때 곰과 사자의 입과 발톱에서 건져내신 하나님께서 블레셋의 장군인 골리앗도 능히 이길 것을 믿었던 것이다.[25]

다윗은 사울 왕 앞에서 이렇게 외쳤다. "주의 종이 사자와 곰도 쳤은즉 살아계시는 하나님의 군대를 모욕한 이 할례 받지 않은 블레셋 사람이리이까? 그가 그 짐승의 하나와 같이 되리이다."(사무엘상 17장 36절) 이처럼 다윗은 하나님에 대한 믿음의 열정으로 골리앗에 대한 두려움을 이겨냈고, 불가능한 싸움을 승리로 이끌게 되었던 것이다.

"하늘이 무너져도 솟아날 구멍이 있다." 아무리 어려운 상황에 부딪혀도 살아 나갈 방법은 반드시 있다. 하나님께서 준비해 주시기 때문이다. 그러니 절망하기에는 이르다. 그리고 절망한 뒤에도 하나님의 은혜와 사랑이 있다.[26]

우리도 다윗처럼 어떠한 상황에서도 낙담하지 말고, 하나님을 붙잡고 여호와의 이름으로 세상을 향해 나아가자. 오늘 나에게 주어진 사소한 일상, 사소한 자리일지라도, 그것이 하나님이 내게 주신 분복임을 알고 최선을 다해 살며, 우리 앞에 새로운 길을 여시는 하나님을 믿고 나아가자.

하나님은 세상의 어떤 거센 파도라 할지라도 당신을 신뢰하는 자에게는 그것이 아무런 위협도 되지 못한다는 사실과 함께, 이 세상 역사의 주역은 세상의 권력자들이 아니라, 오직 하나님과 더불어 살아가는 사람들임을 알려주신다.[27]

다윗이 아둘람 굴로 도망하매

그러므로 다윗이 그곳을 떠나 아둘람 굴로 도망하매 그의 형제와 아버지의 온 집이 듣고 그리로 내려가서 그에게 이르렀고 환난당한 모든 자와 빚진 모든 자와 마음이 원통한 자가 다 그에게로 모였고 그는 그들의 우두머리가 되었는데 그와 함께 한 자가 사백 명 가량이었더라 (삼상 22:1-2)

다윗은 끈질긴 사울 왕의 질투와 위협으로부터 도망치게 되었고, 그 과정에서 여러 차례 목숨을 위협받았다. 그럼에도 다윗은 하나님이 세우신 왕인 사울을 멸망시킬 어떤 행동도 취하지 않았다. 오직 그 자신을 보호하는 데만 힘썼다. 자기 조국을 위해서 큰 공을 세운 사람이 여기 한 굴 속에 갇혔으며, 아무 소용이 없는 그릇처럼 버림을 받고 있다. 때로 빛나는 광명이 등경 밑에 숨겨지고, 그 빛이 가리워지는 것처럼.[28]

사울로부터 도망 중에 다윗은 아둘람 동굴에 숨어 지내게 되는데, 이곳이 다윗의 첫 번째 주요 피난처였다. 아둘람 동굴에서 지내는 동안 다윗의 형제들과 아버지의 온 집안이 다윗에게로 찾아왔다. 또한 환난당한 모든 자와 빚진 모든 자, 그리고 마음에 원통함이 있는 자들이 다윗에게로 모여들기 시작했다. 즉 사울의 학정에 시달린 자들이며, 사회체제에 불만을 가진 자들로서, 인생의 밑바닥까지 간 사람들이었다. 이들은 약 400명에 달했는데, 다윗의 둘도 없는 용사요, 그를 따르는 친위대가 된다.[29]

이들은 오갈 데 없는 다윗이 자신들의 하소연을 들어줄 것이라고 믿었을 것이다. 다윗은 그들을 받아들였다. 자신의 처지도 다급하지만, 여러 모양으로 어려운 처지에 있는 사람들을 포용했다. 전투력은 고사하고 그들을 먹일 식량조차 구하는 것도 큰 일인데 받아들였던 것이다. 다

윗은 그렇게 그들과 함께 살 길을 찾아 나섰다. 여기서 다윗의 신앙과 리더십을 보게 된다.[30]

인생의 가장 힘든 시기에, 가장 힘든 사람들과 함께 다윗은 '아둘람 공동체'를 세웠고, 그 공동체를 통해 하나님의 뜻을 이루어가기 시작했다.[31] 아둘람 공동체는 다윗의 지도 아래 단순히 도망자들의 집단을 넘어 하나님의 인도와 보호를 받는 신앙공동체로 발전했으며, 다윗의 신앙과 용기를 본받아 하나님의 뜻을 따르는 사람들로 성장했다. 다윗은 이 공동체를 통해 리더십을 발휘하고, 어려운 상황에서도 하나님께 의지하는 법을 배웠다. 아둘람 공동체에서 훈련된 사람들은 다윗 왕국에서 핵심적인 역할을 하게 된다. 다윗의 용사들로 알려진 이들은 이스라엘의 적들과의 전투에서 큰 승리를 거두며 다윗 왕국의 강력한 군대로 성장하고, 이스라엘 왕국의 기초를 세우는 데 중요한 역할을 한다.[32]

다윗이 이스라엘의 왕이 된 것은 그에게 몰려온 용사들이 있었기에 가능한 것이었다. 이들은 하나님의 군대와도 같은 대단하고 훌륭한 자들이었으며, 하나님을 떠나 점점 타락하고, 쇠퇴해 가는 사울 통치하의 이스라엘에서 침묵을 지키며 안주하기보다는, 장차 이스라엘을 새롭게 할 자로 부름받은 다윗과 더불어 고난당하기를 기뻐했다. 이들은 다윗이 만난 하나님을 나누고, 서로 위로하고, 격려하며 새 힘을 얻었고, 희망과 소망을 함께 노래했다. 비록 아둘람 공동체는 비천하고 힘없고, 실패한 사람들의 모임처럼 보일지 모르지만, 오히려 하나님은 실패의 공간을 영적인 도피처로 만드셔서, 그곳에서 새롭게 시작하게 하신다. 아둘람 공동체는 삶에 지치고, 괴로워 눈물 흘리는 사람들이 하나님의 영으로 위로받고, 하나님의 사랑으로 회복되어지는 피난처가 되었고, 더 나아가 다윗의 충직한 군사가 되었으며, 하나님의 군대가 된 것이다.[33]

이에 대해 역대상 12장 22절에서는 "그 때에 사람이 날마다 다윗에게로 돌아와서 돕고자 하매 큰 군대를 이루어 하나님의 군대와 같았더라"고 기록하고 있다.

이처럼 다윗 왕국의 시작은 세상의 부족한 자들, 연약한 자들로부터 시작되었다. 이것이 하나님이 열어주시는 다윗의 새 비전이었다. 한 시대는 가고, 하나님의 꿈을 향해 한 시대가 오고 있다.

우리가 비록 아둘람 굴 같은 곳에 있을지라도, 우리는 하나님이 우리를 버리지 않으신다는 믿음 아래 함께 있어야 할 사람들과 함께 하면서, 하나님 나라를 꿈꾸며 나아가야 한다. 비록 오욕의 인생과 역사라고 하더라도, 그 속에서 우리는 하나님의 은혜와 사랑을 발견할 수 있다.

당신이 마땅히 죽을 자인 그 사람이라

다윗의 범죄

여호와께서 나단을 다윗에게 보내시니 그가 다윗에게 가서 그에게 이르되 한 성읍에 두 사람이 있는데 한 사람은 부하고 한 사람은 가난하니 그 부한 사람은 양과 소가 심히 많으나 가난한 사람은 아무것도 없고 자기가 사서 기르는 작은 암양 새끼 한 마리뿐이라 그 암양 새끼는 그와 그의 자식과 함께 자라며 그가 먹는 것을 먹으며 그의 잔으로 마시며 그의 품에 누우므로 그에게는 딸처럼 되었거늘 어떤 행인이 그 부자에게 오매 부자가 자기에게 온 행인을 위하여 자기의 양과 소를 아껴 잡지 아니하고 가난한 사람의 양 새끼를 빼앗아다가 자기에게 온 사람을 위하여 잡았나이다 하니 다윗이 그 사람으로 말미암아 노하여 나단에게 이르되 여호와의 살아계심을 두고 맹세하노니 이 일을 행한 그 사람은 마땅히 죽을 자라 그가 불쌍히 여기지 아니하고 이런 일을 행하였으니 그 양 새끼를 네 배나 갚아 주어야 하리라 한지라

나단이 다윗에게 이르되 당신이 그 사람이라 이스라엘의 하나님 여호와께서 이와 같이 이르시기를 내가 너를 이스라엘 왕으로 기름 붓기 위하여 너를 사울의 손에서 구원하고 네 주인의 집을 네게 주고 네 주인의 아내들을 네 품에 두고 이스라엘과 유다 족속을 네게 맡겼느니라 만일

그것이 부족하였을 것 같으면 내가 네게 이것 저것을 더 주었으리라 그러한데 어찌하여 네가 여호와의 말씀을 업신여기고 나 보기에 악을 행하였느냐 네가 칼로 헷 사람 우리아를 치되 암몬 자손의 칼로 죽이고 그의 아내를 빼앗아 네 아내로 삼았도다

이제 네가 나를 업신여기고 헷 사람 우리아의 아내를 빼앗아 네 아내로 삼았은 즉 칼이 네 집에서 영원토록 떠나지 아니하리라 하셨고 여호와께서 또 이와 같이 이르시기를 보라 내가 너와 네 집에 재앙을 일으키고 내가 네 눈앞에서 네 아내를 빼앗아 네 이웃들에게 주리니 그 사람들이 네 아내들과 더불어 백주에 동침하리라 너는 은밀히 행하였으나 나는 온 이스라엘 앞에서 백주에 이 일을 행하리라 하셨나이다 하니 다윗이 나단에게 이르되 내가 여호와께 죄를 범하였나이다 하매 나단이 다윗에게 말하되 여호와께서도 당신의 죄를 사하셨나니 당신이 죽지 아니하려니와 이 일로 말미암아 여호와의 원수가 크게 비방할 거리를 얻게 하였으니 당신이 낳은 아이가 반드시 죽으리이다 하고 나단이 자기 집으로 돌아가니라 (삼하 12:1-14)

다윗은 이스라엘의 왕으로서 많은 업적을 이루었으며, 하나님의 길을 따라 순종한 인물이었다. 그러나 그러한 다윗의 삶에도 부정적인 사건들이 있었다. 그중 가장 유명한 사건은 다윗이 충성스러운 신하 우리아의 아내이자 당대 최고의 미인인 밧세바에게 빠져 그녀를 범하여 임신시키고, 우리아를 죽인 후에 밧세바를 왕궁으로 불러 아내로 삼고 아기를 낳은 일이었다.

다윗은 권력과 욕망에 사로잡혀 죄를 짓고 말았다. 그가 범한 죄는 자기 영혼을 망하게 하고, 상함과 능욕을 받을 간음죄였다. 이는 다른 어느 죄보다 부끄러운 죄였다. 이러한 간음죄에 이르게 된 배경을 살펴보면, 다윗은 여호와의 전쟁을 하면서 자기 부하와 같이 전장에 나가 있어야 할 때, 고생과 걱정을 남에게 맡기고, 자신은 예루살렘에 그대로 있었던 안일함과 태만 더 나아가 교만 때문이었다. 다윗이 안일을 탐하

고 게으름을 피우는 태도가 그에게 죄를 짓게 하는 기회를 제공한 것이다. 게으름은 유혹자에게 큰 기회를 주고, 나태한 자의 침상을 욕망의 침상으로 나아가게 한다. 더 나아가 다윗의 교만해진 마음으로부터 그의 발길과 시선이 하나님에게 집중하지 못하고 배회하면서 목욕하는 여인을 보는 눈을 통해 죄가 들어오게 된 것이다. 하나님으로 만족하지 못하는 교만한 마음은 세상의 유혹에 넘어가게 되는 것이요, 시궁창 곁에 섰으면 오물이 묻게 마련이다.[1]

특히 우리아를 죽인 다윗의 범죄는 치밀한 계산에 따른 것이었고, 비열하고 야만적인 수법에 의한 살인이었으며, 우리아의 충성심과 용맹에 대한 철저한 배신이었다. 이 사건은 하나님의 진노를 불러일으켜 이후 다윗의 왕위와 가정생활에 큰 파장을 일으켰다.[2]

하나님은 때가 됨에 나단 선지자를 다윗에게 보내셔서 그의 죄가 얼마나 끔찍한 것인지 깨닫게 하셨다. 모든 것을 가진 다윗이 오직 하나만을 붙잡은 충성스런 신하인 우리아를 철저히 배신하고, 죽이고, 아내를 빼앗은 사실은 하나님이 다윗에게 베풀어주신 모든 은혜를 완전히 잊어버린 만행이었다고. 하나님은 다윗에게 나의 사랑이, 나의 구원이 너에게 부족했느냐고 반문하시면서, 그런데 어찌하여 네가 여호와의 말씀을 업신여기고, 나 보기에 악을 행하였느냐고 질책하시며 징벌을 내리신다. 즉 "칼이 네 집에서 영원토록 떠나지 아니하리라 하셨고 … 내가 너와 네 집에 재앙을 일으키고, 내가 네 눈 앞에서 네 아내를 빼앗아 네 이웃들에게 주리니 그 사람들이 네 아내들과 더불어 백주에 동침하리라."(사무엘 하 12장 10-11절)는 것이다.

실제 다윗과 밧세바 사이에서 태어난 첫 아이가 하나님의 징벌로 인해 죽었으며, 또 다윗의 죄로 인해 그의 가정 내에서 여러 비극이 일어났다. 다윗의 아들 암논이 이복 여동생 다말을 강간한 후 다말의 친오빠인 압살롬이 암논을 살해하고 도망쳤다. 압살롬의 행동은 다윗 왕가 내에서 심각한 분열을 초래했고, 결국 압살롬은 반역을 일으켜 예루살렘을 점령한 후 온 이스라엘이 보는 앞에서 다윗의 후궁들과 동침함으로써 다윗에게 큰 치욕을 주었고, 다윗을 쫓아냈다. 이로 인해 다윗과 압살롬의 관계는 파탄에 이르게 되었고, 압살롬은 전투 중에 사망하였다.[3] 이러한 하나님의 징벌에 대해 다윗은 자신의 죄를 인정하고 회개하며, 자신의 운명을 하나님의 정의와 심판 아래 내맡겼다. 이런 점에서 다윗은 위대한 왕으로 평가되는 것이다.[4]

다윗은 시편 51편 1-5절에서 다음과 같이 자신의 죄를 인정하고, 용서를 구하는 은혜를 노래하고 있다.

> 하나님이여 주의 인자를 따라 내게 은혜를 베푸시며 주의 많은 긍휼을 따라 내 죄악을 지워주소서 나의 죄악을 말갛게 씻으시며 나의 죄를 깨끗이 제하소서 무릇 나는 내 죄과를 아오니 내 죄가 항상 내 앞에 있나이다 내가 주께만 범죄하여 주의 목전에 악을 행하였사오니 주께서 말씀하실 때에 의로우시다 하고 주께서 심판하실 때에 순전하시다 하리이다 내가 죄악 중에서 출생하였음이여 어머니가 죄 중에서 나를 잉태하였나이다

다윗은 완벽한 사람이 아니다. 다윗은 아무것도 없을 때, 하나님에 대한 믿음이 신실했으나, 모든 것을 가진 절대 권력의 자리에 있을 때, 그 우월적 지위를 이용하여 죄를 지었다. 이처럼 다윗은 문제가 있고, 죄도 있는 부족한 사람이지만, 자신의 죄를 깨닫고 시인하면서 하나님의 용서를 구함으로써 하나님의 은혜로 용서받았다. 다윗의 위대한 점은 자신의 죄를 깨닫고, 시인하여 하나님의 용서를 구한 데 있다.

믿음의 사람은 실수가 없는 사람이 아니라, 실수 후에 믿음의 반응을 하는 사람이다. 믿음은 실수를 막아주기도 하지만, 실수 후에 올바른 반응을 만들어낸다. 사는 사람과 죽는 사람, 흥하는 사람과 망하는 사람의 차이가 무엇인가? 인간의 가치나 훌륭함은 잘잘못에 의해 결정되는 것이 아니다. 반응에 의해 결정된다. 잘못이 없는 사람이 훌륭한 게 아니라, 반응이 훌륭한 사람이 훌륭한 것이다.[5]

완벽한 사람은 하나도 없다. 우리는 끊임없이 죄를 짓고 살아간다. 그래서 사도 바울도 로마서 3장 10절에서 말하기를, "의인은 없나니 하나도 없으며"라고 했다. 그러나 인간은 자신의 잘못을 인정하고, 그로부터 배우며, 회개와 변화를 통해 새롭게 성장할 수 있다. 그리고 하나님으로 충만하고 만족하는 삶을 살아갈 때 세상의 유혹을 이겨낼 수 있다.

솔로몬이 깨어 보니 꿈이더라

솔로몬이 애굽의 왕 바로와 더불어 혼인관계를 맺어 그의 딸을 맞이하고 다윗 성에 데려다가 두고 자기의 왕궁과 여호와의 성전과 예루살렘 주위의 성의 공사가 끝나기를 기다리니라 그 때까지 여호와의 이름을 위하여 성전을 아직 건축하지 아니하였으므로 백성들이 산당에서 제사하며 솔로몬이 여호와를 사랑하고 그의 아버지 다윗의 법도를 행하였으나 산당에서 제사하며 분향하더라 이에 왕이 제사하러 기브온으로 가니 거기는 산당이 큼이라 솔로몬이 그 제단에 일천 번제를 드렸더니 기브온에서 밤에 여호와께서 솔로몬의 꿈에 나타나시니라 하나님이 이르시되 내가 네게 무엇을 줄꼬 너는 구하라 …

나의 하나님 여호와여 주께서 종으로 종의 아버지 다윗을 대신하여 왕이 되게 하셨사오니 종은 작은 아이라 출입할 줄을 알지 못하고 … 누가 주의 이 많은 백성을 재판할 수 있사오리이까 듣는 마음을 종에게 주사 주의 백성을 재판하여 선악을 분별하게 하옵소서 …

내가 네 말대로 하여 네게 지혜롭고 총명한 마음을 주노니 네 앞에도 너와 같은 자가 없었거니와 네 뒤에도 너와 같은 자가 일어남이 없으리라 내가 또 네가 구하지 아니한 부와 영광도 네게 주노니 네 평생에 왕들 중에 너와 같은 자가 없을 것이다 네가 만일 네 아버지 다윗이 행함 같이

내 길로 행하며 내 법도와 명령을 지키면 내가 또 네 날을 길게 하리라
솔로몬이 깨어 보니 꿈이더라 이에 예루살렘에 이르러 여호와의 언약궤 앞에 서서 번제와 감사의 제물을 드리고 모든 신하들을 위하여 잔치하였더라 (왕상 3:1-15)

열왕기는 '왕들의 행적을 기록한 책'이란 뜻으로 왕조실록을 말한다. 이스라엘의 통치자들이 하나님에게 순종한 때는 나라가 번영하고, 이방신을 믿고 불순종한 때는 쇠망한다는 사실을 보여주고 있다.[1]

열왕기는 나라가 망할 때 예레미야 선지자가 기록한 것으로 추정하고 있는 가슴 아픈 역사이다. 그래서 '왜 망했는가?'가 중요하고, 하나님을 떠나 죄를 행했던 아픔과 실책이 드러난다. 즉 하나님을 떠났기에 나라가 망했다는 것을 강조하고 있다. 그리고 나라가 망하는 징조는 이미 화려한 번영의 시대인 솔로몬 시대에 싹트고 있었다.

솔로몬이 하나님으로부터 받은 지혜와 부 그리고 권력은 일천 번제라는 제사 때문이 아니라, 솔로몬의 마음가짐으로부터 얻어진 것이다. 솔로몬이 하나님의 축복을 받은 까닭은 하나님을 사랑하고, 다윗의 법도를 행하며, 순수하고 겸손하게 하나님께 순종하면서, 하나님께 '듣는 마음'을 주시어 주의 백성을 재판하여 선악을 분별하게 하여주시리는 간구를 드렸기 때문이다. 요컨대 솔로몬은 오직 순수한 믿음을 가지고 정의와 공의로써 하나님의 백성들을 다스리고자 했으며, 이는 하나님의 마음에 합하였던 것이다.

우리의 믿음과 예배는 거창하고 크고 넓은 산당에서의 일천 번제보다, 정의를 행하며, 하나님을 향한 진실한 마음과 작지만 올곧은 신앙고백이어야 한다. 이에 대해 미가 6장 6-8절은 이렇게 기록하고 있다.

내가 무엇을 가지고 여호와 앞에 나아가며 높으신 하나님께 경배할까 내가 번제물로 일 년 된 송아지를 가지고 그 앞에 나아갈까 여호와께서 천천의 숫양이나 만만의 강물 같은 기름을 기뻐하실까 내 허물을 위하여 내 맏아들을, 내 영혼의 죄를 말미암아 내 몸의 열매를 드릴까

사람아 주께서 선한 것이 무엇임을 네게 보이셨나니 여호와께서 네게 구하시는 것은 오직 정의를 행하며 인자를 사랑하며 겸손하게 네 하나님과 함께 행하는 것이 아니냐

솔로몬은 다윗 왕으로부터 탄탄한 국력과 광대한 영토를 물려받았으며, 그 바탕 위에서 폭넓은 외교관계와 무역 및 국가의 기반 시설을 발전시켜 이스라엘의 황금기를 구가했다.[2] 솔로몬의 번영과 영화는 열왕기상 4장 20-26절에 다음과 같이 잘 드러나 있다.

유다와 이스라엘의 인구가 바닷가의 모래 같이 많게 되매 먹고 마시며 즐거워하였으며 솔로몬이 그 강에서부터 블레셋 사람의 땅에 이르기까지와 애굽 지경에 미치기까지의 모든 나라를 다스리므로 솔로몬이 사는 동안에 그 나라들이 조공을 바쳐 섬겼더라 솔로몬의 하루의 음식물은 가는 밀가루가 삼십 고르요 굵은 밀가루가 육십 고르요[3] 살진 소가 열 마리요 초장의 소가 스무 마리요 양이 백 마리이며 그 외에 수사슴과 노루와 암사슴과 살진 새들이었더라

솔로몬이 그 강 건너편을 딥사에서부터 가사까지 모두, 그 강 건너편의 왕을 모두 다스리므로 그가 사방에 둘린 민족과 평화를 누렸으니 솔로몬이 사는 동안에 유다와 이스라엘이 단에서부터 브엘세바에 이르기까지 각기 포도나무 아래와 무화과나무 아래에서 평안히 살았더라 솔로몬의 병거의 말 외양간이 사만이요 마병이 만 이천 명이며

이러한 번영과 영화는 솔로몬 왕의 치적의 결과라기 보다는, 다윗과 언약을 맺으신 하나님의 전적인 은혜에 의한 것이다. 그리고 솔로몬 왕국의 번영이 갖는 역사적 의미는 단지 왕과 왕실의 배를 불리기 위한 것

에 불과했다.

따라서 우리는 솔로몬 왕국의 번영에 주목할 것이 아니라, 솔로몬 왕의 행적을 주목해야 한다. 솔로몬이 구한 '듣는 마음'을 주시어서, 주의 백성을 재판하여 선악을 분별하게 하여주시라는 간구는 하나님의 말씀을 듣고, 백성들의 말을 듣는 두 가지로 집약할 수 있다. 그러나 솔로몬은 하나님과의 언약을 깨고, 하나님과 백성들을 버렸다.

솔로몬은 왕권의 안정을 위해 먼저 하나님에게 의지하여 구하지 않고, 자기 욕망에 따라 애굽과 정략결혼을 하는 것으로부터 시작했다. 나라와 민족의 안보를 이민족과의 결혼으로 보장받으려 했고, 더군다나 그 상대가 이스라엘 조상이 노예생활을 하며 고난을 겪었던 애굽이었다는 사실은, 분명히 하나님과 백성들을 배반하는 행위였다.[4]

특히 솔로몬은 여호와 하나님이 왕을 세울 때 지켜야 할 규례로 제시한 것들을 지키지 않았다. 즉 반드시 하나님이 택하신 자를 왕으로 세워야 하고, 병마를 많이 두지 말 것이며, 아내를 많이 두어 왕의 마음을 미혹하게 하지 말 것이며, 자기를 위하여 은금을 많이 쌓지 말라는 것이다.(신명기 17장 15-17절)

그러나 솔로몬은 여호와의 명령을 지키지 않았고, 여호와를 떠났다. 그 결과 이미 솔로몬 시대에 나라가 분열되고 멸망할 것이라는 하나님의 말씀이 다음과 같이 열왕기상 11장 1-13절에 나타나 있다.

> 솔로몬 왕이 바로의 딸 외에 이방의 많은 여인을 사랑하였으니 곧 모압과 암몬과 에돔과 시돈과 헷 여인이라 여호와께서 일찍이 이 여러 백성에 대하여 이스라엘 자손에게 말씀하시기를 너희는 그들과 통혼하지 말며 그들도 너희와 서로 통혼하게 하지 말라 그들이 반드시 너희의 마음을 돌려 그들의 신들을 따르게 하리라 하셨으나 솔로몬이 그들을 사

랑하였더라 왕은 후궁이 칠백 명이요 첩이 삼백 명이라 그의 여인들이 왕의 마음을 돌아서게 하였더라 솔로몬의 나이가 많을 때에 그의 여인들이 그의 마음을 돌려 다른 신들을 따르게 하였으므로 왕의 마음이 그의 아버지 다윗의 마음과 같지 아니하여 그의 하나님 여호와 앞에 온전하지 못하였으니 이는 시돈 사람의 여신 아스다롯을 따르고 암몬 사람의 가증한 밀곰을 따름이라

솔로몬이 여호와의 눈앞에서 악을 행하여 그의 아버지 다윗이 여호와를 온전히 따름같이 따르지 아니하고 모압의 가증한 그모스를 위하여 예루살렘 앞 산에 산당을 지었고 또 암몬 자손의 가증한 몰록을 위하여 그와 같이 하였으며 그가 또 그의 이방 여인들을 위하여 다 그와 같이 한지라 그들이 자신의 신들에게 분향하며 제사하였더라

솔로몬이 마음을 돌려 이스라엘의 하나님 여호와를 떠나므로 여호와께서 그에게 진노하시니라 여호와께서 일찍이 두 번이나 그에게 나타나시고 이 일에 대하여 명령하사 다른 신을 따르지 말라 하셨으나 그가 여호와의 명령을 지키지 않았으므로 여호와께서 솔로몬에게 말씀하시되 네게 이러한 일이 있었고 또 네가 내 언약과 내가 네게 명령한 법도를 지키지 아니하였으니 내가 반드시 이 나라를 네게서 빼앗아 네 신하에게 주리라 그러나 네 아버지 다윗을 위하여 네 세대에는 이 일을 행하지 아니하고 네 아들의 손에서 빼앗으려니와 오직 내가 이 나라를 다 빼앗지 아니하고 내 종 다윗과 내가 택한 예루살렘을 위하여 한 지파를 네 아들에게 주리라 하셨더라

이처럼 솔로몬 왕 통치의 서막은 애굽 왕 바로와 혼인관계를 맺어 그의 딸을 맞이하는 것으로부터 시작되었고, 이후에도 이방 여인들과의 정략결혼을 통해 이방신들이 들어와 나라를 분열시키고, 멸망시키는 근거가 되었다.

솔로몬 왕국은 하나님이 원하는 나라가 아니었다. 이는 대제국 애굽을 흉내 낸 것으로, 하나님의 꿈과는 거리가 먼 것이었다. 그리고 그것은 백성들의 꿈과도 멀어져 갔다.

솔로몬은 말년에 접어들면서 사치와 방종에 빠졌으며, 그 결과 나

라는 쇠퇴의 길을 걸었고, 민심은 그에게서 떠났다.[5] 특히 솔로몬은 재위 기간 40년 동안 그 반을 백성들의 삶을 척박하게 하는 데 사용했다. 솔로몬은 그의 치적으로 내세운 두 집을, 7년 동안은 성전을 건축하고, 13년 동안은 왕궁을 건축했다. 그리하여 솔로몬은 백성들을 20년 동안 성전과 왕궁을 짓는데 동원하여 고역을 주었고, 백성들의 멍에를 무겁게 했다. 이로써 백성들의 마음을 읽지 못하고, 백성들을 버린 것이 되고 말았다.

일례로 솔로몬이 온 이스라엘 가운데서 역군을 불러일으키니, 그 역군의 수가 삼만 명이었다. 솔로몬은 그들을 한 달에 만 명씩 번갈아 레바논으로 보내매, 그들이 한 달은 레바논에 있고, 두 달은 집에 있었다. 그리고 짐꾼이 칠만 명이요, 산에서 돌을 뜨는 자가 팔만 명이었고, 이 외에 그 사역을 감독하는 관리가 삼천삼백 명이었다. 그들이 일하는 백성을 거느렸다. 이에 왕이 명령을 내려 크고 귀한 돌을 떠다가 다듬어서 성전의 기초석으로 놓게 하매, 솔로몬의 건축자와 히람의 건축자와 그 발 사람이 그 돌을 다듬고 성전을 건축하기 위하여 재목과 돌들을 갖추었다.(열왕기상 5장 13-18절)

이처럼 강제노동으로 솔로몬의 성전과 왕궁을 짓는 장면은 이스라엘의 조상이 애굽에서 강제노동하던 장면을 떠오르게 한다. 탈애굽이라는 이스라엘 정신은 사라지고 애굽처럼 되고 말았던 것이다.[6] 이러한 백성들의 척박한 삶이 솔로몬의 영화 속에 감추어진 민낯이었다.

그리하여 솔로몬의 사후 여로보암과 이스라엘의 온 회중이 솔로몬의 왕위를 이은 르호보암에게 와서 말하기를, “왕의 아버지가 우리의 멍에를 무겁게 하였으나 왕은 이제 왕의 아버지가 우리에게 시킨 고역과 메운 무거운 멍에를 가볍게 하소서 그리하시면 우리가 왕을 섬기겠나이

다"라고 했다.(열왕기상 12장 4절)

그러나 르호보암은 백성의 말을 듣지 않고 그들에게 이르기를, "내 아버지는 너희의 멍에를 무겁게 하였으나, 나는 너희의 멍에를 더욱 무겁게 할지라. 내 아버지는 채찍으로 너희를 징계하였으나, 나는 전갈 채찍으로 너희를 징치하리라."(열왕기상 12장 14절)고 했다.

이에 온 이스라엘이 자기들의 말을 왕이 듣지 않음을 보고, 왕에게 대답하여 말하기를, "우리가 다윗과 무슨 관계가 있느냐"(열왕기상 12장 16절)라고 함으로써, 나라는 여로보암이 다스리는 북이스라엘과 르호보암이 다스리는 남유다 둘로 쪼개지고 말았다.

이스라엘 12지파 중에서 남유다 왕국은 유다 지파와 베냐민 지파로 이루어졌으며, 나머지 열 지파는 북이스라엘 왕국을 구성했다.

요컨대 솔로몬 왕은 그의 재위기간 40년 동안 하나님 나라의 가치가 아니라, 세속적 가치에 치중하며 보냈다. 솔로몬은 많은 부귀와 영광을 누리고, 성전과 왕궁을 건축했다. 그러나 지나친 노동력의 동원과 무거운 세금 징수, 그리고 많은 이방인 아내들을 통해서 들어온 잡다한 우상 숭배로 국민들의 반감을 샀다.[7]

그리하여 백성들의 삶은 피폐해지고, 백성들의 마음은 이 땅에 진정한 평화를 줄 수 있는 메시아 대망사상으로 이어지게 되었다. 멸망은 하루아침에 이루어지는 것이 아니다. 대대로 이어져 온 죄악의 결과이다. 우리는 하나님의 길을 따를 것인가, 아니면 죄악의 길을 따를 것인가를 매 순간 선택하며 살아야 한다. 우리는 모든 사람이 행복할 수 있는 하나님 나라를 사모하며 생명과 평화의 길로 나아가야 할 것이다.

들음

김행선[8]

인류의 죄는 잘못 들음에서부터 시작되었습니다.
잘못 들음은 소통을 방해하고
잘못 들음은 오해를 낳고
잘못 들음은 증오와 분노를 낳고
잘못 들음은 죽음을 낳습니다.

삶의 지혜는 잘 들음에서 옵니다.
다스림의 시작은 잘 들음에서 나오고
믿음의 시작은 잘 들음에서 생기고
생명의 씨앗은 잘 들음에서 움트고
온전한 사랑도 잘 들음에서 완성됩니다.

남북왕국의 멸망

유다의 왕 아하스 제십이년에 엘라의 아들 호세아가 사마리아에서 이스라엘 왕이 되어 구 년간 다스리며 여호와께서 보시기에 악을 행하였으나 다만 그 전 이스라엘 여러 왕들과 같이 하지는 아니하였더라 앗수르의 왕 살만에셀이 올라오니 호세아가 그에게 종이 되어 조공을 드리더니 그가 애굽의 왕 소에게 사자들을 보내고 해마다 하던 대로 앗수르 왕에게 조공을 드리지 아니하매 앗수르 왕이 호세아가 배반함을 보고 그를 옥에 감금하여 두고 앗수르 왕이 올라와 그 온 땅에 두루다니고 사마리아로 올라와 그곳을 삼 년간 에워쌌더라

호세아 제구년에 앗수르 왕이 사마리아를 점령하고 이스라엘 사람을 사로잡아 앗수르로 끌어다가 고산 강 가에 있는 할라와 하볼과 메대 사람의 여러 고을에 두었더라 이 일은 이스라엘 자손이 자기를 애굽 땅에서 인도하여 내사 애굽의 왕 바로의 손에서 벗어나게 하신 그 하나님 여호와께 죄를 범하고 또 다른 신들을 경외하며 여호와께서 이스라엘 자손 앞에서 쫓아내신 이방 사람의 규례와 이스라엘 여러 왕이 세운 율례를 행하였음이라

이스라엘의 자손이 점차로 불의를 행하여 그 하나님 여호와를 배역하여 모든 성읍에 망대로부터 견고한 성에 이르도록 산당을 세우고 모든

산 위에와 모든 푸른 나무 아래에 목상과 아세라 상을 세우고 또 여호와께서 그들 앞에서 물리치신 이방 사람 같이 그곳 모든 산당에서 분향하며 또 악을 행하여 여호와를 격노하게 하였으며 또 우상을 섬겼으니 이는 여호와께서 그들에게 행하지 말라고 말씀하신 일이라

여호와께서 각 선지자와 각 선견자를 통하여 이스라엘과 유다에게 지정하여 이르시기를 너희는 돌이켜 너희 악한 길에서 떠나 나의 명령과 율례를 지키되 내가 너희 조상들에게 명령하고 또 내 종 선지자들을 통하여 너희에게 전한 모든 율법대로 행하라 하셨으나 그들이 듣지 아니하고 그들의 목을 곧게 하기를 그들의 하나님 여호와를 믿지 아니하던 그들 조상들의 목 같이 하여 여호와의 율례와 여호와께서 그들의 조상들과 더불어 세운 언약과 경계하신 말씀을 버리고 허무한 것을 뒤따라 허망하며 또 여호와께서 명령하사 따르지 말라 하신 사방 이방 사람을 따라 그들의 하나님 여호와의 모든 명령을 버리고 자기들을 위하여 두 송아지 형상을 부어 만들고 또 아세라 목상을 만들고 하늘의 일월 성신을 경배하며 또 바알을 섬기고 또 자기 자녀를 불 가운데로 지나가게 하며 복술과 사술을 행하고 스스로 팔려 여호와 보시기에 악을 행하여 그를 격노하게 하였으므로 여호와께서 이스라엘에게 심히 노하사 그들을 그의 앞에서 제거하시니 오직 유다 지파 외에는 남은 자가 없으니라

유다도 그들의 하나님 여호와의 명령을 지키지 아니하고 이스라엘 사람들이 만든 관습을 행하였으므로 여호와께서 이스라엘의 온 족속을 버리사 괴롭게 하시며 노략꾼의 손에 넘기시고 마침내 그의 앞에서 쫓아내시니라

이스라엘을 다윗의 집에서 찢어 나누시매 그들이 느밧의 아들 여로보암을 왕으로 삼았더니 여로보암이 이스라엘을 몰아 여호와를 떠나고 큰 죄를 범하게 하며 이스라엘 자손이 여로보암이 행한 모든 죄를 따라 행하여 거기서 떠나지 아니하므로 여호와께서 그의 종 모든 선지자를 통하여 하신 말씀대로 드디어 이스라엘을 그 앞에서 내쫓으신지라 이스라엘이 고향에서 앗수르에 사로잡혀 가서 오늘까지 이르렀더라 (왕하 17:1-23)

여호야김 시대에 바벨론의 왕 느부갓네살이 올라오매 여호야김이 삼년간 섬기다가 돌아서 그를 배반하였더니 여호와께서 그의 종 선지자들을 통하여 하신 말씀과 같이 갈대아의 부대와 아람의 부대와 모압의 부대와 암몬 자손의 부대를 여호야김에게로 보내 유다를 쳐 멸하려 하시

니 이 일이 유다에 임함은 곧 여호와의 말씀대로 그들을 자기 앞에서 물리치고자 하심이니 이는 므낫세의 지은 모든 죄 때문이며 또 그가 무죄한 자의 피를 흘려 그의 피가 예루살렘에 가득하게 하였음이라 여호와께서 사하시기를 즐겨하지 아니하시니라 … 여호야김이 그의 조상들과 함께 자매 그의 아들 여호야긴이 대신하여 왕이 되니라 … 여호야긴이 그의 아버지의 모든 행위를 따라서 여호와께서 보시기에 악을 행하였더라 그 때에 바벨론의 왕 느부갓네살의 신복들이 예루살렘에 올라와서 그 성을 에워싸니라 …

유다의 왕 여호야긴이 그의 어머니와 신복과 지도자들과 내시들과 함께 바벨론 왕에게 나아가매 왕이 잡으니 때는 바벨론의 왕 여덟째 해니라 그가 여호와의 성전의 모든 보물과 왕궁 보물을 집어내고 또 이스라엘의 왕 솔로몬이 만든 것 곧 여호와의 성전의 금 그릇을 다 파괴하였으니 여호와의 말씀과 같이 되었더라 그가 또 예루살렘의 모든 백성과 모든 지도자와 모든 용사 만 명과 모든 장인과 대장장이를 사로잡아 가매 비천한 자 외에는 그 땅에 남은 자가 없었더라 … 바벨론 왕이 또 여호야긴의 숙부 맛다니야를 대신하여 왕으로 삼고 그의 이름을 고쳐 시드기야라 하였더라 (왕하 24:1-17)

시드기야 제구년 열째 달 십일에 바벨론의 왕 느부갓네살이 그의 모든 군대를 거느리고 예루살렘을 치러 올라와서 그 성에 대하여 진을 치고 주위에 토성을 쌓으매 그 성이 시드기야 왕 제십일년까지 포위되었더라 … 그들이 왕을 사로잡아 그를 립나에 있는 바벨론 왕에게로 끌고 가매 그들이 그를 심문하니라 그들이 시드기야의 아들들을 그의 눈앞에서 죽이고 시드기야의 두 눈을 빼고 놋 사슬로 그를 결박하여 바벨론으로 끌고 갔더라 (왕하 25:1-7)

세겜과 사마리아를 중심으로 한 북이스라엘은 이스라엘의 열두 지파 중 열 지파로 구성되었으며, 남유다에 비해 영토가 넓고 비옥했고, 군사력에 있어서도 남유다를 훨씬 능가했다. 다만 옛 지파 동맹의 중심에 위치하였으나 가나안 원주민들이 많이 포함되어 있어 동질성이 크게 결여되어 있었다. 지리적 여건도 국제정세의 소용돌이 속에서 외세의 영향을 받기 쉬웠을 뿐만 아니라, 왕조의 정당성과 이념의 부재 등으로 말미암아 북이스라엘의 국내정세는 불안정했다. 기원전 925년 솔로몬 사후 등극한 여로보암 왕으로부터 마지막 왕인 호세아에 이르기까지 약 200년을 유지해 온 북이스라엘 왕조는 모두 19명의 왕들을 낳았다. 오므리 왕조와 예후 왕조를 제외하고는 모두 통치기간이 짧았다. 19명의 왕 가운데 8명이나 암살되는 등 불안정한 파란의 역사를 겪었다. 성경에서는 대부분 이들 왕들을 나쁘게 평가하고 있다.[1]

이스라엘을 죄로 물들인 여로보암 이후 계속해서 파멸의 비탈길을 걷던 북이스라엘은 드디어 호세아 왕을 마지막으로 앗수르에게 멸망되고 만다. 앗수르는 하나님의 진노의 막대기였던 것이다. 호세아 왕은 원래 앗수르에 의해 옹립되었으나 통치 중기 무렵부터 앗수르를 배반하고, 친애굽, 반앗수르 정책을 펼치기 시작했다. 단적인 예로 연례대로 조공을 바치던 것을 거절하고, 애굽과 은밀히 협정을 맺은 것이다.[2] 이에 북이스라엘은 앗수르의 공격을 받았고, 3년 동안의 포위를 견디지 못하고 수도 사마리아는 기원전 721년에 함락되었다. 솔로몬의 억압정치로부터 벗어나려고 독립했던 북이스라엘은 군주들의 계속되는 억압과 권력남용으로 결국 막을 내리게 되었다.[3]

남유다의 역사도 바벨론에 의해서 막을 내리게 되었다. 그들의 죄가 가득 차올라서 어찌할 수 없는 지경에 이르게 되었던 것이다. 그 죄악을 성경은 이렇게 단적으로 고발하고 있다. 즉 "무죄한 자의 피를 흘려 그의 피가 예루살렘에 가득하게 하였음이라."(열왕기하 24장 4절)

이미 예언자들은 남북왕국을 넘나들면서 권력의 부정부패 및 총체적인 사회모순을 날카롭게 비판했다. 이들은 여호와의 이름으로 사회 전반에 걸쳐 드러나고 있는 범죄 현상들에 대해 이스라엘 전 민족을 상대로 고소장을 제기했다. 특히 예언자들은 민족공동체를 파멸로 이끌어 가던 지배층과 제사장과 거짓 선지자들을 비롯한 종교 지도층의 비리를 낱낱이 고발하고, 그들의 파멸을 예언했다.[4]

예언자들은 최고 권력인 왕과 족장들을 비롯한 지배층과 제사장들 및 선지자들을 향해 '붙들리면 수치를 당할 도적', '사람 잡는 흉악한 사냥꾼', '음모가', '황무지의 여우', '회칠한 자들', '쓸모없는 찌끼', '멍에를 꺾고 결박을 끊어버리고 달아나는 짐승', '성욕에 헐떡거리는 암나귀', '이리저리 날뛰는 발이 빠른 암낙타', '열매 맺지 못하는 들포도나무', '전쟁터로 달려가는 군마들' 등으로 비유했으며, 권력의 가장 작은 자로부터 큰 자에 이르기까지 모두 마치 처녀가 그 패물을 잊은 것처럼, 그리고 신부가 그 고운 옷을 잊은 것처럼 '여호와의 도'를 떠나 거짓된 것에 사로잡혀 그릇된 길로 떠나갔다고 규탄했다.[5]

모든 권력의 부패는 필연적으로 사회 불의와 부정을 낳게 된다. 예언자들은 남북왕국이 모두 죄악의 땅으로 변해버렸다고 개탄하면서, 이러한 죄악의 뿌리는 바로 지배 권력층의 탐욕으로부터 비롯된 것임을 밝혔다. 욕심은 나쁜 행동의 근원이자 죄악의 뿌리이다. 그리하여 예언자들은 지배권력층에게 이스라엘 민족이 멸망할 수밖에 없었던 일차적인 책임을 물었다. 아모스는 화려하지만 타락한 도시의 한 복판에서 한참 신나게 환호하는 사람들을 향해 여호와의 추상같은 심판을 아래와 같이 선포했다.

> 나 여호와가 선고한다. 유다(남왕국)가 지은 서너 가지 죄를 내가 용서하지 않겠다. 그들이 주의 율법을 업신여기며, 내가 정한 율례를 지키지 않고, 오히려 조상이 섬긴 거짓 신들에게 홀려서 그릇된 길로 들어섰기 때문이다. 그러므로 내가 유다에 불을 보내겠다. 그 불이 예루살렘의 요

새들을 삼킬 것이다. 이스라엘(북왕국)이 지은 그 쌓이고 쌓인 죄 때문에 나는 이스라엘을 벌하고야 말리라. 그들이 죄없는 사람을 돈을 받고 팔고, 신 한 켤레 값으로 가난한 사람을 팔아 넘긴 죄 때문이다. 그들은 힘없는 사람들의 머리를 흙먼지 속에 처넣어서 짓밟고, 힘 약한 사람들의 길을 굽게 하였다. 아버지와 아들이 같은 여자에게 드나들면서 나의 거룩한 이름을 더럽혔다. (암 2:4-7)

"신발 한 켤레 값으로 가난한 사람을 팔아 넘겼다"는 말로 상징되는 사회고발은 곧 남북왕국 모두 여호와의 근본정신을 죄악으로 오염시키고, 정의의 생명수가 밑바닥까지 바닥난 현상을 지적한 것이다.[6]

당시 북왕국의 왕들과 관리들은 서로 내분을 일으켜, 왕궁 내에서는 올바른 정치를 행하려는 정치 행위보다는 권력을 장악하기 위한 쿠데타 음모가 수없이 행해지고 있었다. 북이스라엘의 초대 왕 여로보암이나 예후를 제외한 대부분의 왕들은 유혈 쿠데타에 의해 왕으로 옹립되어 왕권을 더럽혔다. 왕은 왕대로 불의한 관리들과 악수를 하며, 관리들은 자신의 이익만을 추구하는 탐관오리로 변해갔다. 이처럼 북이스라엘은 정국이 불안한 가운데 율법정신과 사회적 법질서가 파괴되고, 거짓과 불의함이 횡행하여 '폭발 직전의 화약통'과 같았다.[7]

이에 따라 북왕국의 경제적 불평등 및 빈익빈, 부익부 현상도 심화되어 갔다. 북이스라엘의 상류층은 국가의 총체적 위기상황에는 관심도 없이 여름별장과 겨울별장을 짓고, 상아로 집을 꾸미며, 화려한 사치생활을 하고 있었다. 아모스는 이들 상류계층의 극단적인 사치생활을 다음과 같이 고발하며 북이스라엘의 필연적인 멸망을 예언했다.[8]

너희는 망하지 않는다고 생각하며 상아침상에 누우며, 안락의자에서 기지개 켜며, 양떼에서 골라잡은 어린 양요리를 먹고, 우리에서 송아지를 골라잡아 먹고, 비파에 맞추어서 헛된 노래를 지절거리며, 다윗처럼 자기를 위해 악기를 제조하며, 대접으로 포도주를 마시며, 귀한 기름을 몸에 바르면서 요셉의 집이 망하는 것은 걱정도 하지 않는구나. 그러므로 저희가 이제는 사로잡히는 자들 중에서 제일 먼저 사로잡히리니, 기지개켜는 자의 떠드는 소리가 그치리라. 주 하나님이 스스로를 두고 맹세하신다. 만군의 하나님 여호와께서 하시는 말씀이다. 나는 야곱의 영광을 싫어하며, 그 궁궐들을 미워하므로 이 성읍과 거기 가득한 모든 것들을 내가 너희들의 대적들에게 넘겨주겠다. (암 6:4-8)

그런데 더욱 문제가 된 사실은 이들 권력층이나 상류층의 재산 축적이 결코 정직한 경제활동으로부터 생긴 것이 아니라, 권력에 기반한 폭력과 강권에 의해 이루어진 것이라는 데 있었다. 그리하여 아모스는 이들 재산의 부정과 부패를 고발했던 것이다.[9]

부자들의 탐욕은 부정적인 관행을 낳았으며, 권력을 이용한 재산의 강탈과 토지의 몰수는 가난한 자들이 생활고에서조차 구제받을 길을 차단해 버렸다. 이 시대 북이스라엘 사회의 두드러진 빈부 격차는 부패의 표상이었다. 이러한 사회적 부패는 종교적 부패와 보조를 같이 하면서 망국의 원인이 되었던 것이다.[10]

특히 아모스는 상류계층의 부당한 치부가 전혀 역사의식이나 신앙심이 결여되어 있었던 여인들의 무분별한 사치와 탐욕 때문이기도 했음을 아래와 같이 지적했다.

사마리아(북이스라엘의 수도) 언덕에 사는 바산의 암소들아, 이 말을 들어라. 가난한 사람들을 억압하고, 빈궁한 사람들을 짓밟는 자들아. 저희 남편들에게 마실 술을 가져 오라고 조르는 자들아. 주 하나님이 당신의 거룩하심을 두고 맹세하신다. 두고 보아라. 너희에게 때가 오리니, 사람들이 너희를 갈고리로 꿰어 끌고 갈 그 날에 너희 남은 사람들까지도 낚

시로 꿰어 잡아갈 것이다. (암 4:1-2)

이러한 현상은 이사야가 고발한 남왕국의 여인들의 생활 속에서도 찾아볼 수 있었다. 이사야는 남왕국의 사치스러운 여인들을 향해 경고하기를 "주께서 말씀하신다. 시온의 딸들이 교만하여 목을 길게 빼고 다니며, 정을 통하는 눈으로 다니며, 꼬리를 치고 걸으며, 발목에서 잘랑잘랑 소리를 내는구나 … 그 날이 오면 주께서는 여인들에게서 발목장식, 머리망사, 반달장식, 귀고리, 팔찌, 머리쓰개, 머리장식, 발찌, 허리띠, 향수병, 부적, 가락지, 코걸이, 고운 옷, 겉옷, 외투, 손지갑, 손거울, 모시 옷, 머릿수건, 너울들을 다 벗기실 것이다"(이사야 3장 16-23절)라고 했다. 더 나아가 이사야는 안일하게 아무런 염려 없이 살아가는 여자들을 향해서도 거침없이 그 파멸을 예언했던 것이다.[11]

이러한 예언자들의 경고는 아무런 역사의식 없이 외형적인 일이나 물질 추구에만 혈안이 되어 살아가는 안일하고, 무사태평한 여인들의 '정신적 황무지' 현상이 결국 국가 패망의 요인이 된다는 사실을 지적한 것이다.[12]

한편 위와 같은 상류층의 사치한 생활과는 달리 북이스라엘 백성들의 삶은 철저하게 짓밟혀져 있었다. 아모스가 고발한 기록에 따르면 당시 북이스라엘 백성들은 잇따른 정복전쟁의 폐해, 권력층에 의해 생기게 되는 '인위적 재난', 그리고 그것에 이어서 흔히 발생하는 가뭄과 재난 및 전염병 등의 '자연적 재난'으로 시달리며 절박한 삶을 살아가고 있었다. 그 결과 백성들은 생존을 위해 아내와 자식까지 '종'으로 팔아야 했다.[13]

따라서 아모스는 이러한 상황을 바라보면서 북이스라엘의 멸망을 예언했으며, 비탄에 젖어 '이스라엘의 애가'를 아래와 같이 노래하며 권력층의 회개와 개혁 실천을 촉구했다.

> 이스라엘 족속아, 내가 너희에게 대하여 애가로 지은 이 말을 들어라. 처녀 이스라엘이 엎드러졌음이여. 다시 일어나지 못하리로다. 자기 땅에 던지움이여, 일으킬 자 없으리로다 … 공의를 쓰디 쓴 소태처럼 만들며, 정의를 땅바닥에 팽개치는 자들아! 묘성과 삼성을 만드시며, 사망의 그늘로 아침이 되게 하시며, 백주로 어두운 밤이 되게 하시며, 바닷물을 불러 올려서 땅 위에 쏟으시는 그분을 찾으라. 그 이름이 여호와시니라. 그분은 강한 자도 갑자기 망하게 하시고, 견고한 산성도 폐허가 되게 하신다. 사람들은 법정에서 시비를 올바로 가리는 사람을 미워하고, 바른 말하는 사람을 싫어한다. 너희가 가난한 사람을 짓밟고, 그들에게서 곡물세를 착취하니, 너희가 다듬은 돌로 집을 지어도 거기에서 살지 못할 것이다. 너희가 아름다운 포도원을 가꾸어도 그 포도주를 마시지 못하리라. 너희의 허물이 많고 죄악이 중함을 내가 아노라. 너희는 의인을 학대하며, 뇌물을 받고 성문에서 궁핍한 자를 억울하게 하는 자들이다 … 너희가 살려면 선을 구하고, 악을 구하지 말라. 만군의 하나님 여호와께서 너희의 말과 같이 너희와 함께 하시리라. 너희는 악을 미워하고, 선을 사랑하며, 성문에서 공의를 세울지어다. (암 5:1-15)

이러한 비판은 곧 왕권을 중심으로 한 국가체제와 그 시녀로 전락한 관료들과 법정 관리들, 베델·길갈·브엘세바 같은 성전 및 성직자들의 비리와 불의함을 비롯해서, 사회정의를 상실한 사회 전반에 대한 고발이었다. 아모스는 여호와의 도를 상실한 지배권력층 및 사회 경제체제의 억압성과 폭력성 및 불의함을 지적하고, 북이스라엘이 살아날 길은 멸망의 길에서 벗어나 악한 행동을 멈추고, 정의와 공의를 세우는 일임을 밝혔다. 이로써 북이스라엘이 새로운 사회로 나아가야 할 개혁 방향성을 제시했던 것이다.[14]

한편 남유다 왕국은 같은 형제국가인 북이스라엘 왕국이 멸망하는 것을 역사적으로 경험했으면서도 불구하고, 이를 통해서 올바른 교훈을 얻어내지 못했다. 오히려 예언자들의 눈에 비친 남왕국의 수도인 예루살렘의 타락은 북왕국의 수도인 사마리아의 죄악상보다 더 심한 것이었다. 그리하여 에스겔은 예루살렘을 향해 경고하기를 "사마리아는 네(예루살렘) 죄의 절반도 범하지 아니했다. 네가 그들보다 가증한 일을 심히 행한 고로 너의 가증한 행위로 네 형과 아우를 의롭게 하였다"(에스겔 16장 51절)라고 개탄하기도 했다. 예레미야 역시 남유다의 죄악상에 대해 말하기를, "유다의 죄는 그들의 마음 판에 철필로 기록되어 있고, 금강석 촉으로 새겨져 있다. 그들의 제단 뿔 위에도 그 죄가 새겨져 있으니 자손들이 그 기록을 보고서 조상이 지은 죄를 기억할 것이다"(예레미야 17장 1-2절)라고 했다.[15]

에스겔은 보다 구체적으로 남왕국이 멸망하게 된 요인을 우상 숭배, 여호와의 성물과 안식일을 더럽힌 죄, 선지자들의 배역한 행위, 부모를 공경하지 않고 업신여기는 풍조, 간음죄와 강간죄, 그리고 고아와 과부를 학대하고, 나그네를 착취하고 학대하며, 뇌물을 받는 부정행위 등으로 지적했다. 이는 모두 모세의 율법정신 및 민족정신을 상실하고, 여호와의 도가 '입에 붙은 밥알'에 불과했던 남왕국의 전반적인 타락상을 고발한 것이다. 특히 이사야는 남유다 왕국의 전반적인 사회 부패상을 다음과 같이 고발하고 있다.[16]

> 하늘아 들어라, 땅아 귀를 기울여라! 주께서 말씀하신다. 내가 자식이라고 키웠는데 그들이 나를 거역하였다. 소도 제 임자를 알고, 나귀도 주인이 저를 어떻게 먹여 키우는지 알건만 나의 백성은 깨닫지 못하는구나 … 슬프다! 범죄한 나라요, 허물이 많은 백성이요, 흉악한 종자요,

> 행위가 부패한 자식이로다 … 온 머리는 상처투성이요, 마음은 온통 골병이 들었구나. 발바닥에서 머리까지 성한 곳이 없이 상한 것과 터진 것과 새로 맞은 흔적 뿐인데도 그것을 싸매 주지도 못하고, 상처가 가라앉게 기름을 바르지도 못하였구나. 너희의 땅은 황무하였고, 너희 성읍들은 불에 탔고, 너희 토지는 너희 목전에서 이방인에게 삼키었으며, 이방인에게 파괴됨과 같이 황무하였고, 도성 시온이 외롭게 남아 있는 것이 포도원의 초막과 같으며, 참외밭의 원두막과 같고 포위된 성읍과 같구나. 만군의 주께서 우리 가운데 얼마라도 살아 남게 하시지 않으셨다면 우리는 마치 소돔처럼 되고 고모라처럼 될 뻔하였다. 너희 소돔의 통치자들아, 주의 말씀을 들어라. 너희 고모라의 백성들아 우리 하나님의 법에 귀를 기울여라. 주께서 말씀하신다. 너희의 무수한 제물이 나에게 무슨 유익이 있겠는가. 나는 수양의 번제와 살진 짐승의 기름에 배불렀고, 나는 수송아지나 어린양이나 숫염소의 피를 기뻐하지 않는다. 너희가 내 앞에 보이러 오니 그것을 누가 너희에게 요구하였느냐. 내 마당만 밟을 뿐이다. 헛된 제물을 다시 가져 오지 말아라. 분향은 내가 가증스럽게 여기는 바요, 월삭과 안식일과 성회에 모이는 것도 참을 수 없으며, 거룩한 집회를 열어 놓고 악을 행하는 것을 내가 견디지 못하겠다. 나는 정말로 초하루 행사와 정한 절기들이 싫다. 그것들은 오히려 나에게 짐이 될 뿐이다. 그것들을 지기에는 내가 너무 지쳤다. 너희가 팔을 벌리고 기도한다 하더라도 나는 거들떠 보지도 않겠고, 너희가 아무리 많이 기도를 한다 해도 나는 듣지 않겠다. 너희의 손에는 피가 가득하다. 너희는 스스로 그 피를 씻어 깨끗게 하고, 내 목전에서 너희 악한 행동을 그치며, 선행을 배우고, 공의를 구하며, 학대받는 자들을 도와주며, 고아와 과부를 위해 변호하라 하셨느니라. (사 1:2-17)

예언자들은 남왕국 전체를 머리부터 발끝에 이르기까지 모두 병들어 있는 '불치의 땅'으로 진단했으며, 이러한 이스라엘 민족의 총체적인 모순의 온상은 바로 남북왕국의 영광이자 권력과 종교의 심장부, 그러나 타락한 썩은 심장들이 난무하는 마도(魔都), 즉 '예루살렘'과 '사마리아'라고 지적하면서 그 파멸을 경고했다.[17]

더 나아가 예언자들은 남유다의 부패상의 근원은 결국 물질만을 추구하는 지배층의 무한한 탐욕성과 이기심에 있다고 보았다. 이로부터 권력의 부정과 부패가 파생되며, 이러한 부패구조가 사회 저변에 확대되어 갔다는 것이다. 예레미야는 이들 지배층을 '사람 잡는 흉악한 사냥꾼'에 비유하며, 그 비리 현상을 질책했다. 특히 미가는 당시 지배층이나 부자들을 '권력이나 돈의 힘을 배경으로 악한 궁리나 하는 음모가'들에 비유하며, 이들이 백성들을 어떻게 괴롭히는가를 아래와 같이 적나라하게 고발하고, 그들의 필연적인 멸망을 예언했다.[18]

> 그들이 침상에서 죄를 꾀하며 악을 꾸미고 날이 밝으면 그 손에 힘이 있으므로 그것을 행하는 자는 화 있을진저. 밭들을 탐하여 빼앗고, 집들을 탐하여 차지하니, 그들이 남자와 그의 집과 사람과 그의 산업을 강탈하도다. 그러므로 여호와의 말씀에 내가 이 족속에게 재앙을 계획하나니 너희의 목이 이에서 벗어나지 못할 것이요 또한 교만하게 다니지 못할 것이라. 이는 재앙의 때임이라 하셨느니라. 그 때에 너희를 조롱하는 시를 지으며, 슬픈 노래를 불러 이르기를, 우리가 온전히 망하게 되었도다. 그가 내 백성의 산업을 옮겨 내게서 떠나게 하시며, 우리 밭을 나누어 패역자에게 주시는도다 하리니 …
>
> 내가 또 이르노니 야곱의 우두머리들과 이스라엘 족속의 통치자들아 들으라 정의를 아는 것이 너희의 본분이 아니냐. 너희가 선을 미워하고, 악을 기뻐하여 내 백성의 가죽을 벗기고, 그 뼈에서 살을 뜯어 그들의 살을 먹으며, 그 가죽을 벗기며, 그 뼈를 꺾어 다지기를 냄비와 솥 가운데에 담을 고기처럼 하는도다 그 때에 그들이 여호와께 부르짖을지라도 응답하지 아니하시고 그들의 행위가 악했던 만큼 그들 앞에 얼굴을 가리시리라 (미 2:1-4, 3:1-4)

이러한 미가의 격렬한 성토는 곧 이 시대 사회로부터 보호받지 못하고, 억압받으며 착취당하던 백성들의 절망적인 분노이기도 했다. 강한 자들에 의해 그들의 살이 먹히고, 그들의 가죽이 벗겨지며, 그들의 뼈가 꺾인 채 모든 것을 빼앗긴 사람들은 고향을 떠날 수밖에 없었고, 결국에는 떠돌아다니다가 도적이 되거나, 범죄행위를 할 수밖에 없었던 것이다. 이는 곧 죄악이 악순환되는 현상을 의미했다. 이에 에스겔은 강탈과 폭력만을 일삼으며, 자기 이익만 채우고, 양 떼인 백성들을 굶어 죽게 만드는 이스라엘 민족의 지도층인 목자들을 향해 쏟아붓는 여호와의 분노를 이렇게 전달하기도 했다. "주 여호와께서 이같이 말씀하시되 자기만 먹는 이스라엘 목자들은 화 있을진저. 목자들이 양 떼를 먹이는 것이 마땅하지 아니하냐. 너희가 살진 양을 잡아 그 기름을 먹으며, 그 털을 입되 양 떼는 먹이지 아니하는도다. 너희가 그 연약한 자를 강하게 아니하며, 병든 자를 고치지 아니하며, 상한 자를 싸매 주지 아니하며, 쫓기는 자를 돌아오게 하지 아니하며, 잃어버린 자를 찾지 아니하고, 다만 포악으로 그것들을 다스렸도다."(에스겔 34장 2-4절)[19]

특히 예언자들은 이 시대 마지막 양심으로 남아 죽음까지 불사하며 최고 권력층인 '왕'의 비리마저 탄핵하는 것을 주저하지 않았다. 예를 들어 예레미야는 여호야김을 이렇게 규탄했다. "불의로 궁전을 짓고, 불법으로 누각을 쌓으며, 동족을 고용하고도, 품삯을 주지 않는 너에게 화가 미칠 것이다 … 네 아버지는 먹고 마시면서도 법과 정의를 실천했으며, 그때에 그가 형통하였다. 그는 가난한 사람과 억압받는 사람의 사정을 헤아려서 처리해 주면서 잘 살았다. 바로 이것이 나 여호와를 아는 것이 아니겠느냐? 그런데 너의 눈과 마음은 불의한 이익을 탐하는 것과 무죄한 사람의 피를 흘리게 하는 것과 백성을 억압하고 착취하는 것에만 쏠려 있다. 그러므로 주께서 유다 왕 요시아의 아들 여호야김을 두고, 이와 같이 말한다. '아무도 여호야김의 죽음을 애도하지 않을 것이다.'"(예레미야 22장 13-18절)[20]

이와 같이 예언자들은 남유다 사회의 총체적인 모순을 지적하면서 남유다가 필연적으로 멸망할 수밖에 없다는 하나님의 심판을 선포했다. 특히 예언자들은 그 옛날 모세가 이집트 왕 바로에게 그러했듯이 당시 민족공동체를 파멸로 이끌고 간 최대의 책임자였던 지배권력 및 왕권을 비판했던 것이다. 그리고 이들의 외침과 분노 및 예언은 바로 백성들의 절망과 분노를 대변한 것이었다.[21]

남유다 왕국은 기원전 597년 여호야긴 왕이 재위할 때 바벨론의 왕 느부갓네살이 예루살렘을 에워싸고 왕궁 안에 있는 보물을 약탈하고 여호야긴 왕을 비롯해서 예루살렘의 모든 백성과 모든 지도자와 모든 용사 만 명과 모든 장인과 대장장이를 사로잡아가매 비천한 자 외에는 그 땅에 남은 자가 없었다. 이것이 1차 바벨론 포로이다. 그리고 바벨론 왕이 여호야긴을 대신하여 그의 숙부인 시드기야를 왕으로 세웠다. 시드기야는 즉위 13년에 친애굽파가 득세하자 선지자 예레미야의 경고에도 불구하고 주변 군소국가들과 함께 반바벨론 동맹을 결성하고, 애굽 왕이 원군을 약속하자 바벨론에 반역을 꾀하였다. 그러자 즉시 바벨론의 침공이 재개되었고, 시드기야 9년에 바벨론은 예루살렘을 포위공격 했다. 결국 시드기야 11년에 예루살렘 도성은 함락되었고, 완전히 망했다.[22]

바벨론의 느부갓네살은 시드기야의 아들들을 그의 눈 앞에서 죽이고, 시드기야의 두 눈을 빼고 놋사슬로 그를 결박하여 바벨론으로 끌고 갔다. 왕위를 계승할 자가 없는 절망적인 상황에서 이스라엘의 역사는 이대로 완전히 끝난 것처럼 보였다. 그러나 하나님은 살아계셔서, 나라를 잃어버린 이스라엘 백성들이 70년의 포로기 생활 속에서도 그들의 믿음을 지키고, 신앙을 회복하게 하셔서, 이스라엘의 영원한 구원자이시고, 영원한 왕이신 메시아 대망사상을 품게 했던 것이다.

다윗 왕가는 역사적으로 바벨론에 망했지만, 하나님과의 언약의 말씀은 다윗의 후손인 예수에게로 이어지고, 예수 그리스도에 의해 다윗 왕조가 완성될 수 있었다.

통곡

이상화[23]

하늘을 우러러
울기는 하여도
하늘이 그리워 울음이 아니라
두 발을 못 뻗는 이 땅이 애달파
하늘을 흘기니
울음이 터진다
해야 웃지 마라
달도 뜨지 마라

믿음의 족보

희망의 씨앗

아담, 셋, 에노스,
게난, 마할랄렐, 야렛,
에녹, 므두셀라, 라멕,
노아, 셈, 함과 야벳은 조상들이라
…
셈, 아르박삿, 셀라,
에벨, 벨렉, 르우,
스룩, 나홀, 데라,
아브람 곧 아브라함은 조상들이요
아브라함의 자손은 이삭과 이스마엘이라
…
아브라함이 이삭을 낳았으니 이삭의 아들은 에서와 이스라엘이더라 (대상 1:1-34)

보아스는 오벳을 낳고 오벳은 이새를 낳고 … 이새는 … 일곱째로 다윗을 낳았으며 (대상 2:12-15)

잇사갈의 아들들은 돌라와 부아와 야숩과 시므론 네 사람이며 돌라의 아들들은 웃시와 르바야와 여리엘과 야매와 입삼과 스므엘이니 다 그의 아버지 돌라의 집 우두머리라 대대로 용사이더니 다윗 때에 이르러는 그 수효가 이만 이천육백 명이었더라 웃시의 아들은 이스라히야요 이스라히야의 아들들은 미가엘과 오바댜와 요엘과 잇시야 다섯 사람이 모두 우두머리며 그들과 함께 있는 자는 그 계보와 종족대로 능히 출전할 만한 군대가 삼만 육천 명이니 이는 그 처자가 많기 때문이며 그의 형제 잇사갈의 모든 종족은 다 용감한 장사라 그 전체를 계수하면 팔만 칠천 명이었더라 …

납달리의 아들들은 … 므낫세의 아들들은 … 에브라임의 아들은 … 아셀의 아들들은 … 이는 다 아셀의 자손으로 우두머리요 정선된 용감한 장사요 방백의 우두머리라 출전할 만한 자를 그들의 계보대로 계수하면 이만 육천 명이었더라 (대상 7:1-5, 13-40)

역대기란 명칭은 이스라엘 혹은 유다 왕들의 연대기란 말이다.[1] 역대기는 이스라엘이 본래 하나님의 백성으로 선택함을 받은 언약의 상속자임을 밝히고 있다. 아브라함에 대한 하나님의 언약은 역사를 통하여 줄곧 신실하게 성취되어 왔으며, 특별히 다윗과 솔로몬 시대에 이르러 성전 건축과 국가적 번영을 통해 구속사의 큰 획이 그어졌다. 그리하여 역대기는 언약 중심, 다윗 중심, 성전 중심, 하나님 중심으로 기록된 것이다. 이는 역사가 하나님의 섭리와 주권에 의해 진행된다는 확신을 분명히 밝힌 것이다. 특히 성전은 하나님의 임재와 통치를 상징하며, 따라서 국가와 민족의 구심점이 되어야 함을 강조한다.[2]

주로 북이스라엘 왕국의 입장에서 선지자적 관점으로 북이스라엘 왕국과 남유다 왕국 모두를 서술한 열왕기와는 달리, 역대기는 주로 남유다 왕국의 입장에서 제사장적 관점으로 남유다 왕국의 역사를 정리한 것이다.[3]

하나님은 이스라엘 민족을 제사장으로 삼기 위해 선택하셨다. 역대기 저자는 이스라엘 민족이 이 사명을 자각하여 하나님께 겸손히 순종하고, 하나님의 언약을 기억하며, 율법을 지키고 종교적으로나 사회적으로 성실하게 산 때에는 약속하신 대로 큰 축복을 받았으나, 반대로 우상을 섬기며 종교적으로 타락하고 도덕적으로 부패할 때에는 징계를 받아 불행과 비참함이 온다는 사실을 이스라엘의 과거 역사를 가지고 증명하고 있다. 그렇기 때문에 역대기는 제사장 나라로서 왕을 비롯하여 모든 국민이 자각하고 노력한 때인 다윗과 솔로몬 시대의 역사는 상세히 힘을 주어 기록하고 있는 반면에, 북왕국에 대해서는 그 죄로 받은 멸망의 사실 외에는 별로 중요하게 다루고 있지 않다.[4]

역대기의 기록 목적은 오랜 바벨론 포로생활에서 돌아온 이스라엘 백성에게 선민으로서의 역사의식을 심어주고, 이스라엘의 영광스런 과거 역사를 가르쳐주며, 민족 재기에 대한 소망과 하나님께 대한 신앙의 회복, 성전 재건에 대한 열정을 불러일으키기 위함이었다.[5]

그래서 역대기의 질문은 '우리가 누구인가'라는 정체성의 질문을 한다. 우리가 누구이기에 망한 우리가 다시 돌아와 성전을 재건하고, 하나님의 나라를 다시 세우는가? 거기에 대한 대답으로 역대기는 아담으로부터 시작되는 믿음의 족보를 1장부터 9장까지 나열하고 있다. 우리는 하나님이 친히 지으시고, 그의 숨결로 탄생한 아담의 후예이며, 그만큼 가치 있는 사람들이라고 자긍심을 불어넣고 있다.[6]

역대기에 나타난 족보의 기록은 매우 지루하지만, 수많은 이름의 행진 속에서 역사의 흐름과 인간의 희로애락, 그리고 하나님의 섭리를 짐작할 수 있다. 아담, 셋, 에노스, 게난, 노아, 야벳 등의 이름들은 이스라엘의 역사요, 하나님의 사랑이 부어진 거룩한 언약의 씨앗이다. 이 씨앗에서 다시 시작해서 새 희망을 불러일으키는 것이 역대기의 의지이다. 이름은 가장 짧은 전기이다. 창세기의 역사와 하나님의 크신 사랑이 모든 사람의 이름 하나하나에 담겨 있다. 한 사람, 한 사람의 이름이 모두 하나님의 언약과 희망의 씨앗임을 드러낸 것이다. 쑥대밭이 된 이스라엘의 역사를 하나님이 함께 하셨던 이름들을 통해, 다시 희망의 역사를 시작하려는 것이다.[7]

특히 역대기 사가는 인류의 조상인 첫 사람 아담으로부터 족보를 시작함으로써 이스라엘 민족의 형성이 이미 세계 창조 때부터 하나님의 의중에 있었음을 보여주려고 한다. 즉 하나님이 이스라엘 민족을 선택했음을 암시한 것이다. 그리고 별 내용 없이 이름만 나오는 족보들은 아담으로부터 시작하여 아브라함과 다윗에 연결되고, 다윗의 계파를 이어서 결국 예수 그리스도에게 이르게 된다. 아담은 예수 그리스도의 모형이요, 아브라함은 예수 그리스도의 조상으로 등장한다. 그리고 역대기는 다윗과 같은 이상적인 왕의 모습을 제시하는 데, 이를 통해 백성들에게 하나님의 뜻에 맞고 하나님에게서 보내심을 받는 그리스도에 대한 기대를 일으킨다. 이는 인류 역사의 중심이 다윗의 후손이자 왕 중의 왕이신 예수 그리스도인을 드러낸 것이며, 그리스도의 등장이 역사의 핵심이다. 하나님 나라의 유일한 통치자인 예수 그리스도의 족보가 바로 성경에서 계시하는 역사요, 동시에 역사의 의미이며, 역사의 방향이다. 이는 이스라엘 왕국이 하나님의 계획과 약속에 따라 흘러가고 있음을 나타내며, 예수 그리스도가 나타나 하나님의 계획을 완성하게 될 것임을 예고하는 것이다. 요컨대 역대기의 근본 의도는 하나님 나라의 건설에 있음을 알 수 있다. 그 나라는 거룩하고 의로운 나라이며, 진정한 통치자인 예수 그리스도의 등장에 의해 완성될 나라이다. 그리하여 그 통치자인 그리스도,

즉 메시아를 대망하게 하는 것이다.[8]

한편 다윗 중심의 기록이었던 역대기는 남유다 역사에서는 중요하지 않은 북이스라엘의 용사들과 지파들을 기록하고 있다. 역대상 7장에는 베냐민 지파를 제외하고 북이스라엘의 지파들 중 잇사갈, 납달리, 므낫세, 에브라임, 아셀 등의 순으로 기록되어 있다. 이들의 족보가 기록된 이유는 이들이 비록 북이스라엘 출신이지만, 북왕국의 가증한 우상 숭배 정책에 반대하여 유다 왕국으로 도피하였고, 또 바벨론 포로에서 돌아온 후로 여호와의 백성으로 충성한 귀환민들이었기 때문이다. 그들은 예루살렘 함락 당시 유다 백성과 함께 바벨론으로 사로잡혀 갔다가 귀환민들의 틈에 끼어 다시 예루살렘으로 돌아왔던 것이다.[9]

북이스라엘의 지파들 가운데 단과 스볼론 지파의 계보는 아예 기록되지 않았다. 그 두 지파는 이스라엘 최북단에 위치해 있었고, 다른 지파들보다 우상 숭배가 극심했기에 언약 백성의 기록에서 제외된 것으로 보고 있다. 역대기 저자는 각 지파, 각 가정, 각 개인의 믿음의 태도와 헌신, 열정의 깊이와 강도를 모두 지켜보며 기록했을 것으로 보고 있다.[10]

더 나아가 출전 가능한 병력 수효를 부각시킴으로써 귀환민들에게 마치 가나안 정복에 임하듯 새로운 개척정신으로 이스라엘의 새로운 국가 재건을 위해 합심할 것을 격려하고 있다.[11]

또한 북이스라엘의 지파들을 기록한 이유는 하나님의 약속이 다윗과 그의 후손들에게 주어진 것뿐만 아니라, 이스라엘 전체 백성에게 적용된다는 사실을 나타내기 위함이다. 즉 이스라엘 역사의 완성과 하나님의 축복이 모든 이스라엘 백성에게 확장되고 있음을 강조하고, 북이스라엘의 지파들도 하나님의 백성으로서 그들의 역사와 기록이 중요하며, 이들 역시 하나님의 약속 아래 살아가고 있음을 드러내기 위해서이다.[12]

특히 의미 없어 보이는 북이스라엘의 지파들을 기억하고 기록함으로써, 연약해 보이는 그 지체가 모두를 빛나게 하는 한 사람이요, 하나님 나라의 주인공임을 드러낸 것이다. 이름 없는 한 사람, 약해 보이는 한 사람을 더 사랑하고 챙기는 하나님의 사랑과 은혜를 기억하면서, 북이스라엘이 망한 이유는 약했기 때문이 아니라는 점을 강조하고 있다. 왜냐하면 기록된 북이스라엘의 지파 중에 용사들이 많이 기록되었기 때문이다. 따라서 인간의 힘과 강함이 하나님의 관점에서는 관심이 없고, 의미도 없다. 그들의 실력과 강함이 그들의 운명을 결정하는 것이 아님을 주장하고 있는 것이다.[13]

하나님이 함께 하시고, 사랑하시는 이름이 바로 내 이름이고, 내 조상의 이름이다. 이 이름들을 가지고, 다시 역사와 인생을 시작하라는 것이다. 우리도 이들 이름처럼 하나님이 사랑하시고, 함께 하시는 하나님의 언약과 희망의 씨앗임을 명심하자.[14]

이름

김행선

한 사람의 이름에는
하늘의 사랑과 언약,
땅의 축복이 담겨 있고,
부모의 소망과 꿈이 담겨 있다.

한 사람의 이름에는
그 사람의 일생이 있다.
과거와 현재 그리고 미래가.

일평생 이고 가는 이름에는
그 사람의 고통과 눈물,
꿈과 희망이 함께 서려 있다.

모든 것이 사라지고도 불려질
한 사람의 이름에는
추억과 회한, 그리고 사랑이
남게 될 것이다.

오직 주만 바라보나이다

그 후에 모압 자손과 암몬 자손들이 마온 사람들과 함께 와서 여호사밧을 치고자 한지라 …

여호사밧이 두려워하여 여호와께로 낯을 향하여 간구하고 온 유다 백성에게 금식하라 공포하매 유다 사람이 여호와께 도우심을 구하려 하여 유다 모든 성읍에서 모여와서 여호와께 간구하더라

여호사밧이 여호와의 전 새 뜰 앞에서 유다와 예루살렘의 회중 가운데 서서 이르되 우리 조상들의 하나님 여호와여 주는 하늘에서 하나님이 아니시니이까 이방 사람들의 모든 나라를 다스리지 아니하시나이까 주의 손에 권세와 능력이 있사오니 능히 주와 맞설 사람이 없나이다 우리 하나님이시여 전에 이 땅 주민을 주의 백성 이스라엘 앞에서 쫓아내시고 그 땅을 주께서 사랑하시는 아브라함의 자손에게 영원히 주지 아니하셨나이까 그들이 이 땅에 살면서 주의 이름을 위하여 한 성소를 주를 위해 건축하고 이르기를 만일 재앙이나 난리나 견책이나 전염병이나 기근이 우리에게 임하면 주의 이름이 이 성전에 있으니 우리가 이 성전 앞과 주 앞에 서서 이 환난 가운데에서 주께 부르짖은즉 들으시고 구원하시리라 하였나이다

옛적에 이스라엘이 애굽 땅에서 나올 때에 암몬 자손과 모압 자손과 세일 산 사람들을 침노하기를 주께서 용납하지 아니하시므로 이에 돌이

켜 그들을 떠나고 멸하지 아니하였거늘 이제 그들이 우리에게 갚는 것을 보옵소서 그들이 와서 주께서 우리에게 주신 주의 기업에서 우리를 쫓아내고자 하나이다 우리 하나님이여 그들을 징벌하지 아니하시나이까 우리를 치러 오는 이 큰 무리를 우리가 대적할 능력이 없고 어떻게 할 줄도 알지 못하옵고 오직 주만 바라보나이다 하고 유다 모든 사람들이 그들의 아내와 자녀와 어린이와 더불어 여호와 앞에 섰더라 (대하 20:1-13)

여호사밧은 남왕국 유다의 제4대 왕이었다. 아사 왕과 아수바 사이에서 태어났고, 35세에 왕위에 올라 25년간 통치했다. 불의한 왕 아합이나 아하시야와의 연합 같은 실수도 있었으나, 전반적으로 여호와가 보시기에 정직히 행하며 여호와를 경외함으로써 히스기야, 요시야와 함께 남유다의 3대 선왕(善王)으로 인정받고 있다. 여호사밧은 왕위에 오르자 용기를 내어 아버지 아사의 시대까지 남아 있던 우상과 산당을 파괴하였다. 또한 그는 백성에게 율법을 가르치고 오직 하나님만을 의지하게 하였으며, 한편으로는 사회정의를 구현하는 등의 노력을 기울였다. 이로 인해 하나님이 복을 주셔서 나라가 견고해졌다. 유다에 견고한 요새와 국고성을 건축하고, 예루살렘에 크게 용맹스러운 군사를 두었으며, 유다의 성읍에 군대를 배치하여 튼튼하게 했다. 그러나 이 같은 강성함을 지속시키기 위해 여호사밧은 아들 여호람을 북이스라엘 왕 아합의 딸인 아달랴와 정략결혼시키는 잘못을 범하였다. 물론 이런 결속으로 솔로몬 사후 계속되었던 남북 간의 전쟁이 종식되기는 했지만, 양국은 이를 기반으로 아람의 길르앗 라못을 공격했다가 아합은 전사하고, 여호사밧은 겨우 목숨만 건지는 치명타를 입었다. 그 후 모압과 암몬의 동맹군이 유다를 침입하여 위기에 처했을 때 여호사밧은 여호와께 간구하여 승리를 얻는다.[1]

악한 왕 아합과 사돈을 맺고 그를 따라 잘못된 전쟁에 나가 겨우 살아 돌아온 여호사밧 왕은 하나님의 징계를 받았다. 그러나 여호사밧은 모압과 암몬 자손이 마온 사람들과 연합군을 결성하고 유다를 침공할 때 솔로몬의 기도에 근거하여 하나님의 약속을 믿고, 온 백성에게 금식령을 선포하고 기도하게 한다.[2] 온 유다 백성들은 남녀노소를 불문하고, 왕의 명령에 순종하여 금식하고 기도하며, 예루살렘 성전 앞에 모여서 주님의 뜻을 찾았다. 여호사밧은 116만 명의 큰 군대가 있었지만, 여호와의 진노가 전쟁으로 나타났음을 인식하고, 군대의 힘에 의지하지 않고 하나님만을 바라보며 나아갔다.[3]

여호사밧은 "주는 하늘에서 하나님이 아니시니이까 이방 사람들의 모든 나라를 다스리지 아니하시나이까 주의 손에 권세와 능력이 있사오니 능히 주와 맞설 사람이 없나이다"(역대하 20장 6절)라고 고백하면서, 이 전쟁이 하나님이 친히 주관하시는 하나님의 계획임을 믿고, "오직 주만 바라보나이다"(12절)라고 하며 믿음으로 풀어갔다.

즉 하나님의 주권과 권능을 인정하고, 하나님을 찬양하며, 하나님이 과거 조상들에게 하신 일들을 기억하고, 솔로몬의 기도와 하나님의 언약에 근거해서, 이를 붙잡고 기도하면서 나아갔다. 이러한 태도는 전쟁 같은 세상을 살면서 알 수 없는 시험과 복병을 만날 때, 성도가 어떻게 해야 할지 알려주는 것이다.

우리도 여호사밧처럼 위기나 수렁에 빠져 있을 때, 아무것도 두려워하지 말고, 오직 주님만 바라보며, 그분의 뜻대로 기도하고, 그분의 응답을 기다리는 것이 위기를 극복하는 길이다. 오직 하나님만이 생명의 주인이 되시고, 그의 백성을 죽음에서 살리신다. 그리고 그의 백성이 그를 찾고 온전히 순종할 때 영원한 승리의 삶을 살게 하신다.

시편 46장 1절에서는 이렇게 기록하고 있다. "하나님은 우리의 피난처시오 힘이시니 환난 중에 만날 큰 도움이시라."

내일은 생명의 빛으로 부활하게 하옵소서

김행선[4]

주님!
때가 왔습니다.
저의 숱한 고통의 밤들을 잊지 마옵소서.

당신이 제게 주셨던 밤의 고통이
어둠을 뚫고 다가오는 새벽에 밀려나듯이
저의 성실한 노력의 결정이 이루어지게 하옵소서.

주님!
그땐 희망의 새벽송을 노래하게 하옵소서.
새벽이 저와 함께 주님을 위해
부르는 노래를 합창하게 하옵소서.

어젠 당신의 고통이 십자가 위에서
성스럽게 빛나던 날이었습니다.
당신의 고통과 죽음이 당신에게
영원한 영광과 부활을 일으켰듯이

이 밤의 처절한 죽음이
내일은 생명의 빛으로 부활하게 하옵소서.

그땐 당신의 성전에 나아가
기나긴 겨울의 꿈과
봄의 희망을 감사하게 하옵소서.

히스기야의 종교개혁

> 히스기야가 그의 조상 다윗의 모든 행실과 같이 여호와 보시기에 정직하게 행하여 첫째 해 첫째 달에 여호와의 전 문들을 열고 수리하고 제사장들과 레위 사람들을 동쪽 광장에 모으고 그들에게 이르되 레위 사람들아 내 말을 들으라 이제 너희는 성결하게 하고 또 너희 조상들의 하나님 여호와의 전을 성결하게 하여 그 더러운 것을 성소에서 없애라 (대하 29:2-5)

> 이 모든 일이 끝나매 거기에 있는 이스라엘 무리가 나가서 유다 여러 성읍에 이르러 주상들을 깨뜨리며 아세라 목상들을 찍으며 유다와 베냐민과 에브라임과 므낫세 온 땅에서 산당들과 제단들을 제거하여 없애고 이스라엘 모든 자손이 각각 자기들의 본성 기업으로 돌아갔더라 … 히스기야가 온 유다에 이같이 행하되 그의 하나님 여호와 보시기에 선과 정의와 진실함으로 행하였으니 그가 행하는 모든 일 곧 하나님의 전에 수종드는 일에나 율법에나 계명에나 그의 하나님을 찾고 한 마음으로 행하여 형통하였더라 (대하 31:1, 20-21)

히스기야의 이름은 '여호와는 강하시다'는 뜻이다. 그는 남유다의 제13대 왕으로, 북이스라엘의 패망과 앗수르의 남하정책에 맞서야 하는 위기 정국을 신앙으로 헤쳐나간 사람이었으며, 3대 현군 중 한 사람이었다.[5]

히스기야 왕은 나라의 위기를 극복하고 무너진 신앙을 회복하기 위해 과감한 종교개혁을 단행했다. 그는 왕위에 오른 직후 성전을 정비하고 예배를 회복하는 일에 열중했다. 즉 그의 아버지 아하스 왕이 쌓아 놓은 우상과 부정한 것들을 제거하고, 제사장과 레위인들에게 깨끗한 마음으로 성전을 정돈하고 준비하도록 명령했다. 이는 그가 신앙생활의 중요성을 인식하고 유다의 영적 회복을 위해 노력했다는 것을 보여 준다. 이러한 히스기야의 종교개혁은 유다의 종교적 분위기를 회복하고,

여호와를 숭배하는 것으로 돌아가는 중요한 전환점이 되었다.[6]

특히 지도자들로부터 먼저 자신을 성결하게 하고, 성전을 성결하게 했다. 그리고 그동안 자기 욕심에 따라 숭배하던 산당과 제단들을 제거하여 없앴다. 그러자 이스라엘 백성들의 삶 속에 회개와 예배가 회복되기 시작했다. 회개에 따른 죄사함과 구속의 은혜는 번제와 화목제로 나타났고, 여호와 하나님을 향한 갈망은 감사와 찬양으로 나타났다.[7]

신앙생활 가운데 중요한 한 가지는 사람의 마음을 성결하게 하는 회개이다. 회개 없는 신앙은 나침반 없는 신앙 여정이다.[8] 따라서 히스기야의 종교개혁은 이스라엘이 종교적으로 소멸 위기에 처한 상황에서 지도자 및 이스라엘 백성들의 진정한 회개와 여호와 신앙을 회복하고, 대내외적으로 위기에 처한 나라를 부흥시키고자 한 것이다.[9]

또한 히스기야 왕의 종교개혁과 리더십은 백성들에게 하나님의 뜻을 따르는 것의 중요성을 깨닫게 했고, 이에 따라 백성들은 개혁에 적극적으로 협력하여 우상 숭배의 관습을 버리고, 예루살렘 성전으로 돌아와 하나님의 명령을 따르며 예배를 올렸다. 이러한 자발적인 참여는 종교적, 사회적인 변화를 이끌어내는 데 있어서 중요한 역할을 했다.[10] 요컨대 히스기야의 종교개혁은 이스라엘의 신앙과 정체성을 강화시키고, 그 나라를 하나님의 뜻에 따르도록 이끌었다. 이 개혁은 이후 유다 역사와 유다인의 종교 생활에 큰 영향을 미쳤다.[11]

그리하여 어느 왕도 해내지 못한 종교개혁이 백성들 사이에서 자발적으로 이루어진 것이다. 오직 하나님만 한 분이시고, 하나님만 나의 주님이라는 믿음을 회복하고, 오직 하나님만 찾으면서, 지도자와 백성이 한마음으로 개혁을 수행했다. 히스기야 왕은 이러한 업적으로 인해 이스라엘 역사에서 위대한 왕으로 평가받게 된 것이다.

그제서야 여호와께서 하나님이신 줄을 알았더라

므낫세의 기도

므낫세가 왕위에 오를 때에 나이가 십이 세라 예루살렘에서 오십오 년 동안 다스리며 여호와 보시기에 악을 행하여 여호와께서 이스라엘 자손 앞에서 쫓아내신 이방 사람들의 가증한 일을 본받아 그의 아버지 히스기야가 헐어버린 산당을 다시 세우며 바알들을 위하여 제단을 쌓으며 아세라 목상을 만들며 하늘의 모든 일월성신을 경배하여 섬기며 …

또 힌놈의 아들 골짜기에서 그의 아들들을 불 가운데로 지나가게 하며 또 점치며 사술과 요술을 행하며 신접한 자와 박수를 신임하여 여호와 보시기에 악을 많이 행하여 여호와를 진노하게 하였으며 … 유다와 예루살렘 주민이 므낫세의 꾀임을 받고 악을 행한 것이 여호와께서 이스라엘 자손 앞에서 멸하신 모든 나라보다 더욱 심하였더라

여호와께서 므낫세와 그의 백성에게 이르셨으나 그들이 듣지 아니하므로 여호와께서 앗수르 왕의 군대 지휘관들이 와서 치게 하시매 그들이 므낫세를 사로잡고 쇠사슬로 결박하여 바벨론으로 끌고 간지라 그가 환난을 당하여 그의 하나님 여호와께 간구하고 그의 조상들의 하나님 앞에 크게 겸손하여 기도하였으므로 하나님이 그의 기도를 받으시며 그의 간구를 들으시사 그가 예루살렘에 돌아와서 다시 왕위에 앉게 하시매 므낫세가 그제서야 여호와께서 하나님이신 줄을 알았더라 (대하 33:1-13)

히스기야 왕의 아들 므낫세는 55년간 가장 긴 통치를 했고, 유다 왕 중에서 가장 흉악한 왕이었다. 므낫세는 철저한 개혁주의자였던 부왕과는 달리, 아버지가 파괴했던 우상을 다시 섬겼으며, 여호와의 성전에 우상의 제단을 쌓고, 성전 마당에는 일월성신의 제단을 쌓았고, 자기가 만든 목상을 성전에 세웠다. 자기의 아들을 번제단에 희생제물로 바치기도 했다. 더 나아가 무죄한 자의 피를 많이 흘려 예루살렘 이 끝에서 저 끝까지 가득하게 하였다. 악해도 그런 악한 왕은 없었다. 또 많은 신실

한 자들과 선지자를 핍박했는데, 전승에는 이사야 선지자를 톱으로 켜서 죽인 것으로 전해진다.[12]

왕이 그러니 백성들은 말할 것도 없었다. "유다와 예루살렘 주민이 므낫세의 꾀임을 받고 악을 행한 것이 여호와께서 이스라엘 자손 앞에서 멸하신 모든 나라보다 더욱 심하였더라."(역대하 33장 9절)

히스기야 때는 왕으로 인해 나라 전체가 하나님 앞에 섰고, 므낫세 때는 그로 인해 백성들 전체가 악을 행했다. 므낫세는 이스라엘 백성들을 죽음과 파멸의 길로 인도하고 여러 가지 금단의 행위를 했던 것이다. 이에 하나님은 앗수르라는 회초리를 드시고, 므낫세는 쇠사슬에 묶여 바벨론으로 끌려가는 신세가 되었다. 당시 바벨론은 앗수르 제국의 중요한 도시였다.

그러나 역대기 기자는 므낫세의 말년에 찾아온 환난과 포로생활에서 돌아온 후, 그가 회개하고 기도했던 겸손한 모습에 주목했다. 그는 회개하고 다시 왕위에 앉게 되자, "그제서야 여호와께서 하나님이신 줄을 알았다"라고 고백하고 있다.

가장 길게, 가장 크게 악행을 저지른 므낫세에게도 하나님은 회개의 기회를 주셨으며, 그의 회개를 받아들여 용서하셨다. 므낫세의 회개는 하나님의 사랑과 용서의 깊이를 나타내며, 또한 하나님의 뜻에 따라 새로운 삶을 살아가는 변화의 힘을 보여준다. 이는 어느 누구에게라도 하나님의 용서와 회복의 기회가 있다는 중요한 교훈을 준다. 므낫세의 회개는 어두운 과거에서 새로운 희망의 시작으로 이어졌으며, 이는 우리에게도 늘 도전과 희망을 주는 사례가 된다.[13]

하나님은 아무리 죄가 많은 사람일지라도 회개하고 돌아오길 기다리신다. 그러니 우리는 다시 한번 사랑과 용서의 하나님을 기억하고 돌아오는 인생이 되자. 살아있을 때 회개하고 용서받자.

요시야의 유월절 회복

요시야가 왕위에 오를 때에 나이가 팔 세라 예루살렘에서 삼십일 년 동안 다스리며 여호와 보시기에 정직하게 행하여 그의 조상 다윗의 길로 걸으며 좌우로 치우치지 아니하고 아직도 어렸을 때 곧 왕위에 있은 지 팔 년에 그의 조상 다윗의 하나님을 비로소 찾고 제십이년에 유다와 예루살렘을 비로소 정결하게 하여 그 산당들과 아세라 목상들과 아로새긴 우상들과 부어 만든 우상들을 제거하여 버리매 무리가 왕 앞에서 바알의 제단들을 헐었으며 왕이 또 그 제단 위에 높이 달린 태양신을 찍고 또 아세라 목상들과 아로새긴 우상들과 부어만든 우상들을 빻아 가루를 만들어 제사하던 자들의 무덤에 뿌리고 제사장들의 뼈를 제단 위에서 불살라 유다와 예루살렘을 정결하게 하였으며 또 므낫세와 에브라임과 시므온과 납달리까지 사면 황폐한 성읍들에도 그렇게 행하여 제단들을 허물며 아세라 목상들과 아로새긴 우상들을 빻아 가루를 만들며 온 이스라엘 땅에 있는 모든 태양상을 찍고 예루살렘으로 돌아왔더라 (대하 34:1-7)

요시야가 예루살렘에서 여호와께 유월절을 지켜 첫째 달 열넷째 날에 유월절 어린 양을 잡으니라 왕이 제사장들에게 그들의 직분을 맡기고 격려하여 여호와의 전에서 직무를 수행하게 하고 … 또 너희 형제 모든 백성의 족속의 서열대로 또는 레위 족속의 서열대로 성소에 서서 스스로 성결하게 하고 유월절 어린 양을 잡아 너희 형제들을 위하여 준비하되 여호와께서 모세를 통하여 전하신 말씀을 따라 행할지니라 요시야가 그 모인 모든 이를 위하여 백성들에게 자기의 소유 양떼 중에서 어린 양과 어린 염소 삼만 마리와 수소 삼천 마리를 내어 유월절 제물로 주매 방백들도 즐거이 희생을 드려 백성과 제사장들과 레위 사람들에게 주었고 하나님의 전을 주장하는 자 힐기야와 스가랴와 여히엘은 제사장들에게 양 이천육백 마리와 수소 삼백 마리를 유월절 제물로 주었고 …

이와 같이 당일에 여호와를 섬길 일이 다 준비되매 요시야 왕의 명령대로 유월절을 지키며 번제를 여호와의 제단에 드렸으며 그 때에 모인 이스라엘 자손이 유월절을 지키고 이어서 무교절을 칠 일 동안 지켰으니 선지자 사무엘 이후로 이스라엘 가운데서 유월절을 이같이 지키지 못하였고 이스라엘 모든 왕들도 요시야가 제사장들과 레위 사람들과 모인 온 유다와 이스라엘 무리와 예루살렘 주민과 함께 지킨 것처럼은 유월절을 지키지 못하였더라 요시야가 왕위에 있은 지 열여덟째 해에 이 유월절을 지켰더라 (대하 35:1-19)

요시야의 이름은 '여호와께서 고쳐 주신다', '여호와께서 지지하신다'는 뜻이다. 그는 유다 제16대 왕으로 예루살렘이 멸망하기 전에 유다 왕국의 마지막 종교 부흥기를 주도하고, 국가의 독립성을 유지했던 경건한 왕이었다.[14]

요시야는 8세에 즉위하여 31년간을 통치하면서, 경건했던 여호사밧과 히스기야 왕의 전통을 이어 여호와 신앙을 회복하기에 힘썼다. 그는 당시 만연해 있던 종교적 혼합주의를 뿌리뽑기 위해 재위 8년 되던 해(16세)에 다윗의 하나님을 찾고, 하나님의 뜻에 따라 행동하기를 원했다. 재위 12년 되던 해(20세)에는 우상을 파괴하고, 가증한 이교적 예배를 금했다. 재위 18년 되던 해(26세)에는 관리되지 않고, 바알과 아세라 우상으로 가득 차 있었던 솔로몬 성전을 수리, 복구하면서 성전에서 율법책을 발견했다. 요시야의 할아버지 므낫세 왕이 모든 율법책을 불태웠음에도 불구하고 당시 제사장들이 성전 깊숙이 감추어 놓았던 율법책 1권이 75년 만에 발견되었던 것이다. 대제사장 힐기야에 의해 발견된 율법의 말씀을 들은 요시야는 옷을 찢고 통곡하면서 겸손히 여호와의 뜻을 물었다.(열왕기하 22장 8-13절)[15]

요시야는 율법책의 내용을 깨달은 후, 그동안 하나님을 모른 채 살아왔던 자신과 이스라엘 백성들의 모습을 말씀에 비추어 회개하지 않을 수 없었으며, 정결 작업에 더욱 박차를 가해 율법 중심의 제1의 종교개혁과 영적 대각성을 추진하게 된다. 이때 그는 백성들에게 율법을 읽어 그 언약을 온전히 좇게 했으며, 율법책에 기록된 말씀들을 철저하게 함께 지켜나갈 것을 다짐했다. 그리고 각종 산당과 우상 및 그 외 관련된 부정한 것을 모조리 파괴하고, 빻아서 가루로 만들거나 불살랐고, 신접한 자나 박수 등 모든 우상 숭배자들을 제거했다.[16]

그리하여 요시야와 같이 마음을 다하고, 뜻을 다하여 모세의 모든 율법을 따라 여호와께로 돌이킨 왕은 요시야 전에도 없었고, 후에도 그와 같은 자가 없었다.(열왕기하 23장 25절)

이 개혁의 칼바람은 유다 지경을 넘어 당시 앗수르 치하에 있던 북이스라엘 지경까지 영향을 미쳤다. 이렇게 정결 작업을 진행한 뒤, 요시야는 유다가 망해가는 때에 여호와께 온전한 유월절을 지켜 종교개혁을 완수했다.[17]

요시야 왕 때의 유월절은 히스기야 왕 이후 약 70년간 중단되었던 유월절을 다시 지키기 위해 제사장들과 레위인들에게 직분을 맡기고, 철저히 율법대로 준비하게 했던 것으로, 그 규모 면에서나 질적인 면에서나 사무엘 이후 가장 성대한 행사였으며, 사사시대로부터 이스라엘 남북왕국을 통틀어 이렇게 유월절을 지킨 일이 없었다.[18] 이는 기적적으로 발견된 모세의 율법책을 따른 것이며, 멸망할 뻔했던 나라가 하나님의 은혜로 언약을 갱신한 것에 대한 감사를 표한 것이었다.[19]

유월절의 기원은 하나님이 이스라엘을 애굽에서 구원한 해방의 날을 기념하는 것으로부터 출발한다. 이스라엘의 근원적 경험 곧, 과거 자신들의 정체성과 민족성 그리고 하나님의 구원사를 구체적으로 경험하고 기억하며, 실천하는 모든 행위와 의식이 유월절 안에 함축되어 있었다.[20]

유월절을 지키는 것은 하나님이 이스라엘 민족에게 과연 어떤 분(해방자요, 구원과 은혜의 주)이신가를 깨닫게 하고, 언약백성으로서의 이스라엘 민족의 정체성을 회복하기 위함이었다. 유월절은 이스라엘 백성에게 그들이 누구인지, 무엇을 위해 살아야 하는 지에 대해 깨닫게 해주는 중요한 절기다. 따라서 유월절을 지키는 목적은 이스라엘을 애굽의 종살이에서 구원해 주신 하나님의 은혜를 잊지 않고 오직 하나님만을 의지하며, 하나님의 은혜와 사랑으로 살아가도록 하는 것이다. 더 나아가 하나님은 이스라엘 백성들이 유월절 율례를 그대로 지켜서 어린 양에 무교병과 쓴 나물을 아울러 먹되 아침까지 그것을 조금도 남겨두지 말라고 하셨다.(민수기 9장 11-12절) 이는 이스라엘 민족이 과거 애굽의 노예였다는 사실을 기억하면서, 가난한 자와 과부, 고아 그리고 노비 및 나그네들과 함께 음식을 나누어 먹으라는 공동체 정신을 드러낸 것이다. 이를 통해 그들의 삶의 행복, 의미, 목적에 대해 깊이 생각하고, 스스로의 정체성과 삶의 원동력을 찾아가도록 한 것이다.[21]

특별히 국가적으로 중요한 시기에 요시야 왕은 유월절 의식을 행함으로써 이스라엘의 정체성과 야훼신앙을 회복하고자 했으며, 이를 기초로 율법 준수와 제의의 일원화를 이루려 했다. 아울러 요시야의 유월절 의식은 이스라엘의 본래 야훼종교를 국가적인 축제로 지내면서, 각 지역에 산재해 있던 종교혼합주의와 다원주의적 제의들을 타파하고, 통일적이고 윤리적인 신앙개혁을 이루려는 것이었다.[22]

그리고 유월절 절기를 지키기 위해 왕으로부터 시작해서, 지도자들 및 모든 백성들이 한마음, 한뜻으로 여호와를 섬기고, 신앙의 본질을 회복시켜 갔다. 이와 더불어 사회개혁도 추진하여 부정부패 척결, 가난한 자들을 위한 정책 등을 시행했다.[23]

이처럼 요시야의 치세는 그 이전 어떤 유다 왕의 치세보다 성공적이었다. 하지만 그의 전성기는 오래 가지 못했다. 그는 애굽의 바로 느고와의 전쟁인 므깃도 전투에서 치명상을 입고, 39세의 젊은 나이로 사망하게 된다. 그의 죽음은 결국 유다 왕국의 쇠퇴와 멸망을 앞당기는 계기가 되었다.[24]

오늘 우리도 삶이 힘겨운 때일수록 우리가 누구인지 그 정체성을 회복하여, 하나님 백성으로서의 긍지를 지니고, 하나님의 은혜와 사랑으로 살아가야 한다. 그리고 삶의 행복과 의미에 대해 깊이 생각하고, 삶의 원동력을 찾아가야 한다.

고레스 칙령

예루살렘으로 올라가서 여호와의 성전을 건축하라

바사(페르시아 제국의 가장 초기이자 강력한 왕조 중 하나) 왕 고레스 원년에 여호와께서 예레미야의 입을 통하여 하신 말씀을 이루게 하시려고 바사 왕 고레스의 마음을 감동시키시매 그가 온 나라에 공포도 하고 조서도 내려 이르되 바사 왕 고레스는 말하노니 하늘의 하나님 여호와께서 세상 모든 나라를 내게 주셨고 나에게 명령하사 유다 예루살렘에 성전을 건축하라 하셨나니 이스라엘의 하나님은 참 신이시라 너희 중에 그의 백성 된 자는 다 유다 예루살렘으로 올라가서 이스라엘의 하나님 여호와의 성전을 건축하라 그는 예루살렘에 계신 하나님이시라

그 남아 있는 백성이 어느 곳에 머물러 살든지 그곳 사람들이 마땅히 은과 금과 그밖의 물건과 짐승으로 도와 주고 그 외에도 예루살렘에 세울 하나님의 성전을 위하여 예물을 기쁘게 드릴지니라 하였더라 이에 유다와 베냐민 족장들과 제사장들과 레위 사람들과 그 마음이 하나님께 감동을 받고 올라가서 예루살렘에 여호와의 성전을 건축하고자 하는 자가 다 일어나니 그 사면 사람들이 은 그릇과 금과 물품들과 짐승과 보물로 돕고 그 외에도 예물을 기쁘게 드렸더라 (스 1:1-6)

옛적에 바벨론 왕 느부갓네살에게 사로잡혀 바벨론으로 갔던 자들의 자손들 중에서 놓임을 받고 예루살렘과 유다 도로 돌아와 각기 각자의 성읍으로 돌아간 자 곧 스룹바벨과 예수아와 느헤미야와 스라야와 르엘라야와 모르드개와 빌산과 미스발과 비그왜와 르훔과 바아나 등과 함께 나온 이스라엘 백성의 명수가 이러하니 …
온 회중의 합계가 사만 이천삼백육십 명이요 그 외에 남종과 여종이 칠천삼백삼십칠 명이요 노래하는 남녀가 이백 명이요 말이 칠백삼십육이요 노새가 이백사십오요 낙타가 사백삼십오요 나귀가 육천칠백이십이었더라 (스 2:1-2, 64-67)

세계사의 주인은 하나님이시다. 하나님은 하나님의 구속의 역사를 위해 바사의 초대 왕 고레스를 들어쓰셨다. 이사야 선지자는 이미 200년 전에 고레스를 다음과 같이 예언하였다.

여호와께서 그의 기름 부음을 받은 고레스에게 이같이 말씀하시되 내가 그의 오른손을 붙잡고 그 앞에 열국을 항복하게 하며 내가 왕들의 허리를 풀어 그 앞에 문들을 열고 성문들이 닫히지 못하게 하리라 (사 45:1)

고레스에 대하여는 이르기를 내 목자라 그가 나의 모든 기쁨을 성취하리라 하며 예루살렘에 대하여는 이르기를 중건되리라 하며 성전에 대하여는 네 기초가 놓여지리라 하는 자니라 (사 44:28)

내가 공의로 그를 일으킨지라 그의 모든 길을 곧게 하리니 그가 나의 성읍을 건축할 것이며 사로잡힌 내 백성을 값이나 갚음이 없이 놓으리라 만군의 여호와의 말이니라 하셨느니라(사 45:13)

그리고 예레미야는 후술하는 바와 같이 바벨론에서의 포로생활 70년 뒤에 이스라엘 백성들이 고향으로 돌아올 것을 예언하였다.(예레미야 29장 10-14절)

에스라서는 스룹바벨이 주도하는 바벨론 제1차 포로귀환과 귀국한 유다 백성의 성전재건사역, 이어서 학사 에스라가 주도하는 바벨론 제2차 포로귀환과 종교개혁, 그리고 대부흥운동의 역사로 끝을 맺는다.[1]

북이스라엘은 B.C. 722년에 앗수르에게, 남유다는 B.C. 586년에 바벨론에게 멸망당하였다. 앗수르와 바벨론은 메소포타미아의 두 강대국들로써 피정복민들을 그들의 고향 땅에서 이주시켜 제국의 땅에 재정착시키는 정책을 썼다. 성경은 이러한 이주정책을 우상 숭배와 하나님과의 언약파기 때문에 내려진 하나님의 징벌로 보고 있다. 하지만 성경은 포로생활이 일시적인 것이라고 예언하였다. 더구나 이스라엘 백성들은 바벨론 포로생활 동안 영적으로 정화되었다. 예배와 성경연구에 대해 강조하는 회당운동도 포로 기간에 시작되었고, 이는 이후 중요한 삶의 부분이 되었다. 특히 고레스 왕은 B.C. 539년 바벨론을 점령하여 그의 강력한 바사제국에 병합시킨 후 포로로 잡혀 있는 백성들을 고향으로 돌아가도록 허락했다. 또한 고향으로 돌아가서는 그들의 성전을 재건하고 제사를 지내도록 격려했다. 유다인들은 이 기회에 대해서 처음으로 반응을 보인 민족들 중 하나였다. 하지만 이방제국의 도시들 가운데 정착했던 200만 명 정도로 추정되는 유다인들 중에 오직 약 5만 명 정도만 고향으로 돌아가기로 했다. 돌아갔던 사람들은 그 마음이 하나님께 감동을 받았던 사람들이었다. 돌아가고자 한 동기는 종교적인 이유였고, 그 목적은 예루살렘에 세워지게 될 새 성전에서 예배를 부활시키고자 함이었다.[2]

포로생활 동안 이스라엘 백성들은 그 고단함과 고난 속에서도, 좌절하거나 절망하지 않고 고국으로 돌아갈 그 날을 소망하며 인내하고 기다려 왔다. 그리하여 고레스 칙령은 적어도 유다인들에게는 꿈같은 소식이었다. 비록 그것이 이스라엘에게 정치적 독립을 가져다 준 것은 아니었지만, 또 포로로 잡혀간 사람들 모두가 귀향한 것도 아니었지만, 예언자 이사야는 고레스를 일컬어 '주께서 기름 부어 세우신 이'(이사야 45장 1절), '나의 모든 기쁨을 성취하는 자', '내가 세운 목자', '성전의 기초가 놓여지리라 하는 자'(이사야 44장 28절)라 칭하며, 고레스 칙령의 역사적 중요성과 그 의미를 강조했다. 유다인들은 고레스의 등장을, 다윗 왕조의 회복과 성전의 재건이라는 꿈같은 희망을 실현하게 해주는 신의 구원사적 사건으로 해석했다.[3] 고레스 칙령은 관용과 자유의 상징이었던 것이다. 그리고 고레스 칙령에 따라 페르시아에 남은 자들과 고향으로 돌아간 자들이 있었음을 알 수 있다.

바벨론의 포로들 중 많은 유다인들이 예루살렘으로 귀향하지 않고 페르시아에 남은 이유는 그곳에서의 생활이 70년이 흘러 경제적으로 안정되었기 때문이다. 또한 페르시아에서 이미 확립한 사회적·가족적 연결이 중요했기 때문이다. 몇 세대에 걸쳐 그곳에서 생활하면서 현지 문화에 적응하고 새로운 공동체를 형성했던 것이다. 더 나아가 예루살렘으로 돌아가는 것이 불확실하고 위험할 수 있었기 때문이다. 예루살렘은 많은 부분이 파괴된 상태였고, 돌아가서 재건하는 것이 힘든 작업이었기 때문에 새로운 삶을 시작하는 것은 많은 도전과 어려움이 예상되었다. 따라서 페르시아에 남는 것이 더 현실적이고 편리한 선택이었던 것이다. 이런 이유들로 인해 많은 유다인들이 고레스 칙령 이후에도 페르시아에 남기를 선택한 것으로 보인다.[4]

그러나 반면에 바벨론 포로에서 해방되어 예루살렘으로 돌아온 사람들은 여호와 신앙을 지키고자 노력한 유다인들의 상징이며, 그들의 고향인 예루살렘으로의 복귀는 하나님과의 약속의 이행을 상징한다. 바벨론 포로생활은 유다인들에게 많은 시련과 고통을 안겼지만, 이들은 여전히 자신들의 믿음을 지키고, 자유를 향한 열망을 갖고 있었다. 그들의 예루살렘으로의 복귀는 하나님의 인도하심을 나타내며, 성전재건과 유다인들의 종교적·문화적 재건을 실현하는 첫 걸음이었다. 따라서 바벨론 포로생활에서 예루살렘으로 돌아온 사람들은 이스라엘 사람들에게 희망과 기쁨의 상징이 되었다.[5]

시편 126장은 이스라엘 백성들이 바벨론의 포로생활에서 해방된 것을 기뻐하고 감격하여 쓴 시이다. 에스라 선지자 시대에 이스라엘이 바벨론의 포로에서 자유하게 되어 1차, 2차로 나누어서 꿈에도 그리던 고국으로 돌아오게 된다. 그 해방의 사실이 너무도 놀라운 것이어서, 꿈이 아닌가 할 정도였다. 그래서 시편 126장 1절에서는 "여호와께서 시온의 포로를 돌려보내실 때에 우리는 꿈꾸는 것 같았도다"라고 표현하고 있다.[6]

이렇게 느낄 수밖에 없었던 것은 그 구원이 너무도 크고 기이한 것이었으며, 갑자기 이루어졌기 때문이다. 더구나 그 구원은 자력으로가 아니라, 이방인인 바사왕 고레스를 도구로 사용한 해방이었기에 더욱 놀라운 일이었다. 너무도 감격적인 사건이었기에 그 감격을 시편 126장 2절에서는 "그 때에 우리 입에는 웃음이 가득하고, 우리 혀에는 찬양이 찼었도다. 그 때에 뭇 나라 가운데에서 말하기를 여호와께서 그들을 위하여 큰 일을 행하셨다 하였도다"라고 기술하고 있다.[7]

그리고 이어서 "눈물을 흘리며 씨를 뿌리는 자는 기쁨으로 거두리로다. 울며 씨를 뿌리러 나가는 자는 반드시 기쁨으로 그 곡식단을 가지고 돌아오리로다"(시편 126장 5-6절) 라고 말했다. 시험과 시련, 그리고 어려움이 많은 이 세상에서 살고 있는 우리에게 이 얼마나 뿌듯한 격려의 말씀인가![8]

요컨대 고레스 칙령은 비록 이스라엘 백성이 범죄하여 나라를 잃고 바벨론에 포로가 되지만 연단의 기간을 거친 후 반드시 본토로 돌아오게 하시겠다는 하나님의 언약이 실제로 이스라엘 역사 가운데 어떻게 성취되고 있는지를 보여 준 것이다.

환희의 날

조벽암[9]

푸른 벨을 쓴 천녀(天女),
동방을 향하여 오던 날 아침,

환희는 조수 같이 밀리고
감개는 물끓듯이 용소슴 치고,

웃음과 눈물이 한묵 어울린,
엄청나게 고마운 비약의 계단이여!
오! 진정한 넋아,
오! 돌아올 데로 돌아온 거룩한 사랑아.
환희는 역사의 매디를 장식하고
민중은 앞에서 역사의 수레를 끄노니

이제는 그대가 타고 온 말께
공포와 주저(躊躇)를 실어보내고

그대가 찾아오느라고 애쓴 이야기와
그대를 맞으려고 고생한 회포를

차근차근 기임없이 풀어가며
기리기리 다 같이 사러갈 채비를 차리자.

죽으면 죽으리이다

모르드개가 이 모든 일을 알고 자기의 옷을 찢고 굵은 베 옷을 입고 재를 뒤집어쓰고 성중에 나가서 대성 통곡하며 대궐 문 앞까지 이르렀으니 굵은 베 옷을 입은 자는 대궐 문에 들어가지 못함이라 왕의 명령과 조서가 각 지방에 이르매 유다인이 크게 애통하여 금식하며 울며 부르짖고 굵은 베옷을 입고 재에 누운 자가 무수하더라

에스더의 시녀와 내시가 나아와 전하니 왕후가 매우 근심하여 입을 의복을 모르드개에게 보내어 그 굵은 베옷을 벗기고자 하나 모르드개가 받지 아니하는지라 에스더가 왕의 어명으로 자기에게 가까이 있는 내시 하닥을 불러 명령하여 모르드개에게 가서 이것이 무슨 일이며 무엇 때문인가 알아보라 하매 하닥이 대궐 문 앞 성 중 광장에 있는 모르드개에게 이르니 모르드개가 자기가 당한 모든 일과 하만이 유다인을 멸하려고 왕의 금고에 바치기로 한 은의 정확한 액수를 하닥에게 말하고 또 유다인을 진멸하라고 수산 궁에서 내린 조서 초본을 하닥에게 주어 에스더에게 보여 알게 하고 또 그에게 부탁하여 왕에게 나아가서 그 앞에서 자기 민족을 위하여 간절히 구하라 하니 하닥이 돌아와 모르드개의 말을 에스더에게 알리매 에스더가 하닥에게 이르되 너는 모르드개에게 전하기를 왕의 신하들과 왕의 각 지방 백성이 다 알거니와 남녀를 막론하

고 부름을 받지 아니하고 안뜰에 들어가서 왕에게 나가면 오직 죽이는 법이요 왕이 그 자에게 금 규를 내밀어야 살 것이라 이제 내가 부름을 입어 왕에게 나가지 못한 지가 이미 삼십 일이라 하라 하니라

그가 에스더의 말을 모르드개에게 전하매 모르드개가 그를 시켜 에스더에게 회답하되 너는 왕궁에 있으니 모든 유다인 중에 홀로 목숨을 건지리라 생각하지 말라 이 때에 네가 만일 잠잠하여 말이 없으면 유다인은 다른 데로 말미암아 놓임과 구원을 얻으려니와 너와 네 아버지 집은 멸망하리라 네가 왕후의 자리를 얻은 것이 이 때를 위함이 아닌지 누가 알겠느냐 하니 에스더가 모르드개에게 회답하여 이르되 당신은 가서 수산에 있는 유다인을 다 모으고 나를 위하여 금식하되 밤낮 삼 일을 먹지도 말고 마시지도 마소서 나도 나의 시녀와 더불어 이렇게 금식한 후에 규례를 어기고 왕에게 나아가리니 죽으면 죽으리이다 하니라 모르드개가 가서 에스더가 명령한 대로 다 행하니라 (에 4:1-17)

한 규례를 세워 해마다 아달월 십사일과 십오일을 지키라 이 달 이 날에 유다인들이 대적에게서 벗어나서 평안함을 얻어 슬픔이 변하여 기쁨이 되고 애통이 변하여 길한 날이 되었으니 이 두 날을 지켜 잔치를 베풀고 즐기며 서로 예물을 주며 가난한 자를 구제하라 하매 …

에스더가 왕 앞에 나아감으로 말미암아 왕이 조서를 내려 하만이 유다인을 해하려던 악한 꾀를 그의 머리에 돌려보내어 하만과 그의 여러 아들을 나무에 달게 하였으므로 무리가 부르의 이름을 따라 이 두 날을 부림이라 하고 유다인이 이 글의 모든 말과 이 일에 보고 당한 것으로 말미암아 뜻을 정하고 자기들과 자손과 자기들과 화합한 자들이 해마다 그 기록하고 정해 놓은 때 이 두 날을 이어서 지켜 폐하지 아니하기로 작정하고 각 지방, 각 읍, 각 집에서 대대로 이 두 날을 기념하여 지키되 이 부림일을 유다인 중에서 폐하지 않게 하고 그들의 후손들이 계속해서 기념하게 하였더라 (에 9:21-28)

유다인 모르드개가 아하수에로 왕의 다음이 되고 유다인 중에 크게 존경받고 그의 허다한 형제에게 사랑을 받고 그의 백성의 이익을 도모하여 그의 모든 종족을 안위하였더라 (에 10:3)

바벨론 포로귀환은 1차 때 스룹바벨에 의해 이루어져 성전이 재건되었고, 2차 귀환은 에스라에 의해 이루어져 개혁과 부흥으로 이어졌다. 3차 귀환은 느헤미야에 의해 이루어져 성벽 축을 이루었다. 그리고 본토인 유다로 돌아가지 않고 페르시아에 그대로 남아 있던 자들의 이야기가 바로 에스더서이다.

에스더서는 유다인들이 페르시아 왕국 내에서 살아가는 과정에서 겪은 위기와 구원을 다룬다. 즉 이방에 포로로 끌려간 유다 백성을 전멸 직전에서 구원해 주신 하나님의 놀라운 섭리와 무한한 은총이 가장 잘 드러난 보석과 같은 책이다.[1]

에스더서가 기록될 당시 유다 지역의 유다인들은 국가를 건설하고 성전예배를 재수립하기 위해 적들과 투쟁하는 어려움을 겪고 있었다. 따라서 하나님에 의한 이스라엘 민족의 보호와 구원사를 기록하고 있는 에스더서는 어려움을 겪고 있던 유다인들에게 용기와 힘을 북돋워 주는 역할을 했을 것이다.[2]

특히 에스더서는 아말렉과 이스라엘 사이의 오래된 악연을 배경으로 하여, 이스라엘의 구원과 하나님의 섭리를 재현한 이야기이다. 아말렉 족속은 앞서 언급했듯이 이스라엘의 오랜 적이었다. 에스더서의 주요 악역인 하만은 아말렉 족속의 후손으로 이스라엘 사람인 모르드개와 적대관계를 이룬다.

에스더 시대 페르시아의 통치자는 아하수에로 왕으로 역사 문헌에는 크세르크세스(B.C. 486-465)로 알려져 있다. 그리고 에스더는 크세르크세스의 왕후였다. '별'이라는 뜻의 에스더는 바벨론의 여신 '이슈타르'에서 따온 이름이다. 에스더는 어려서 일찍 부모를 여의고, 배경도, 힘도, 이름도 없는 유다의 포로였으며, 그녀의 사촌이자 수호자였던 모르드개의 손에서 자랐다. 모르드개는 페르시아 제국에서 관리로 일했으며 베냐민 지파에 속한 사람으로, 자신이 하나님의 거룩한 백성임을 잊지 않고 있었다. 그 같은 자의식과 믿음으로 인해, 왕이 총애하여 페르시아의 2인자가 된 원수 하만에게 무릎을 꿇지 않았다. 이로 인해 하만은 모르드개뿐만 아니라, 유다인을 전멸시키려는 음모를 꾸미고 왕을 매수하였다. 그 결과 크세르크세스 왕은 조서를 통해 이 일을 허락했다.[3]

바사 왕의 조서는 유다인에게는 사형선고였다. 이제 유다인들에게 남은 것은 도망가는 것밖에 없어 보였다. 그러나 이 사실을 안 모르드개와 유다인들은 모두 초상을 당한 때처럼 자기 옷을 찢고, 굵은 베옷을 걸치고, 재를 뒤집어쓰고 대성통곡하며 하나님께 부르짖었다. 모르드개와 유다인들은 자신들의 목숨을 내걸고, 왕의 조서가 부당함을 알리고, 하나님 앞에서 통곡하며 기도한 것이다. 그리고 에스더 왕후에게 도움을 요청했다. 그러나 에스더는 원래 믿음이 부족하여 망설였다. 에스더는 모르드개에게 세상을 지배하는 왕의 법을 이야기하면서, 자신은 위기에 처한 동족을 구원할 능력이 없음을 토로한다.

그러나 모르드개는 고난 속에서도 하나님의 계획이 있음을 믿는 사람이었기 때문에, 에스더의 생각을 깨우쳐주며 말한다. "네가 왕후의 자리를 얻은 것이 이 때를 위함이 아닌지 누가 알겠느냐."(에스더 4장 14절) 그제야 에스더는 자신이 그 자리에 있는 이유를 깨닫고 결단하며 이렇게 말한다. "금식한 후에 규례를 어기고 왕에게 나아가리니 죽으면 죽으리이다."(에스더 4장 16절) 이 고백은 에스더의 용기와 희생정신을 나타내며, 유다인들을 위해 자신의 생명까지도 걸겠다는 결의를 나타낸 것이다.

깜깜할수록 별은 더욱 빛난다. 터널이 길면 길수록 출구가 더 반갑다. 에스더가 빛나는 것은 어두운 위기의 밤이라 그렇다. 생명까지도 포기할 수 있었기 때문이다. 이기적인 무리 속에서 희생을 선택할 줄 아는 소수의 사람에 속했기 때문이다.[4]

그리하여 에스더의 활약으로 하만이 모르드개를 매달려고 만든 나무에 하만 자신이 매달려 죽게 되었고, 더 나아가 에스더는 크세르크세스 왕에게 유다인을 말살시키려는 조서를 철회해 달라고 요청했다. 그러나 이를 왕이라도 철회할 수 없었기에 대신 유다인들이 스스로 무장하고 자신을 지킬 수 있도록 하는 새로운 조서를 내리게 된다.

그 결과 유다인의 대적인 하만이 유다인을 전멸시키려한 심판의 날이 하나님의 은총으로 도리어 기쁨과 축제의 날로 바뀌고, 이를 기념하는 부림절을 지내게 되었다. '부르'는 '제비', '운명'을 뜻하는 말로서, 하만이 유다인들을 전멸시키기 위해 그 날을 제비 뽑은 데서 유래했다. 이때 그 음모를 저지하기 위해 애쓴 에스더와 모르드개를 기념하여 목숨을 건짐 받은 것에 감사하는 절기가 부림절이다. 부림절은 매년 이른 봄, 히브리력의 마지막 달인 아달월 14일 또는 15일에 지내는 유대교의 축제이다.[5]

이처럼 모르드개와 에스더를 비롯한 많은 유다인들은 엄중한 운명과 규례 앞에서, 또 알 수 없는 운명의 불확실성 앞에서 불안해 하거나 근심하지 않았고, 포기하지 않았다. 그리고 이들의 포기하지 않고 죽음을 각오한 믿음은 하나님이 이스라엘 민족 전체를 살리는 구원의 출발점이 되었던 것이다.[6]

특히 모르드개의 활약으로 유다인들은 적들에 대해 승리할 수 있었다. 이에 따라 모르드개는 왕의 다음 자리에, 유다인 중에 크게 존경받고, 많은 형제에게 사랑받는 영광의 자리에 앉게 되었다.

그 하나님의 은혜가 오늘 우리에게도 넘치기를 기도한다. 인생은 진리를 알아가고, 선택하기 위해 주어진 것이다. 에스더와 모르드개처럼 절망과 위기 앞에서 "죽으면 죽으리라"는 믿음으로 하나님의 구원을 믿으며, 진리와 정의 편에 서는 사람들이 되기를 바란다.

제3부

시가서

욥기 | 시편 | 잠언 | 전도서

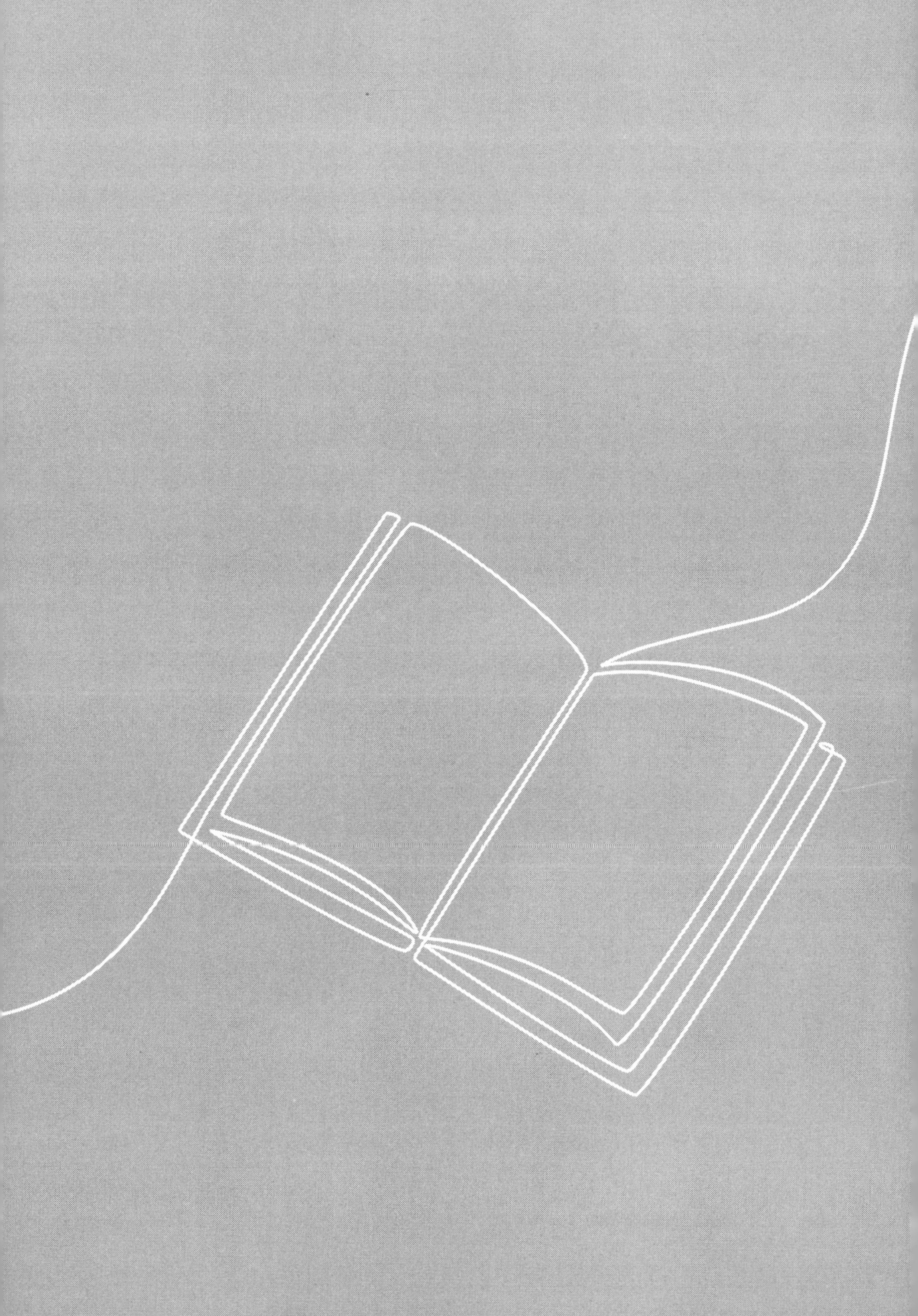

고난당한 욥의 탄식

그 후에 욥이 입을 열어 자기의 생일을 저주하니라 욥이 입을 열어 이르되 내가 난 날이 멸망하였더라면, 사내 아이를 베었다 하던 그 밤도 그러하였더라면 그 날이 캄캄하였더라면, 하나님이 위에서 돌아보지 않으셨더라면, 빛도 그 날을 비추지 않았더라면 … 이는 내 모태의 문을 닫지 아니하여 내 눈으로 환난을 보게 하였음이로구나 어찌하여 내가 태에서 죽어 나오지 아니하였던가 어찌하여 내 어머니가 해산할 때에 내가 숨지지 아니하였던가 어찌하여 무릎이 나를 받았던가 어찌하여 내가 젖을 빨았던가 … 나에게는 평온도 없고 안일도 없고 휴식도 없고 다만 불안만이 있구나 (욥 3:1-26)

내 살에는 구더기와 흙덩이가 의복처럼 입혀졌고 내 피부는 굳어졌다가 터지는구나 나의 날은 베틀의 북보다 빠르니 희망 없이 보내는구나 내 생명이 한낱 바람 같음을 생각하옵소서 나의 눈이 다시는 행복을 보지 못하리이다 … 이러므로 내 마음이 뼈를 깎는 고통을 겪느니 차라리 숨이 막히는 것과 죽는 것을 택하리이다 내가 생명을 싫어하고 영원히 살기를 원하지 아니하오니 나를 놓으소서 내 날은 헛 것이니이다 (욥 7:5-7, 15-16)

나의 기운이 쇠하였으며 나의 날이 다 하였고 무덤이 나를 위하여 준비되었구나 나를 조롱하는 자들이 나와 함께 있으므로 내 눈이 그들의 충동함을 항상 보는구나 … 나의 날이 지나갔고 내 계획, 내 마음의 소원이 다 끊어졌구나 … 나의 희망이 어디 있으며 나의 희망을 누가 보겠느냐 (욥 17:1-2, 11-15)

나의 형제들이 나를 멀리 떠나게 하시니 나를 아는 모든 사람이 내게 낯선 사람이 되었구나 내 친척은 나를 버렸으며 가까운 친지들은 나를 잊었구나 … 내 아내도 내 숨결을 싫어하며 내 허리의 자식들도 나를 가련하게 여기는구나 어린 아이들까지도 나를 업신여기고 내가 일어나면 나를 조롱하는구나 나의 가까운 친구들이 나를 미워하며 내가 사랑하는 사람들이 돌이켜 나의 원수가 되었구나 내 피부와 살이 뼈에 붙었고 남은 것은 겨우 잇몸 뿐이로구나 (욥 19:13-20)

이제는 내 생명이 내 속에서 녹으니 환난날이 나를 사로잡음이라 밤이 되면 내 뼈가 쑤시니 나의 아픔이 쉬지 아니하는구나 그가 큰 능력으로 나의 옷을 떨쳐 버리시며 나의 옷깃처럼 나를 휘어잡으시는구나 하나님이 나를 진흙 가운데 던지셨고 나를 티끌과 재 같게 하셨구나 내가 주께 부르짖으나 주께서 대답하지 아니하시오며 내가 섰사오나 주께서 나를 돌아보지 아니하시나이다 주께서 돌이켜 내게 잔혹하게 하시고 힘 있는 손으로 나를 대적하시나이다 나를 바람 위에 들어 불려가게 하시며 무서운 힘으로 나를 던져 버리시나이다 내가 아나이다 주께서 나를 죽게 하사 모든 생물을 위하여 정한 집으로 돌려보내시리이다 …

내가 복을 바랐더니 화가 왔고 광명을 기다렸더니 흑암이 왔구나 내 마음이 들끓어 고요함이 없구나 환난 날이 내게 임하였구나 … 내 수금은 통곡이 되었고 내 피리는 애곡이 되었구나 (욥 30:16-23, 26-31)

친구들의 인과응보론과 권선징악론

데만 사람 엘리바스가 대답하여 이르되 … 생각하여 보라 죄 없이 망한 자가 누구인가 정직한 자의 끊어짐이 어디 있는가 내가 보건대 악을 밭 갈고 독을 뿌리는 자는 그대로 거두나니 다 하나님의 입기운에 멸망하고 그의 콧김에 사라지느니라 (욥 4:1, 7-9[엘리바스])

분노가 미련한 자를 죽이고 시기가 어리석은 자를 멸하느니라 내가 미련한 자가 뿌리내리는 것을 보고 그의 집을 당장에 저주하였노라 그의 자식들은 구원에서 멀고 성문에서 억눌리나 구하는 자가 없으며 그가 추수한 것은 주린 자가 먹되 덫에 걸린 것도 빼앗으며 올무가 그의 재산을 향하여 입을 벌리느니라 (욥 5:2-5[엘리바스])

데만 사람 엘리바스가 대답하여 이르되 지혜로운 자가 어찌 헛된 지식으로 대답하겠느냐 어찌 동풍을 그의 복부에 채우겠느냐 어찌 도움이 되지 아니하는 이야기, 무익한 말로 변론하겠느냐 … 네 죄악이 네 입을 가르치나니 네가 간사한 자의 혀를 좋아하는구나 너를 정죄한 것은 내가 아니요 네 입이라 네 입술이 네게 불리하게 증언하느니라 … 하나님의 위로와 은밀하게 하시는 말씀이 네게 작은 것이냐 어찌하여 네 마음에 불만스러워하며 네 눈을 번뜩거리며 네 영이 하나님께 분노를 터뜨리며 네 입을 놀리느냐 … 하나님은 거룩한 자들을 믿지 아니하시나니 하늘이라도 그가 보시기에 부정하거든 하물며 악을 저지르기를 물 마심 같이 하는 가증하고 부패한 사람을 용납하시겠느냐 (욥 15:1-16[엘리바스])

데만 사람 엘리바스가 대답하여 이르되 사람이 어찌 하나님께 유익하게 하겠느냐 지혜로운 자도 자기에게 유익할 따름이니라 네가 의로운들 전능자에게 무슨 기쁨이 있겠으며 네 행위가 온전한들 그에게 무슨 이익이 되겠느냐 하나님이 너를 책망하시며 너를 심문하심이 너의 경건함 때문이냐 '네 악이 크지 아니하냐' '네 죄악이 끝이 없느니라' (욥 22:1-5[엘리바스])

나아마 사람 소발이 대답하여 이르되 … 네가 알지 못하느냐 예로부터 사람이 이 세상에 생긴 때로부터 악인이 이긴다는 자랑도 잠시요 경건하지 못한 자의 즐거움도 잠깐이니라 그 존귀함이 하늘에 닿고 그 머리가 구름에 미칠지라도 자기의 똥처럼 영원히 망할 것이라 그를 본 자가 이르기를 그가 어디 있느냐 하리라 … 그는 비록 악을 달게 여겨 혀 밑에 감추며 아껴서 버리지 아니하고 입천장에 물고 있을지라도 그의 음식이 창자 속에서 변하며 뱃속에서 독사의 쓸개가 되느니라 그가 재물을 삼켰을지라도 토할 것은 하나님이 그의 배에서 도로 나오게 하심이니 그는 독사의 독을 빨며 뱀의 혀에 죽을 것이라 …

그는 마음에 평안을 알지 못하니 그가 기뻐하는 것을 하나도 보존하지 못하겠고 남기는 것이 없이 모두 먹으니 그런즉 그 행복이 오래 가지 못할 것이라 풍족할 때도 괴로움이 이르리니 모든 재난을 주는 자의 손이 그에게 임하리라 …

큰 어둠이 그를 위하여 예비되어 있고 사람이 피우지 않은 불이 그를 멸하여 그 장막에 남은 것을 해치리라 하늘이 그의 죄악을 드러낼 것이요 땅이 그를 대항하여 일어날 것인즉 그의 가산이 떠나가며 하나님의 진노의 날에 끌려가리라 이는 악인이 하나님께 받을 분깃이요 하나님이 그에게 정하신 기업이니라 (욥 20:1-7, 12-16, 20-29[소발])

수아 사람 빌닷이 대답하여 이르되 네가 어느 때까지 이런 말을 하겠으며 어느 때까지 네 입의 말이 거센 바람과 같겠는가 하나님이 어찌 정의를 굽게 하시겠으며 전능하신 이가 어찌 공의를 굽게 하시겠는가 네 자녀들이 주께 죄를 지었으므로 주께서 그들을 그 죄에 버려두셨나니 네가 만일 하나님을 찾으며 전능하신 이에게 간구하고 또 청결하고 정직하면 반드시 너를 돌보시고 네 의로운 처소를 평안하게 하실 것이라 네 시작은 미약하였으나 네 나중은 심히 창대하리라 (욥 8:1-7[빌닷])

수아 사람 빌닷이 대답하여 이르되 … 어찌하여 우리를 짐승으로 여기며 부정하게 보느냐 울분을 터뜨리며 자기 자신을 찢는 사람아 너 때문에 땅이 버림을 받겠느냐 바위가 그 자리에서 옮겨지겠느냐 악인의 빛은 꺼지고 그의 불꽃은 빛나지 않을 것이요 그의 장막 안의 빛은 어두워지고 그 위의 등불은 꺼질 것이요 그의 활기찬 걸음이 피곤하여지고 그가 마련한 꾀에 스스로 빠질 것이니 …

그의 힘은 기근으로 말미암아 쇠하고 그 곁에는 재앙이 기다릴 것이며 질병이 그의 피부를 삼키리니 곧 사망의 장자가 그의 지체를 먹을 것이며 그가 의지하던 것들이 장막에서 뽑히며 그는 공포의 왕에게로 잡혀가고 그에게 속하지 않은 자가 그의 장막에 거하리니 유황이 그의 처소에 뿌려질 것이며 밑으로 그의 뿌리가 마르고 위로는 그의 가지가 시들 것이며 그를 기념함이 땅에서 사라지고 거리에서는 그의 이름이 전해지지 않을 것이며 그는 광명으로부터 흑암으로 쫓겨 들어가며 세상에서 쫓겨날 것이며 그는 그의 백성 가운데 후손도 없고 후예도 없을 것이며 그가 거하던 곳에는 남은 자가 한 사람도 없을 것이라 (욥 18:1-7, 12-19[빌닷])

엘리후가 말하여 이르되 … 우리가 정의를 가려내고 무엇이 선한가 우리끼리 알아보자 욥이 말하기를 내가 의로우나 하나님이 내 의를 부인하셨고 내가 정당함에도 거짓말쟁이라 하였고 나는 허물이 없으나 화살로 상처를 입었노라 하니 어떤 사람이 욥과 같으랴 욥이 비방하기를 물 마시듯 하며 악한 일을 하는 자들과 한패가 되어 악인과 함께 다니면서 이르기를 사람이 하나님을 기뻐하나 무익하다 하는구나 그러므로 너희 총명한 자들아 내 말을 들으라 하나님은 악을 행하지 아니하시며 전능자는 결코 불의를 행하지 아니하시고 사람의 행위를 따라 갚으사 각각 그의 행위대로 받게 하시나니 진실로 하나님은 악을 행하지 아니하시며 전능자는 공의를 굽히지 아니하시느니라 … 그는 사람의 길을 주목하시며 사람의 모든 걸음을 감찰하시나니 행악자는 숨을 만한 흑암이나 사망의 그늘이 없느니라 하나님은 사람을 심판하시기에 오래 생각하실 것이 없으시니 …

그러므로 그는 그들의 행위를 아시고 그들을 밤 사이에 뒤집어엎어 흩으시는도다 그들을 악한 자로 여겨 사람의 눈 앞에서 치심은 그들이 그를 떠나고 그의 모든 길을 깨달아 알지 못함이라 … 슬기로운 자와 내 말을 듣는 지혜 있는 사람은 반드시 내게 말하기를 욥이 무식하게 말하니 그의 말이 지혜롭지 못하도다 하리라 나는 욥이 끝까지 시험 받기를 원하노니 이는 그 대답이 악인과 같음이라 그가 그의 죄에 반역을 더하며 우리와 어울려 손뼉을 치며 하나님을 거역하는 말을 많이 하는구나 (욥 34:1-12, 21-27, 34-37[엘리후])

욥의 항변

욥이 대답하여 이르되 나의 괴로움을 달아보며 나의 파멸을 저울 위에 모두 놓을 수 있다면 바다의 모래보다도 무거울 것이라 … '옳은 말이 어찌 그리 고통스러운고,' '너희의 책망은 무엇을 책망함이냐' 너희가 남의 말을 꾸짖을 생각을 하나 실망한 자의 말은 바람에 날아가느니라 '너희는 고아를 제비 뽑으며 너희 친구를 팔아 넘기는구나' 이제 원하건대 너희는 내게로 얼굴을 돌리라 내가 너희를 대면하여 결코 거짓말하지 아니하리라 너희는 돌이켜 행악자가 되지 말라 아직도 나의 의가 건재하니 돌아오라 내 혀에 어찌 불의한 것이 있으랴 내 미각이 어찌 속임을 분간하지 못하랴 (욥 6:1-3, 25-30)

욥이 대답하여 이르되 … 그가 폭풍으로 나를 치시고 까닭없이 내 상처를 깊게 하시며 나를 숨 쉬지 못하게 하시며 괴로움을 내게 채우시는구나 … 나는 온전하다마는 내가 나를 돌아보지 아니하고 내 생명을 천히 여기는구나 일이 다 같은 것이라 그러므로 나는 말하기를 하나님이 온전한 자나 악한 자나 멸망시키신다 하나니 갑자기 재난이 닥쳐 죽을지라도 무죄한 자의 절망도 그가 비웃으시리라 세상이 악인의 손에 넘어갔고 재판관의 얼굴도 가려졌나니 그렇게 되게 한 이가 그가 아니시면 누구냐 (욥 9:1, 17-18, 21-24)

욥이 대답하여 이르되 너희만 참으로 백성이로구나 너희가 죽으면 지혜도 죽겠구나 나도 너희 같이 생각이 있어 너희만 못하지 아니하니 그 같은 일을 누가 알지 못하겠느냐 하나님께 불러 아뢰어 들으심을 입은 내가 이웃에게 웃음거리가 되었으니 의롭고 온전한 자가 조롱거리가 되었구나 … 이것들 중에 어느 것이 여호와의 손이 이를 행하신 줄을 알지 못하랴 모든 생물의 생명과 모든 사람의 육신의 목숨이 다 그의 손에 있느니라 … 지혜와 권능이 하나님께 있고 계략과 명철도 그에게 속하였나니 그가 헐으신즉 다시 세울 수 없고 사람을 가두신즉 놓아주지 못하느니라 (욥 12:1-14)

욥이 대답하여 이르되 이런 말은 내가 많이 들었나니 '너희는 다 재난을 주는 위로자들이로구나' … 나도 너희처럼 말할 수 있나니 가령 너희 마음이 내 마음 자리에 있다 하자 나도 그럴듯한 말로 너희를 치며 너희를 향하여 머리를 흔들 수 있느니라 …

내가 평안하더니 그가 나를 꺾으시며 내 목을 잡아 나를 부숴뜨리시며 나를 세워 과녁을 삼으시고 그의 화살들이 사방에서 날아와 사정없이 나를 쏨으로 그는 내 콩팥들을 꿰뚫고 그는 내 쓸개가 땅에 흘러나오게 하시는구나 그가 나를 치고 다시 치며 용사 같이 내게 달려드시니 … 그러나 내 손에는 포학이 없고 나의 기도는 정결하니라 땅아 내 피를 가리지 말라 나의 부르짖음이 쉴 자리를 잡지 못하게 하라 지금 나의 증인이 하늘에 계시고 나의 중보자가 높은 데 계시니라 나의 친구는 나를 조롱하고 내 눈은 하나님을 향하여 눈물을 흘리니 사람과 하나님 사이에와 인자와 그 이웃 사이에 중재하시기를 원하노니 수년이 지나면 나는 돌아오지 못할 길로 갈 것임이니라 (욥 16:1-4, 12-22)

욥이 대답하여 이르되 너희가 내 마음을 괴롭히며 말로 나를 짓부수기를 어느 때까지 하겠느냐 너희가 열 번이나 나를 학대하고도 부끄러워 아니하는구나 비록 내게 허물이 있다 할지라도 그 허물이 내게만 있느냐 너희가 참으로 나를 향하여 자만하며 내게 수치스러운 행위가 있다고 증언하려면 하려니와 하나님이 나를 억울하게 하시고 자기 그물로 나를 에워싸신 줄을 알아야 할지니라

내가 폭행을 당한다고 부르짖으나 응답이 없고 도움을 간구하였으나 정의가 없구나 그가 내 길을 막아 지나가지 못하게 하시고 내 앞길에 어둠을 두셨으며 나의 영광을 거두어가시며 나의 관모를 머리에서 벗기시고 사면으로 나를 헐으시니 나는 죽었구나 내 희망을 나무 뽑듯 뽑으시고 나를 향하여 진노하시고 원수 같이 보시는구나 …

나의 친구야 너희는 나를 불쌍히 여겨다오 나를 불쌍히 여겨다오 하나님의 손이 나를 치셨구나 너희가 어찌하여 하나님처럼 나를 박해하느냐 내 살로도 부족하냐 … 내가 알기에는 나의 대속자가 살아계시니 마침내 그가 땅 위에 서실 것이라 내 가죽이 벗김을 당한 뒤에도 내가 육체 밖에서 하나님을 보리라 내가 그를 보리니 내 눈으로 그를 보기를 낯선 사람처럼 하지 않을 것이라 내 마음이 초조하구나 (욥 19:1-27)

욥이 대답하여 이르되 … '어찌하여 악인이 생존하고 장수하며 세력이

강하냐' 그들의 후손이 앞에서 그들과 함께 굳게 서고 자손이 그들의 목전에서 그러하구나 그들의 집이 평안하여 두려움이 없고 하나님의 매가 그들 위에 임하지 아니하며 그들의 수소는 새끼를 베고 그들의 암소는 낙태하는 일이 없이 새끼를 낳는구나 그들은 아이들을 양 떼 같이 내보내고 그들의 자녀들은 춤추는구나 그들은 소고와 수금으로 노래하고 피리 불어 즐기며 그들의 날을 행복하게 지내다가 잠깐 사이에 스올로 내려가느니라 … 어떤 사람은 죽도록 기운이 충실하여 안전하며 평안하고 … 어떤 사람은 마음에 고통을 품고 죽으므로 행복을 맛보지 못하는도다 이 둘이 매 한 가지로 흙 속에 눕고 그들 위에 구더기가 덮이는구나 … 그런데도 너희는 나를 헛되이 위로하려느냐 너희 대답은 거짓일 뿐이니라 (욥 21:1-13, 23-26, 34)

욥이 대답하여 이르되 오늘도 내게 반항하는 마음과 근심이 있나니 내가 받는 재앙이 탄식보다 무거움이라 내가 어찌하면 하나님을 발견하고 그의 처소에 나아가랴 어찌하면 그 앞에서 내가 호소하며 변론할 말을 내 입에 채우고 내게 대답하시는 말씀을 내가 알며 내게 이르시는 것을 내가 깨달으랴 그가 큰 권능을 가지시고 나와 더불어 다투시겠느냐 아니로다 도리어 내 말을 들으시리라 …

그런데 내가 앞으로 가도 그가 아니 계시고 뒤로 가도 보이지 아니하며 그가 왼쪽에서 일하시나 내가 만날 수 없고 그가 오른쪽으로 돌이키시나 뵈올 수 없구나 그러나 내가 가는 길을 그가 아시나니 그가 나를 단련하신 후에는 내가 순금 같이 되어 나오리라 (욥 23:1-10)

욥이 또 풍자하여 이르되 나의 정당함을 물리치신 하나님, 나의 영혼을 괴롭게 하신 전능자의 사심을 두고 맹세하노니 … 결코 내 입술이 불의를 말하지 아니하며 내 혀가 거짓을 말하지 아니하리라 나는 결코 너희를 옳다 하지 아니하겠고 내가 죽기 전에는 나의 온전함을 버리지 아니할 것이라 내가 내 공의를 굳게 잡고 놓지 아니하리니 내 마음이 나의 생애를 비웃지 아니하리라 (욥 27:1-6)

여호와께서 침묵을 깨고 욥에게 말씀하시다

그 때에 여호와께서 폭풍우 가운데에서 욥에게 말씀하여 이르시되 무지한 말로 생각을 어둡게 하는 자가 누구냐 너는 대장부처럼 허리를 묶고 내가 네게 묻는 것을 대답할지니라 내가 땅의 기초를 놓을 때에 네가 어디 있었느냐 네가 깨달아 알았거든 말할지니라 누가 그것의 도량법을 정하였는지, 누가 그 줄을 그것의 위에 띄웠는지 네가 아느냐 그것의 주추는 무엇 위에 세웠으며 그 모퉁잇돌을 누가 놓았느냐 그 때에 새벽 별들이 기뻐 노래하며 하나님의 아들들이 다 기뻐 소리를 질렀느니라 바다가 그 모태에서 터져 나올 때에 문으로 그것을 가둔 자가 누구냐 그 때에 내가 구름으로 그 옷을 만들고 흑암으로 그 강보를 만들고 한계를 정하여 문빗장을 지르고 이르기를 네가 여기까지 오고 더 넘어가지 못하리니 네 높은 파도가 여기서 그칠지니라 하였노라 …

어느 것이 광명이 있는 곳으로 가는 길이냐 어느 것이 흑암이 있는 곳으로 가는 길이냐 너는 그의 지경으로 그를 데려갈 수 있느냐 그의 집으로 가는 길을 알고 있느냐 … 너는 별자리들을 각각 제 때에 이끌어 낼 수 있으며 북두성을 다른 별들에게로 이끌어 갈 수 있겠느냐 네가 하늘의 궤도를 아느냐 하늘로 하여금 그 법칙을 땅에 베풀게 하겠느냐 … 네가 사자를 위하여 먹이를 사냥하겠느냐 젊은 사자의 식욕을 채우겠느냐 … 까마귀 새끼가 하나님을 향하여 부르짖으며 먹을 것이 없어서 허우적거릴 때에 그것을 위하여 먹이를 마련하는 이가 누구냐 (욥 38:1-11, 19-41)

여호와께서 또 욥에게 일러 말씀하시되 트집 잡는 자가 전능자와 다투겠느냐 하나님을 탓하는 자는 대답할지니라 … 네가 내 공의를 부인하려느냐 네 의를 세우려고 나를 악하다 하겠느냐 네가 하나님처럼 능력이 있느냐 하나님처럼 천둥 소리를 내겠느냐 (욥 40:1-9)

욥의 회개

> 욥이 여호와께 대답하여 이르되 주께서는 못하실 일이 없사오며 무슨 계획이든지 못 이루실 것이 없는 줄 아오니 무지한 말로 이치를 가리는 자가 누구니이까 나는 깨닫지도 못한 일을 말하였고 스스로 알 수도 없고 헤아리기도 어려운 일을 말하였나이다
>
> 내가 말하겠사오니 주는 들으시고 내가 주께 묻겠사오니 주여 내게 알게 하옵소서 '내가 주께 대하여 귀로 듣기만 하였사오나 이제는 눈으로 주를 뵈옵나이다' 그러므로 내가 스스로 거두어들이고 티끌과 재 가운데에서 회개하나이다 (욥 42:1-6)

족장시대로 추정되는 때에 동방의 의로운 부자 욥에게 닥친 고난, 욥을 위로하기 위해 찾아온 세 친구와 욥의 세 차례 변론, 엘리후의 중재, 하나님의 계시를 통한 문제해결의 순으로 이어지는 욥기는, 고대 세계의 보편적 세계관인 인과응보의 법칙을 초월하여 하나님의 섭리는 오묘하며, 절대적으로 선하다는 사실을 보여줄 뿐만 아니라, 하나님은 절대 주권자이시기 때문에 인간은 오직 그분 앞에 감사와 찬양을 돌릴 것뿐이라는 사실을 분명하게 교훈한다.[1]

욥기는 불의한 고통을 받아들일 수 없는 사람이 강력하게 항의하는 이야기이다. 욥기는 '어찌하여 의로운 자가 고난을 당하는가? 어찌하여 악인이 형통한가? 과연 하나님은 의로우신가?'라는 신정론적 문제에 대한 해답을 제시해준다. 이 물음은 욥기의 주요한 주제이다.[2] 욥은 하나님과 사탄 사이에서 시험의 대상이 되어, 그의 삶은 갑작스런 재앙과 고통으로 가득 찼다. 그는 건강과 가정, 재산을 모두 잃었고, 심지어는 신체적으로도 고통받게 되었다. 욥의 고통은 사회적·신앙적·심리적으로 매우 심각한 것이었다. 그는 자신이 왜 이런 비참한 처지에 놓이게 된

것인지를 이해하지 못하고, 자신의 운명과 하나님의 의도에 대한 깊은 고뇌를 겪게 되었다. 하루아침에 나락으로 떨어진 욥은 자기를 찾아온 친구들 앞에서 7일간 아무 말도 못 하고 있다가 겨우 입을 열었는데, 자신의 생일을 저주할 정도로 온통 불만과 원망의 말을 쏟아놓기 시작했다.

욥이 자기 생일을 저주한 것은 하나님의 심판 때문이 아니라, 단지 지금까지 자신의 인생이 허위였다는 것과 고통과 수치를 더 당하고 싶지 않다는 감정을 표현한 것이고, 자신의 존재가 의미 없다고 생각한 때문이다. 욥은 지금 자신의 인생이 조금도 남에게 도움이 되지 않고, 오히려 많은 조롱거리와 소문의 대상이 되면서 죽기를 원했다.[3]

욥은 탄식하기를, "나에게는 평온도 없고, 안일도 없고, 휴식도 없고, 다만 불안만이 있구나."(욥기 3장 26절)라고 하거나, "내가 생명을 싫어하고 영원히 살기를 원하지 아니하오니 나를 놓으소서 내 날은 헛 것이니이다."(욥기 7장 16절)라고 하거나, "나의 날이 지나갔고 내 계획 내 마음의 소원이 다 끊어졌구나 … 나의 희망이 어디 있으며 나의 희망을 누가 보겠느냐"(욥기 17장 11-15절)라고 했다. 그리고 욥은 자신이 조롱거리가 된 사실에 대해 절망하고 있었다. 그는 말하기를, "어린 아이들까지도 나를 업신여기고 내가 일어나면 나를 조롱하는구나"(욥기 19장 18절)라고 하거나, "내가 이웃에게 웃음거리가 되었으니 의롭고 온전한 자가 조롱거리가 되었구나"(욥기 12장 4절)라고 했다.

욥은 자신에게 닥친 이유를 알 수 없는 고난에 대해 처음에는 하나님을 원망하지 않고, "주신 이도 여호와시오, 거두신 이도 여호와시니 여호와의 이름이 찬송을 받을지니이다"(욥기 1장 21절)라고 말하며, 하나님을 찬양했다. 그러나 시간이 지남에 따라 욥은 자신의 고통에 대해 하나님께 질문하고, 자신의 무죄함을 주장하고 반항하면서 하나님께 해답을 구했다. 욥은 말하기를, "오늘도 내가 반항하는 마음과 근심이 있나니, 내가 받은 재앙이 탄식보다 무거움이라. 내가 어찌하면 하나님을 발견하고 그의 처소에 나아가랴. 어찌하면 그 앞에서 내가 호소하며 변론할 말을 내 입에 채우고 내게 대답하시는 말씀을 내가 알며 내게 이르시는 것을 내가 깨달으랴."(욥기 23장 1-5절)라고 했다.

이처럼 고통을 호소하고 반항하는 욥에게 필요한 것은 함께 있어 주는 것이며, 함께 비를 맞아 주는 것이었다. 그러나 욥의 불행을 보고 위로하기 위해 찾아온 친구들의 한 마디 한 마디가 위로가 아니라, 날카로운 정죄의 말뿐이었다. 욥의 친구들은 자신은 죄가 없는데 고통당하는 것이라고 항변하는 욥을 가만히 손잡아 주지 못하고 꼬투리를 잡으며, 욥에게 악인이 받게 될 온갖 저주를 늘어놓았다.

친구들은 욥이 죄를 지었기에 벌을 받는다고 정죄하면서, 고난당하는 데는 원인이 있다는 '인과응보론'과 의인은 반드시 복을 받고, 악인은 징계를 받는다는 '권선징악'의 논리 및 '악인필멸론'으로 이를 입증하고자 했다.

예를 들어 "생각하여 보라 죄없이 망한 자가 누구인가. 정직한 자의 끊어짐이 어디 있는가. 내가 보건대 악을 밭 갈고 독을 뿌리는 자는 그대로 거두나니"(욥기 4장 7-8절)라고 하거나, 욥이 자신의 경건함과 의로움을 주장할 때, "하나님이 너를 책망하시며 너를 심문하심이 너의 경건함 때문이냐? '네 악이 크지 아니하냐' '네 죄악이 끝이 없느니라'"(욥기 22장 4-5절)고 책망하고 있다. 더 나아가 "전능자는 결코 불의를 행하지 아니하시고, 사람의 행위를 따라 갚으사 각각 그의 행위대로 받게 하시나니"(욥기 34장 10-11절)라고 함으로써 욥의 고난을 그의 죄악된 행위의 결과로 주장하고 있다. 특히 친구들은 자신들이 생각하고 있는 하나님에 대한 편견과 생각을 가지고 욥을 재단했다. 이러한 친구들의 말은 사람을 살리는 것이 아니라 죽이는 것이었고, 자신들의 논리를 정당화시키는 데 급급한 것이었다.

인과응보설은 일면의 진리가 있으나 언제든지 다 맞는 것은 아니다. 따라서 우리는 타인의 고통과 아픔을 정죄하기보다는 그들과 고통을 함께 하면서 더불어 울어주는 사람이 되어야 한다.[4] 더 나아가 권선징악론이나 악인필멸론 등의 흑백논리로는 고난이 맞닥뜨리는 현실을 다 설명할 수 없으며, 의인에게 닥치는 징계나 축복의 진정한 의미를 말할 수 없다.[5]

그리하여 욥은 친구들이 오히려 '재난을 주는 위로자'라고 하면서, 그들의 옳은 말이 어찌 그리 고통스러운지를 지적하며, 부디 자신을 불쌍히 여겨달라고 호소했다. 그러면서 너희 마음이 내 마음 자리에 있다면 어떨까 하며, 역지사지의 정신을 강조했다.

욥은 친구들의 말에 대해 이렇게 항변한다. "너희가 내 마음을 괴롭히며 말로 나를 짓부수기를 어느 때까지 하겠느냐. 너희가 열 번이나 나를 학대하고도 부끄러워 아니하는구나"(욥기 19장 2-3절), "너희가 어찌하여 하나님처럼 나를 박해하느냐."(욥기 19장 22절)

그리고 욥은 세상의 불공평한 현실을 볼 때 '악인들은 반드시 멸망한다'는 친구들의 말과는 달리, 악인들은 도리어 온갖 성공과 재물과 자녀들, 그리고 건강까지 모든 것을 다 가지고, 잘 살아간다고 항변하고 있다. 욥은 말한다. "어찌하여 악인이 생존하고 장수하며 세력이 강하냐 … 그들의 집이 평안하여 두려움이 없고 하나님의 매가 그들 위에 임하지 아니하며,"(욥기 21장 7-9절) "세상이 악인의 손에 넘어갔고 재판관의 얼굴도

가려졌나니 그렇게 되게 한 이가 그가 아니시면 누구냐."(욥기 9장 24절)

그리고 욥은 공평하지 못한 세상을 탄식한다. "어떤 사람은 죽도록 기운이 충실하여 안전하며 평안하고, 그의 그릇에는 젖이 가득하며 그의 골수는 윤택하고, 어떤 사람은 마음의 고통을 품고 죽으므로 행복을 맛보지 못하는도다."(욥기 21장 23-25절)

또한 욥은 인과응보론이나 권선징악 및 악인필멸론으로는 설명할 수 없는 자신의 모든 고난은 여호와의 손이 행하셨다고 하나님을 원망하고 있다. 그는 말한다. "하나님이 나를 진흙 가운데 던지셨고, 나를 티끌과 재 같게 하셨구나"(욥기 30장 19절), "내가 아나이다 주께서 나를 죽게 하사"(욥기 30장 23절)라고 하거나, "내가 평안하더니 그가 나를 꺾으시며, 내 목을 잡아 나를 부숴뜨리시며, 나를 세워 과녁을 삼으시고, 그의 화살들이 사방에서 날아와 사정 없이 나를 쏨으로 … 그가 나를 치고 다시 치며 용사 같이 내게 달려드시니."(욥기 16장 12-14절)라고 하거나, "너희가 참으로 나를 향하여 자만하며 내게 수치스러운 행위가 있다고 증언하려면 하려니와 하나님이 나를 억울하게 하시고, 자기 그물로 나를 에워싸신 줄을 알아야 할지니라 … 사면으로 나를 헐으시니 나는 죽었구나. 내 희망을 나무 뽑듯 뽑으시고, 나를 향하여 진노하시고, 원수 같이 보시는구나."(욥기 19장 5-11절)라고 절규했다.

그러나 욥은 하나님을 향한 그의 시선을 거두지 않았다. 그는 아무리 찾아도 만날 수 없는 하나님을 여전히 찾고 있다. "내가 어찌하면 하나님을 발견하고 그의 처소에 나아가랴 … 그런데 내가 앞으로 가도 그가 아니 계시고, 뒤로 가도 보이지 아니하며, 그가 왼쪽에서 일하시나 내가 만날 수 없고, 그가 오른쪽으로 돌이키시나 뵈올 수 없구나."(욥기 23장 3절, 8-9절)

욥은 하나님이 자기에게 나타나시어 자신을 둘러싸고 있는 고통에 대한 답을 주시고, 사람과 하나님 사이의 관계를 중재하시기를 원하는 희망을 포기하지 않는다. 욥은 말하기를, "지금 나의 증인이 하늘에 계시고 나의 중보자가 높은 데 계시니라. 나의 친구는 나를 조롱하고 내 눈은 하나님을 향하여 눈물을 흘리니 사람과 하나님 사이에와 인자와 그 이웃 사이에 중재하시기를 원하노니"(욥기 16장 19-21절)라고 하거나, "내가 알기에는 나의 대속자가 살아계시니 마침내 그가 땅 위에 서실 것이라. 내 가죽이 벗김을 당한 뒤에도 내가 육체 밖에서 하나님을 보리라. 내가 그를 보리니 내 눈으로 그를 보기를 낯선 사람처럼 하지 않을 것이라."(욥기 19장 25-27절)라고 했다.

욥은 그의 재앙이 탄식으로 끝이 나서는 안 되고 하나님 앞에 응답받아야 한다고 생각했다. 즉 '나의 고난은 하나님의 축복을 가져오는 계기가 되어야 한다'고 생각한 것이다.[6] 그리고 끝끝내 자신의 의로움을 포기하지 않았다. 그는 이렇게 말한다. "결코 내 입술이 불의를 말하지 아니하며, 내 혀가 거짓을 말하지 아니하리라. 나는 결코 너희를 옳다 하지 아니하겠고, 내가 죽기 전에는 나의 온전함을 버리지 아니할 것이라. 내가 내 공의를 굳게 잡고 놓지 아니하리니 내 마음이 나의 생애를 비웃지 아니하리라."(욥기 27장 4-6절) 이것이 욥의 항변이며, 자신의 믿음을 보여주는 가장 강력한 표현이기도 했다.

이러한 욥의 항변은 투쟁과 희망의 표지이며, 결코 비관주의에 떨어지지 않고, 하나님 안에서만 대답을 찾아낼 줄 아는 믿음의 표지였다. 사실 고통받는 인간은 탄원과 저항의 기도를 통해 하나님과 하나님의 개입에 대한 기다림의 문을 연다.[7]

욥은 아픔과 고통 중에도 하나님을 붙잡고 신뢰한다. 아무리 힘들고 괴로워도, 지금 여기가 끝이 아니고, 내가 안길 하나님의 품이 있음을 믿고, 의지하는 미래의 소망이 욥에게 피어났던 것이다. 욥은 고백하기를, "그러나 내가 가는 길을 그가 아시나니, 나를 단련하신 후엔 내가 순금 같이 되어 나오리라."(욥기 23장 10절)고 했다.

결국 여호와 하나님은 욥을 기억하시는 분이셨다. 여호와는 폭풍우 가운데 등장하셔서 욥이 궁금해하는 것에 대답하는 대신에 질문하시고, 욥 자신이 스스로 성찰하면서, 자신의 편견과 선입견을 깨뜨리기 원하셨다. 하나님은 욥에게 말씀하시기를, "너는 대장부처럼 허리를 묶고 내가 네게 묻는 것을 대답할지니라. 내가 땅의 기초를 놓을 때에 네가 어디 있었느냐. 네가 깨달아 알았거든 말할지니라. 누가 그것의 도량법을 정하였는지, 누가 그 줄을 그것의 위에 띄웠는지 네가 아느냐. 그것의 주추는 무엇 위에 세웠으며 그 모퉁잇돌을 누가 놓았느냐 … 네가 바다의 샘에 들어갔었느냐. 깊은 물 밑으로 걸어 다녀 보았느냐 … 땅의 너비를 네가 측량할 수 있느냐. 네가 그 모든 것들을 다 알거든 말할지니라"(욥기 38장 2-18절)라고 하시면서, 우주와 자신의 창조물의 오묘함을 설명하시고, 인간은 하나님의 섭리와 그 능력을 완전히 깨달을 수 없다는 사실을 밝힘으로써, 욥과 친구들의 모든 헛된 변론을 중지하고, 보다 원숙한 신앙에 접하도록 유도하셨다.[8]

하나님은 욥의 질문에 직접적인 답을 주지 않지만, 하나님의 주권과 지혜 및 전능하심을 강조한다. 이에 욥은 스스로 하나님 앞에서 부족함과 무지함을 깨닫고, 하나님의 전능하심과 주권을 인정하며, 경배하는 참 의인의 모습으로 거듭나게 된다.[9] 그는 말한다. "무지한 말로 이치를 가리는 자가 누구니이까. 나는 깨닫지도 못한 일을 말하였고, 스스로 알 수도 없고 헤아리기도 어려운 일을 말하였나이다."(욥기 42장 3절)

더 나아가 욥은 하나님은 고통받는 사람과 가까이 계시는 분임을 깨닫게 된다. 지금까지 고통을 당하게 된 원인에 대한 답을 찾았던 욥은, 답 대신 주님을 만났다. 그리고 고백한다. "내가 주께 대하여 귀로 듣기만 하였사오나, 이제는 눈으로 주를 뵈옵나이다."(욥기 42장 5절)

이상과 같은 욥의 체험은 고난이 반드시 죄에 대한 징벌이 아니고, 또 하나님 앞에서 도덕적으로 선하면 반드시 부와 성공을 누리는 것도 아니라는 사실을 증거한다. 따라서 의인이 고난을 당하는 부조리한 현상을 근거로 하여 하나님이 공의롭지 않다고 불평하거나 회의를 가질 필요가 없다.[10]

다만 욥기는 우리에게 고통 속에서도 믿음을 유지하는 것이 중요하다는 교훈을 주고 있다. 우리가 고통의 의미와 하나님의 뜻을 이해할 수 없어도, 믿음은 희망을 낳고, 희망은 인내를 낳아 우리가 어떤 어려움에 직면하더라도 일어서게 할 수 있기 때문이다. 그러니 우리도 욥처럼 아무리 극심한 고통 속에서도 하나님의 선하심과 의로움을 끝까지 믿으며, 하나님을 만나는 사람들이 되어야 한다. 하나님은 고난당하고 아파하는 사람들에게 찾아오셔서, 함께 그 고통을 견뎌주시며 우리의 살 길을 열어주시는 분이심을 잊지 말아야 한다.

절정

이육사[11]

매운 계절의 채찍에 갈겨
마침내 북방으로 휩쓸려 오다.

하늘도 그만 지쳐 끝난 고원
서릿발 칼날진 그 위에 서다.

어디다 무릎을 꿇어야 하나
한 발 재겨 디딜 곳조차 없다.

이러매 눈 감아 생각해 볼밖에
겨울은 강철로 된 무지갠가 보다.

복 있는 사람은

복 있는 사람은 악인들의 꾀를 따르지 아니하며 죄인들의 길에 서지 아니하며 오만한 자들의 자리에 앉지 아니하고 오직 여호와의 율법을 즐거워하여 그의 율법을 주야로 묵상하는도다
그는 시냇가에 심은 나무가 철을 따라 열매를 맺으며 그 잎사귀가 마르지 아니함 같으니 그가 하는 모든 일이 형통하리로다 악인들은 그렇지 아니함이여 오직 바람에 나는 겨와 같도다 그러므로 악인들은 심판을 견디지 못하며 죄인들이 의인들의 모임에 들지 못하리로다 무릇 의인들의 길은 여호와께서 인정하시나 악인들의 길은 망하리로다 (시 1: 1-6)

시편은 하나님을 찬양하는 150편의 노래를 담은 찬양의 책이자 현존하는 최대의 종교적 서정시집이다. 이 책은 모세로부터 시작하여 바벨론 포로 귀환까지 1,000년 동안 다윗, 솔로몬, 고라 자손, 아삽 등 여러 명의 저자들에 의해 쓰이고 편집되었다. 시편에는 찬양 시 외에도 탄원 시, 감사 시, 제왕 시, 지혜 시 등이 있다. 대부분의 시편들은 간구와 찬양의 시적 감정들을 직접적으로 하나님께 표현하고 있으며, 그것들은

승리와 기쁨, 소망뿐만 아니라 두려움과 의심, 비극 등 진실한 신자들이 겪는 모든 종교적 감정을 드러내고 있다. 또한 몇몇 시편들은 이스라엘의 지혜와 삶의 철학을 담고 있다. 그리고 시편에는 율법과 역사, 예언 속에 자신을 계시하신 하나님에 대한 이스라엘의 신앙고백과 경배가 담겨 있다.[1]

시편은 종교개혁자 마틴 루터의 말대로 '성경 전체의 축소판'이라 불릴 정도로 오랜 세월 수많은 시인들에 의해 불렸으며, 시마다 각기 다양한 환경과 시대적 배경을 가지고 있다. 그럼에도 불구하고 이 시편들의 큰 주제는 오직 하나, '하나님을 향한 찬양과 경배의 고백'이라 할 수 있다. 그것도 시인들의 살아있고 생생한 영혼의 울림과 탁월한 영감들로 말이다. 이런 측면에서 시편은 성경문학의 백미요, 시간과 공간을 초월하여 모든 시대를 살아가는 모든 사람들에게 있어서 참된 영혼의 찬양이요, 신앙고백서라 할 수 있다.[2]

시편 1장은 의인과 악인의 대립을 통해 하나님의 법대로 살며, 그를 경외하고 따르는 사람들이 복 있는 사람이라고 강조한다. 그리고 그 반대로 악인의 길을 따르는 사람들의 멸망을 경고한다. 이는 사람들이 내리는 결정이나 선택은 궁극적으로 생명과 죽음, 축복과 저주, 행복과 불행으로 귀착된다는 사실을 알려주고 있다.[3]

삶은 결국 길이다. 누구나 태어나서 죽음에 이르기까지 삶이라는 길을 걸어간다. 때로는 넓고 평탄한 사망의 길로 가기도 하고, 때로는 험하고 좁은 생명의 길로 가기도 한다. 누구도 이 두 가지 길에서 벗어날 수 없다. 그것이 인생의 운명이다. 다만 어떤 목적지를 가리키는 이정표를 따르느냐의 문제일 뿐이다.[4]

복 있는 사람이 걷는 길은 악인들이 걷는 길과 구별된 길이다. 복 있는 사람은 악인들과 같이 생각하지도, 행하지도, 그들과 함께 하지도 않는다. 반면에 율법에는 적극적이다. 본문은 복과 죄악에 대한 통찰을 근거로 하여, 독자들로 하여금 여호와의 율법을 따르며, 열매 맺는 삶을 살도록 권면하고 있다.[5]

세상에서 말하는 복은 주로 물질적 풍요, 사회적 지위, 권력, 명예, 장수 등과 관련된 것으로, 외적인 것들에 집중하고 개인의 욕망과 자기 충족을 중심으로 한다.[6] 사람들은 이러한 세상적인 복을 가진 자들을 복 받은 사람이라고 한다.

그러나 시편 1장은 이러한 세상적인 기준의 복을 복되다 하지 않는다. 복 있는 사람이란 세상이 주는 복에는 관심이 없고, 하나님으로 만족하는 사람을 뜻한다. 진짜 복 있는 사람이란 하나님을 중심으로 삼고 사는 사람이며, 죄의 길로 가는 것을 거부하고, 오직 하나님의 말씀을 즐거워하고 묵상하며 그 은혜를 누리는 사람이다.[7] 이런 점에서 복이란 하나님과의 교감과 관계에서 오는 기쁨과 평안이며, 하나님의 은혜와 축복을 말하는 것이다.

이와 대조적으로 악인의 길은 하나님의 뜻을 따르지 않아 결국 망하는 길이다. 악인은 하나님의 율법 앞에서 죄인 된 자를 말한다. '꾀'란 하나님의 율법 대신에, 악인들이 가지고 사는 삶의 원리를 말한다. 그것은 하나님의 뜻과는 상관없는 인간의 마음에서 비롯된 것이다. 죄인은 하나님의 율법에서 빗나간 자를 말하며, 하나님의 길을 가지 않고, 자기 자신의 길을 가는 자를 말한다.[8] 따라서 악인들은 바람에 나는 겨와 같은 인생이며, 하나님의 심판을 받게 될 사람이다.

성경에서 말하는 악인이란 세상 윤리나 도덕규범에 비추어 그것에 반(反)하거나 미치지 못하는 자를 말하는 것이라기보다는 하나님 없이 사는 자, 하나님을 떠나 그와 상관없이 살아가는 불신자를 의미한다.[9] 악의 토양에서 죄가 나타난다. 악을 따르는 곳에 서게 되면 우리는 점점 죄의 포로가 되고, 종이 되어 간다. 그리고 죄로 인해 우리 인생 전체가 멸망에 이르게 된다. 죄의 길에 서지 않으려면 말씀으로 무장해야 한다. 말씀을 읽고 묵상하며, 기도하는 시간을 즐거워하면 복된 삶을 살 수 있다. 시냇가에 심은 나무가 철마다 열매를 맺고, 잎사귀가 마르지 않는 것과 같은 복된 인생이 될 수 있다.[10]

특히 성 아우구스티누스는 본문에서 지칭하는 의인이 '예수 그리스도'라고 말한다. '예수 그리스도'가 우리에게 바르게 사는 길을 보여주는 모범이라는 것이다. 사도행전에서는 그리스도인의 삶을 '길', 즉 복음을 실천하는 길이라고 말한다. 그리스도인은 이 길을 따르면서 매일 새롭게 되어야 한다. 시편 1장은 매일 우리가 걸어가야 할 이 길의 이정표를 보여준다.[11]

시편 1장에 제시된 인생의 두 가지 길 중에서 우리는 어느 길을 선택하며 살 것인가?

길

김행선

우리 앞에 여러 길이 놓여 있다.
행복과 불행, 생명과 죽음,
축복과 저주로 귀착되는 길들

우리는 끊임없이 선택의 기로에 서서
무엇이 옳은 길인지,
잘못된 길인지 알지 못한 채 서성인다

세상은 우리에게 어느 길이
옳은지를 알려주지 않는다

세상은 개인의 안위와 쾌락만을 추구하며
오직 돈과 권력의 길,
명예와 장수의 길을 가라고 한다

그러나 그 길은 자칫 신기루와 같고,
잠깐 있다가 사라지는 새벽안개와 같아서
나락으로 떨어질 길이기도 하다

우리에게 영원한 생명의 길,
복된 길은 어디에 있는가
진정한 자유의 길은 어디에 있는가

그 길은 누구나 갈 수 있는 길이 아니다
그 길은 희생과 사랑,
헌신과 절제,
정의와 공의 속에 감추어져 있다

그러나 우리가 함께 한다면
비록 넘어지고 깨어지더라도
우리는 기어코 그 길에 도달할 수 있다

나를 고치소서

여호와여 주의 분노로 나를 책망하지 마시오며 주의 진노로 나를 징계하지 마옵소서 여호와여 내가 수척하였사오니 내게 은혜를 베푸소서 여호와여 나의 뼈가 떨리오니 나를 고치소서 나의 영혼도 매우 떨리나이다 여호와여 어느 때까지니이까 여호와여 돌아와 나의 영혼을 건지시며 주의 사랑으로 나를 구원하소서 …

내가 탄식함으로 피곤하여 밤마다 눈물로 내 침상을 띄우며 내 요를 적시나이다 내 눈이 근심으로 말미암아 쇠하며 내 모든 대적으로 말미암아 어두워졌나이다 악을 행하는 너희는 다 나를 떠나라 여호와께서 내 울음소리를 들으셨도다 여호와께서 내 간구를 들으셨음이여 여호와께서 내 기도를 받으시리로다 내 모든 원수들이 부끄러움을 당하고 심히 떪이여 갑자기 부끄러워 물러가리로다 (시 6:1-10[다윗의 시])

루터는 이 시를 "육체와 영혼의 건강을 위한 회개의 시"라고 불렀다.[12] 이 시는 탄식 시편으로, 슬픔과 절망 속에서도 하나님의 구원을 기대하는 마음을 담고 있다. 본문에서 다윗은 절박한 상황에 놓여 있다. 질병과 삶의 고통으로 기진맥진한 상태이고, 떨고 있으며, 눈물을 흘리고 있다.[13]

이 고통은 뼈가 떨리고 영혼이 떨릴 정도로 심했다. 다윗은 자신의 죄로 인해 하나님으로부터 버림받았고, 하나님의 분노를 일으켰다는 생각으로 두려움에 빠지게 되었다. 그는 자신의 고통과 두려움을 표현하면서 하나님의 진노와 징계로부터 벗어나기를 간구하며, 하나님의 자비와 구원을 간청한다. 다윗은 자신을 죽음에 내버리지 말아 달라고 하나님께 간구하며, 밤마다 눈물로 기도한다. 그는 간구하기를, "여호와여 돌아와 나의 영혼을 건지시며, 주의 사랑으로 나를 구원하소서"(시편 6장 4절)라고 한다.

하나님은 우리로부터 얼굴을 돌리시는 분이 아니다. 하나님은 우리를 여전히 사랑하시고, 버리지 않으신다. 하나님은 연약한 인생이 드리는 눈물의 기도를 들으신다. 이 같은 사실을 확신하고 있는 다윗은 이렇게 고백하고 있다. “여호와께서 내 울음소리를 들으셨도다 여호와께서 내 간구를 들으셨음이여 여호와께서 내 기도를 받으시리로다”(시편 6장 8-9절)

그러므로 절망하는 것은 우리를 향한 하나님의 사랑에 대한 배신이다. 다윗의 위대한 점은 절망적인 상황에 처하여 하나님이 자신을 버렸다고, 징계한다고 느끼면서도 하나님을 향한 참회와 탄원의 시를 노래했다는 것이다.[14] 다윗은 인간들의 고통과 울음에 대해 모른 척하지 않으시는 하나님을 전적으로 의지하고 있다.

어떠한 상황에서도 우리는 절대로 혼자가 아니다. 내 안에 예수 그리스도가 계신다. 내 안에 계신 예수 그리스도를 만날 때 우리는 어떠한 절망도 이겨낼 수 있다. 예수가 절망과 어둠을 물리치는 빛이시기 때문이다.[15] 하나님의 위대함은 단순히 인간이 죄인임을 지적하는 데서 끝나는 것이 아니라, 용서와 구원의 길을 동시에 보여 준다는 점에 있다.[16]

지금 나의 삶에 고통이 가득할지라도, 하나님께서 하나님의 때에 그 고통을 모두 물러가게 하실 것이다. 내가 기도하는 것이 아무 소용이 없는 듯 보이는 그때에도 하나님은 일하고 계시며, 반드시 하나님의 일을 이루실 것이다. 하나님은 기도하는 자의 삶을 회복시키시고, 눈물을 닦아주실 것이다. 우리는 이러한 사실을 믿어야 한다.[17] 그러니 우리도 다윗처럼 고통과 절망 속에서도 낙망하고 실망하는 대신 여호와께 돌아와, “하나님! 내게 은혜를 베푸소서! 나를 고치소서!”라고 탄원해야 한다.

여호와여! 당신을 부르는 소리는

김행선[18]

먼동 트는 소리에 놀라 깨어나
유혹의 잠자리를 떨구고
어둠 가르며 나오는 첫 기도소리는
여호와 이름을 부르는 소리

여호와여!
당신을 부르는 소리는
기나긴 인내 끝에 당신과 만나는 기쁨
오랜 그리움 끝에 당신을 뵙는 안식

믿음의 간구하는 소리에
당신의 답하는 소리는 환희

당신의 은혜로운 말씀에
잠자던 영혼의 기지개 켜는 소리

여호와여!
하늘을 나는 새처럼
당신을 향한 우리의 마음도 허공을 가르고

어둠은 사라지고 빛이 오는 소리는
환난과 절망의 울타리 너머 들리는 소망의 소리

여호와여!
당신의 피리소리에 우리가 춤추는 소리는
불신의 바위를 뚫고 나오는 생명의 소리

여호와여!
당신의 십자가의 죽음에 우리가 답하는 소리는
사막의 심장을 가로질러 타오르는 사랑의 불꽃

여호와여 어느 때까지니이까

여호와여 어느 때까지니이까 나를 영원히 잊으시나이까 주의 얼굴을 나에게서 어느 때까지 숨기시겠나이까 나의 영혼이 번민하고 종일토록 마음에 근심하기를 어느 때까지 하오며 내 원수가 나를 치며 자랑하기를 어느 때까지 하리이까 여호와 내 하나님이여 나를 생각하사 응답하시고 나의 눈을 밝히소서 두렵건대 내가 사망의 잠을 잘까 하오며 두렵건대 나의 원수가 이르기를 내가 그를 이겼다 할까 하오며 내가 흔들릴 때에 나의 대적들이 기뻐할까 하나이다 나는 오직 주의 사랑을 의지하였사오니 나의 마음은 주의 구원을 기뻐하리이다 내가 여호와를 찬송하리니 이는 주께서 내게 은덕을 베푸심이로다 (시 13:1-6절 [다윗의 시])

내 하나님이여 내 하나님이여 어찌 나를 버리셨나이까 어찌 나를 멀리하여 돕지 아니하시오며 내 신음소리를 듣지 아니하시나이까 내 하나님이여 내가 낮에도 부르짖고 밤에도 잠잠하지 아니하오나 응답하지 아니하시나이다 … 내가 날 때부터 주께 맡긴 바 되었고 모태에서 나올 때부터 주는 나의 하나님이 되셨나이다 나를 멀리 하지 마옵소서 환난이 가까우나 도울 자 없나이다 … 나는 물 같이 쏟아졌으며 내 모든 뼈는 어그러졌으며 내 마음은 밀랍 같아서 내 속에서 녹았으며 내 힘이 말라 질그릇 조각 같고 내 혀가 입천장에 붙었나이다 주께서 또 나를 죽음의 진토 속에 두셨나이다 … 여호와여 멀리 하지 마옵소서 나의 힘이시여 속히 나를 도우소서 … 나를 사자의 입에서 구하소서 주께서 내게 응답하시고 들소의 뿔에서 구원하셨나이다 (시 22:1-21 [다윗의 시])

이 시들 속에서 다윗은 하나님이 자신을 잊으셨으며, 자신의 부르짖음을 들으시지 않으신다는 절망감을 이렇게 표현하고 있다. "여호와여, 어느 때까지니이까. 나를 영원히 잊으시나이까? 주의 얼굴을 나에게서 언제까지 숨기시겠나이까?"(시편 13장 1절) "내 하나님이여 내 하나님이여 어찌 나를 버리셨나이까 어찌 나를 멀리하여 돕지 아니하시오며 내 신음소리를 듣지 아니하시나이까"(시편 22장 1절)

다윗은 자신이 왜 고통을 받는지, 언제까지 고통을 견뎌야 하는지, 하나님 앞에 탄식하며 아뢰고 있다. 그는 절망스럽고 괴로운 상황에서, 하나님이 자신을 잊으셨다고 느끼고 있다. 그는 자신이 하나님으로부터 분리되고, 소원해져, 개인적인 괴로움에 빠진 채로 원수들에게 짓밟혀 있다고 느낀다. 이처럼 다윗은 하나님 앞에 자기 마음의 절망과 비탄에 잠긴 심정을 솔직히 고백하고 있다. 그리고 그는 하나님이 자신을 돌아보시고 응답해 달라고 간청한다. 다윗은 하나님의 사랑을 신뢰하며, 자신이 구원받을 것을 믿는다. "나는 오직 주의 사랑을 의지하였사오니, 나의 마음은 주의 구원을 기뻐하리이다."(시편 13장 5절)[19]

살면서 너무 힘들다는 생각이 들 때가 많이 있다. 이 시들처럼 '어느 때까지'냐고, '나를 버리셨느냐'고 따지듯 묻기도 한다. 이 시들은 선한 사람들이 하나님께 버림 받았다고 느낄 때 하나님께 부르짖고, 또한 그의 돌보심에 대해 굳은 확신을 갖는 것이 믿음의 길을 걸어가는 우리의 모습이어야 함을 알려주고 있다. 또한 고통 중에도 흔들리지 않고, 주님의 사랑과 구원을 신뢰하며, 하나님을 향한 찬양을 드려야 한다는 것을 알려주고 있다.[20]

다윗은 영혼의 기도를 올린다. "나를 생각하사 응답하시고 나의 눈을 밝히소서."(시편 13장 3절) 그리고 "나를 사자의 입에서 구하소서 주께서 내게 응답하시고 들소의 뿔에서 구원하셨나이다"(시편 22장 21절)라는 믿음의 고백을 한다.

다윗에게 절망으로부터 희망에 이르는 출구는 바로 하나님의 자애에 대한 믿음이다. 자애는 충실하고, 불변하며, 굳건한 하나님의 헌신적인 사랑을 표현하는 개념이다. 다윗은 힘겹고 절박한 상황에서 이 하나님의 자애에 희망을 걸고 있다.[21]

믿음이란 두려움을 싹 없애고 찬송만 부르는 것이 아니다. 내 안의 걱정, 근심, 불안이 있음에도 불구하고, 눈을 돌려 나를 사랑하시고, 구원의 계획을 이미 갖고 계신 여호와 하나님을 찬송하기로 결단하는 것이다.[22] 믿음이란 도저히 믿을 수 없는 상황에서도, 하나님을 믿고 의지하고, 기뻐하며 찬송하는 것이다. 이것이 바로 축복의 원천이다.

눈이 보이지 않는다고 절망하지 마십시오

김행선[23]

눈이 보이지 않는다고 절망하지 마십시오
눈이 보이지 않는다고 미래도 보이지 않는 것은 아닙니다.

눈이 있어도 보지 못하는 자 있습니다.
눈이 있어도 미래가 보이지 않는 자 있습니다.

세상이 끝난 것 같아도
그게 끝이 아닙니다.

어둠 속에 있다고
절망 속에 있다고
자포자기 하지 마십시오.
오늘이 끝이 아닙니다.

역경에 처한 사람들이여!
환난 가운데서도 기뻐하십시오.

환난은 인내를 낳고
인내는 연단된 인품을 낳고
연단된 인품은 희망을 낳습니다.
희망은 우리의 미래를 저버리지 않습니다.

세상이 끝난 것 같아도
그게 끝이 아닙니다.

우리가 알지 못하는 미래가 기다리고 있습니다.
조금만 더 참고 견뎌 보세요.
반드시 좋은 날이 옵니다.
어둠 뚫고 소망의 날이 옵니다.

여호와는 나의 목자시니

여호와는 나의 목자시니 내게 부족함이 없으리로다 그가 나를 푸른 풀밭에 누이시며 쉴 만한 물가로 인도하시는도다 내 영혼을 소생시키시고 자기 이름을 위하여 의의 길로 인도하시는도다 내가 사망의 음침한 골짜기로 다닐지라도 해를 두려워하지 않을 것은 주께서 나와 함께 하심이라 주의 지팡이와 막대기가 나를 안위하시나이다 주께서 내 원수의 목전에서 내게 상을 차려주시고 기름을 내 머리에 부으셨으니 내 잔이 넘치나이다 내 평생에 선하심과 인자하심이 반드시 나를 따르리니 내가 여호와의 집에 영원히 살리로다 (시 23:1-6[다윗의 시])

시편 23장은 성경의 시편 중 가장 잘 알려진 시편 중 하나이다. 이 시편은 양과 양을 치는 목자 사이의 관계를 비유적으로 묘사하여 하나님의 섭리와 돌보심을 표현하고 있다. 하나님을 양의 목자로 묘사하고, 우리를 그의 명령과 돌보심을 받는 양으로 비유한다. 양은 목자로부터 필요한 모든 것을 제공받으며, 목자의 인도 아래 풍성한 초목과 평안한 물가로 인도된다. 이는 하나님이 우리를 돌보고 보호하시며, 우리가 그의 은혜와 축복을 받을 것이라는 믿음을 나타낸다. 또한 하나님이 우리를 책임지시며, 우리의 삶을 충만하게 하시는 것을 기뻐하고 찬양한다.[24]

시편 23장의 핵심 메시지는 하나님에 대한 완전한 신뢰이다. 이 시편은 하나님의 선하심과 인자하심에 대한 믿음을 표현하고 있다. 다윗은 우리의 목자이신 하나님이 우리에게 안식과 평화를 주시며, 사망의 음침한 골짜기를 지나갈 때 우리를 보호하시고, 모든 인생들을 살리시는 은혜의 하나님이심을 드러내고 있다.

그러나 이 시편을 쓴 다윗의 생애는 결코 평화로운 삶이 아니었다. 그는 세상의 어떤 사람보다 더 극심한 시련을 겪었다. 젊었을 때 왕의 질투와 미움을 받아 이곳저곳으로 떠도는 도망자의 삶을 살았다. 밧세바와 간음함으로 그의 내적 평화는 무너져 내렸고, 가정에는 칼이 그치질 않았다. 밧세바와의 사이에서 난 첫 아이가 죽었고, 자식들 사이에 살육이 있었다. 말년에는 신복 아히도벨과 작당한 아들 압살롬이 왕권을 노리고 반역을 일으켰다.[25]

그런 폭풍우 몰아치는 삶을 살았던 다윗은 그럼에도 불구하고 자신의 삶을 부족함이 없고, 평온하고, 잔이 넘치는 삶으로 노래하고 있다. 어떻게 그렇게 할 수 있었을까? 그것은 바로 다윗이 노래한 것처럼 여호와께서 그의 목자이셨기 때문이다. 그는 어릴 적 목동으로 양을 치면서, 목자와 양의 관계를 잘 알고 있었다. 그는 목자로서 양들을 좋은 꼴이 많은 곳으로 인도했고, 각종 위험과 짐승들의 공격으로부터 보호해 주었다. 양들이 목자와 함께 하는 한 양들의 안전은 보장됨을 믿었던 것이다.[26]

그리하여 다윗은 절망과 사망의 음침한 골짜기 같은 상황에서도 목자되신 주님이 함께 하시고, 감사거리를 찾게 된다면 그 모든 상황을 극복할 수 있다고 노래하고 있다. 그리고 다윗은 이 시를 통해 내 힘, 내 능력으로 사는 것이 아니라, 오직 하나님의 은혜로 살아가며, 하나님만을 의지하고 살아가는 인생을 고백한 것이다.

은혜

김행선

은혜로 태어나
은혜로 살다
은혜로 죽는다.

하루 하루가 선물이요
하루 하루가 은혜의 길이다.

고통 가운데서도
은혜를 기억하면
다시 일어설 수 있다.

은혜의 본질은 사랑이요
그 화답은 감사이니

은혜를 내게서 그치지 않고
서로의 사랑으로 흐르게 하자

그때
은혜는 강물 되어 흐르고
끝내 바다를 이룬다.

내가 새벽을 깨우리로다

하나님이여 내게 은혜를 베푸소서 내게 은혜를 베푸소서 내 영혼이 주께로 피하되 주의 날개 그늘 아래에서 이 재앙들이 지나기까지 피하리이다 내가 지존하신 하나님께 부르짖음이여 곧 나를 위하여 모든 것을 이루시는 하나님께로다 그가 하늘에서 보내사 나를 삼키려는 자의 비방에서 나를 구원하실지라 … 내 영혼이 사자들 가운데에서 살며 내가 불사르는 자들 중에 누웠으니 곧 사람의 아들들 중에라 그들의 이는 창과 화살이요 그들의 혀는 날카로운 칼 같도다 … 하나님이여 내 마음이 확정되었고 내 마음이 확정되었사오니 내가 노래하고 내가 찬송하리이다 내 영광아 깰지어다 비파야, 수금아, 깰지어다 내가 새벽을 깨우리로다 주여 내가 만민 중에서 주께 감사하오며 뭇 나라 중에서 주를 찬송하리이다 (시 57:1-9 [다윗이 사울을 피하여 굴에 있던 때에])

이 시는 시편 가운데서 가장 유명한 시 중의 하나이다. 이 시편은 다윗이 고통과 어려움에 직면했을 때, 하나님을 찾고 의지하며, 찬양하는 모습을 보여 준다. 그의 믿음과 기대는 하나님의 영광과 축복을 경험하고, 하나님의 뜻이 이루어질 것을 확신한다.

그런데 다윗이 이 찬양을 부르고 있는 장소가 사울 왕의 추격을 피하여 있던 어둡고 음침한 아둘람 굴이다. 인생은 한 치 앞을 알 수 없고 신비하다. 가장 큰 성공이 가장 큰 패배와 맞닿아 있고, 가장 큰 절망이 가장 큰 희망과 연결돼 있다. 가장 낮은 지점이 가장 영광스런 지점을 향해 비상하는 도약대가 되는 경우가 많다. 캄캄한 절망 속에서 예수의 십자가 은혜를 깨닫고, 영적인 눈이 열려서 은혜의 사람으로 변화되는 경우가 많이 있다.[27]

시편 57장은 그와 같은 사실을 밝히 보여준다. 다윗이 처한 상황은 참으로 곤고한 때였다. 사울 왕이 다윗을 죽이려고 끊임없이 그를 추격하고 있었고, 사방에 밀고자들이 그의 위치를 사울 왕에게 알려주고 있었다. 그는 밝은 곳에서 자유롭게 활동하지 못하고, 동굴 속에 몸을 숨겼고, 사람들의 눈을 피해 계속하여 거처를 옮겨야 했다.[28]

이를 다윗은 '재앙'이라고 표현하고 있다. 이 재앙을 삼키려는 자, 사자, 창과 화살, 날카로운 칼 등으로 표현하며 매우 위태로운 자신의 신세를 하나님께 털어놓는다.[29] 다윗은 이처럼 긴박한 위험 속에서도 하나님을 원망하기보다는 하나님의 구원과 신실하심을 신뢰하고 찬양하며, 하나님께 자비를 구하고, 하나님을 피난처로 삼고 있다. 그는 이렇게 고백한다. "하나님이여 내게 은혜를 베푸소서 내게 은혜를 베푸소서 내 영혼이 주께로 피하되 주의 날개 그늘 아래에서 이 재앙들이 지나기까지 피하리이다."(시편 57장 1절)

다윗은 그의 앞에 죽을 위기가 있지만, 하나님은 이 상황보다 더 크셔서 자신을 구원하시고, 자신을 대적하는 자들을 부끄럽게 하실 것을 믿는다. 그에게 고난은 은혜와 희망의 길로 나아가는 통로였을 뿐이다. 따라서 그는 하나님을 향한 자신의 마음을 확정하여 상황에 얽매이지 않고, 언제나 하나님만을 의지하고 바라보겠다고 선언한다. "하나님이여 내 마음이 확정되었고, 내 마음이 확정되었사오니 내가 노래하고 내가 찬송하리이다."(시편 57장 7절) 그리고 다윗은 새벽을 깨우며 하나님을 찬양할 것을 다짐한다. "내 영광아 깰지어다. 비파야 수금아 깰지어다. 내가 새벽을 깨우리로다."(시편 57장 8절)

환경에 눌려 두려움에 빠진 곤고한 영혼이 어둠에서 벗어나 깨어날 수 있는 길은 오직 눈을 들어 하나님을 바라보는 길밖에 없다.[30] 다윗은 지존하신 하나님을 바라보고 그를 향해 고개를 든다. 그리고 내가 새벽을 깨우겠다고 낙담을 넘어 희망을 노래하고 있다. 그리고는 내가 만민

중에서 주께 감사하며 찬양하겠노라고 노래하고 있다.

어떤 상황 가운데에서도 하나님을 담대히 의지하는 자는 심령의 평안과 기쁨을 누릴 수 있다.[31] 다윗이 그러했던 것처럼 하나님께 마음을 확정하고 목소리를 높여 찬송하면 새로운 아침이 온다. 절망의 밤이 아무리 깊고, 길어도 반드시 새벽이 온다. 하나님의 지혜와 사랑을 믿고, 어떤 상황에서도 희망을 선포하고, 주의 은혜를 찬송하자. 어둡고, 깊은 절망의 밤이 나를 구원하기 위한 하나님의 손길이 강하게 역사하는 새벽이 된다는 것을 깨닫게 될 것이다.[32]

새벽기도

김행선[33]

주님!
밤의 고통을 가르고 새벽에 달려옵니다.

어제의 울부짖음도, 절망도,
이 새벽의 고요함과 침묵 속으로 사라져버리고
악마의 요란한 축제도 끝나고
새벽이 오는 소리에 놀라 내빼는
악마의 뒤통수를 바라보며
우리의 승리를 다짐합니다.

거리의 차량이 구르는 소리, 달리는 소리처럼
새벽을 가르고 우리의 간절한 마음을 안고
주님에게로 달려옵니다.

모든 절망을 뚫고
모든 죽음을 깨고
부활하신 예수님처럼

우리를 파멸로 이끄는 그 어떠한 환경에도
우리가 굴복하지 않게 하시고
당신을 향한 우리의 믿음을 바로 세우며

소망의 닻을 높이 올려
오래 참고 인내하며 승리하게 하소서.

새벽을 깨우며 당신의 품으로 찾아드는
피곤한 영혼들을 외면하지 마시고
우리의 갈증을 풀어주소서.

당신의 눈길을 우리에게 머물게 하시고
우리의 발가벗은 몸을 감싸주소서.

믿음의 연약한 탑 위에서 흔들리는
어둠의 영혼에 평안의 빛을 비춰주소서.

인생의 유한함을 노래

모세의 기도

주여 주는 대대에 우리의 거처가 되셨나이다 산이 생기기 전, 땅과 세계도 주께서 조성하시기 전 곧 영원부터 영원까지 주는 하나님이시니이다 주께서 사람을 티끌로 돌아가게 하시고 말씀하시기를 너희 인생들은 돌아가라 하셨사오니 주의 목전에는 천 년이 지나간 어제 같으며 밤의 한 순간 같을 뿐임이니이다 주께서 그들을 홍수처럼 쓸어가시나이다 그들은 잠깐 자는 것 같으며 아침에 돋는 풀 같으니이다 풀은 아침에 꽃이 피어 자라다가 저녁에는 시들어 마르나이다 …

우리의 모든 날이 주의 분노 중에 지나가며 우리의 평생이 순식간에 다하였나이다 우리의 연수가 칠십이요 강건하면 팔십이라도 그 연수의 자랑은 수고와 슬픔뿐이요 신속히 가니 우리가 날아가나이다 … 우리에게 우리 날 계수함을 가르치사 지혜로운 마음을 얻게 하소서 … 아침에 주의 인자하심이 우리를 만족하게 하사 우리를 일생 동안 즐겁고 기쁘게 하소서 우리를 괴롭게 하신 날수대로와 우리가 화를 당한 연수대로 우리를 기쁘게 하소서 주께서 행하신 일을 주의 종들에게 나타내시며 주의 영광을 그들의 자손에게 나타내소서 주 우리 하나님의 은총을 우리에게 내리게 하사 우리의 손이 행한 일을 우리에게 견고하게 하소서 우리의 손이 행한 일을 견고하게 하소서 (시 90:1-17)

이 시는 '모세의 기도'라고도 불리며, 하나님의 전능하시고 영원하심을 찬양하고, 그분 앞에서 인간의 삶이 얼마나 허무하고 유한한 것인지를 강조한다. 이는 인생의 짧은 성격과 하나님의 영원한 존재 간의 대조를 통해 우리에게 하나님에 대한 겸손과 신뢰의 태도를 갖추도록 하기 위함이다.[34]

모세는 하나님의 위대함과 인간의 유한함을 대조하면서, 땅과 세상이 창조되기 전부터 영원까지 하나님은 하나님이심을 밝히며, 하나님은 대대로 우리의 거처가 되시고 영원부터 영원까지 하나님이시라고 고백한다. 즉 세상을 존재하게 만드셨고, 현재의 순간에도 세상을 지탱해 주시는 하나님의 영원한 권능을 노래하고 있다.[35]

이와 달리 모세는 우리 인생은 티끌이며, 홍수에 쓸려가는 존재와도 같고, 아침에 피었다가 저녁에 지는 풀과 같은 존재요, 짧고 허무하며, 빠르게 흘러가는 찰나와도 같다고 노래하고 있다.

우리는 하나님의 진노 아래 살고 있으며, 우리의 죄악이 하나님 앞에 드러난다. 그리하여 우리의 날들이 하나님의 분노로 인해 소멸되고, 우리의 연수가 칠십이요 강건하면 팔십이라도, 그 연수의 자랑은 수고와 슬픔뿐이다.

그러니 하나님께로 돌아와 하나님의 자비와 은총을 간구해야 하며, 우리를 일생 동안 즐겁고 기쁘게 해달라고 간구해야 한다. 우리를 괴롭게 한 날들과, 우리가 화를 당한 연수대로 우리를 기쁘게 해주시고, 주님의 은총을 우리에게 내리사 우리의 손이 행하는 일을 견고하게 하여 주시기를 간구해야 한다.

하나님의 거룩한 빛 앞에서 티끌 같은 존재인 우리 인생이, 주님의 은혜 안에 거하며 겸손함으로 주님께 소망을 두고, 다음 세대에게 하나님의 복을 전달하는 축복의 통로가 되기를 기도해야 한다. 우리는 허무하고 유한한 인생 속에서 오직 주님의 은혜와 지혜를 구하고, 찬양드리는 주님의 백성들이 되기를 기도해야 한다.[36]

허무

김행선

꿈을 좇아
개미처럼 성실하게 살아도
손에 잡힐 듯 말 듯
지나가는 바람일 뿐이다

어리석은 인생
욕망에 붙들려 살지만
쉽게 사라지는 신기루인 것을

외줄 타는 곡예사처럼
하루하루 위태롭게 살아도
티끌 같은 인생인 것을

하루살이 인생은
바람 앞의 등잔불과 같으니
어찌 내일을 기다릴 수 있겠는가

산다는 것
기대하기 어렵네

그러나 허무한 인생의 큰 희망은
당신의 무한한 사랑

여호와를 경외하는 것이 지식의 근본이거늘

> 여호와를 경외하는 것이 지식의 근본이거늘 미련한 자는 지혜와 훈계를 멸시하느니라 (잠 1:7)

솔로몬은 그의 경험을 바탕으로 청장년기에 아가서를 썼고, 중년기에 잠언을 썼고, 그의 생애 끝 무렵에 전도서를 쓴 것으로 보고 있다.[1] 잠언(箴言)은 "바늘로 찌르는 말씀"이란 뜻이다. 지혜의 왕이라고 알려진 솔로몬이 지은 '지혜의 책'이라는 타이틀을 가지고 있다. 잠언은 우리가 어떻게 살아야 하는 지에 대한 소양을 담고 있기 때문에 기본적인 교양이나 상식을 의무적으로 가르침을 받기 어려웠던 당시 이스라엘 민족에게뿐만 아니라, 오늘날 우리에게도 삶의 다양한 가치들과 무엇이 옳은 행동이고, 삶의 방식인지에 대한 가르침을 주고 있다.[2]

세상 사람들이 추구하는 가치는 세상을 살아가는 데 도움이 되고, 때로는 위력을 발휘하기도 한다. 하지만 이는 근본적인 것도, 영원한 것도 아니다. 잠깐 있다가 사라지는 새벽안개와 같은 것들이다. 이런 것들은 세상을 사는 동안 우리를 잠시 편안하게 해주는 도구와 방법에 불과하다. 그러나 잠언의 지혜는 인생 자체가 무엇인지 가르쳐 준다. 인생의 의미와 영원히 사는 길이 무엇인지를 깨우쳐 준다. 그러므로 우리는 지혜를 사모하고, 지혜를 구하는 일을 돈을 버는 것처럼, 금을 구하는 것처럼 해야 한다. 이러한 지혜는 세상을 잘 살기 위한 처세술을 통해서가 아니라, 하나님과의 올바른 관계 속에서 얻게 되는 것이다.[3]

특히 "여호와를 경외하는 것이 지혜의 근본"(잠언 1장 7절)이라는 말씀은 잠언의 핵심적인 주제이며, 구약성경에서 가장 중요한 신학적 주제로써 지혜로운 삶을 살아가기 위해 필요한 기본적인 자세와 태도를 제시한 것이다. 하나님에 대한 경외심은 하나님의 거룩하심을 인식하고 느끼면서 그를 두려워하고, 마음과 성품과 정성을 다하여 사랑하고 섬기며, 그 말씀을 지키는 것을 의미한다. 즉 창조주이시며, 구세주이시고, 심판관이신 하나님에 대한 존경과 헌신, 그리고 충성과 복종을 모두 담고 있다.[4]

따라서 지혜의 시작은 공경과 경외의 기질 가운데서 발견된다. 무한하신 존재 앞에서 유한한 존재의 두려움, 거룩한 자 앞에서 죄악된 자의 두려움, 이것이 이스라엘 민족에게는 모든 참된 지혜의 출발점이다.[5] 요컨대 여호와를 경외한다는 것은 하나님의 거룩함과 권위를 인정하고, 하나님과의 올바른 관계를 맺고, 삶의 모든 영역에서 하나님을 존중하고 경배하며, 삶의 방향을 그분에게 맞추는 것을 의미한다.

동시에 이는 나 자신 뿐만 아니라 다른 사람을 존중하고 아끼며, 남에게 해를 끼치지 않는 것을 말한다. 따라서 여호와를 경외하는 것은 남에게 해를 끼치는 악을 미워하는 것이며, 교만과 거만과 악한 행실과 패역한 입을 미워하는 것이다.(잠언 8장 13절) 교만은 패망의 선봉이요, 거만한 마음은 넘어짐의 앞잡이이기 때문이다.(잠언 16장 18절) 그리고 패역한 입은 사람을 죽이는 무기이기도 하기 때문이다.

이런 까닭에 여호와를 경외함으로 말미암아 악에서 떠나게 되고, 사람의 행위가 여호와를 기쁘게 하면 그 사람의 원수라도 그와 더불어 화목하게 된다.(잠언 16장 6-7절) 또한 여호와를 경외하는 자에게는 하나님이 견고한 의지가 되고, 피난처가 된다.(잠언 14장 26절) 즉 여호와를 경외하는 것은 생명의 샘이니, 사망의 그물에서 벗어나게 한다.(잠언 14장 27절)

따라서 재산이 적어도 여호와를 경외하는 것이 크고 부하고 번뇌하는 것보다 낫고, 채소를 먹으며, 서로 사랑하는 것이 살진 소를 먹으며, 서로 미워하는 것보다 낫다.(잠언 15장 16-17절) 여호와를 항상 경외하는 자는 복되거니와, 마음을 완악하게 하는 자는 재앙에 빠진다.(잠언 28장14절) 그러므로 "네 마음으로 죄인의 형통을 부러워하지 말고, 항상 여호와를 경외하라. 그러면 정녕히 네 장래가 있겠고, 네 소망이 끊어지지 아니하리라."(잠언 23장 17-18절)

요컨대 여호와를 경외하는 마음이란 우리의 모든 것을 내려놓고, 하나님께 가난한 마음으로 나아가는 것이다.

가난한 마음으로 나아갑니다

김행선[6]

겨울을 향하는 늦가을의 향기 속에서
가난한 마음으로 나아갑니다.

광야를 헤매는 이스라엘 백성처럼
욕망과 원망으로 가득찬 마음의 군더더기들을
하나씩 하나씩 덜어내고
오직 가난하고 빈 마음으로 나아갑니다.

떨어져 흩날리는 낙엽처럼
나의 인생이 버려지고 쓸모없이 되었어도
가난한 마음에 시온의 대로를 열어
당신께 내 마음의 길을 열게 하옵소서.

일상의 기적을 베푸시는 당신의 은혜에 감사하게 하시고
날마다 세우시는 구름 기둥과 불 기둥의 은혜로
광야의 인생을 헤쳐나가게 하옵소서.

오직 순종과 충성으로 당신의 뜻을 따르게 하시고
오직 사랑과 감사함으로 당신의 나라를 세워가게 하소서.

우리의 작은 예물이 헌신과 정성으로 바쳐지는
생명의 제단이 되게 하시고
겨울을 향해 쓰러져가는 사람들이
봄을 잉태하는 희망의 노래가 되게 하소서.

나의 법을 잊어버리지 말고

내 아들아 나의 법을 잊어버리지 말고 네 마음으로 나의 명령을 지키라 그리하면 그것이 네가 장수하여 많은 해를 누리게 하며 평강을 더하게 하리라 인자와 진리가 네게서 떠나지 말게 하고 그것을 네 목에 매며 네 마음판에 새기라 그리하면 네가 하나님과 사람 앞에서 은총과 귀중히 여김을 받으리라 너는 마음을 다하여 여호와를 신뢰하고 네 명철을 의지하지 말라

너는 범사에 그를 인정하라 그리하면 네 길을 지도하시리라 스스로 지혜롭게 여기지 말지어다 여호와를 경외하며 악을 떠날지어다 이것이 네 몸에 양약이 되어 네 골수를 윤택하게 하리라 (잠 3:1-8)

본문은 인간이 복을 받고, 지혜를 얻기 원한다면 하나님과 올바른 관계를 유지해야 함을 강조하고 있다. 그렇다면 하나님과 올바른 관계를 맺는 방법은 무엇일까? 그것은 곧 하나님의 말씀, 하나님의 법도, 하나님의 명령에 순종하는 것이다.[7]

따라서 본문은 지혜와 순종의 가치를 강조하고, 하나님을 경외하며 그의 길을 따르는 중요성을 설명하고 있다. 즉 자식에게 사람의 마음이나 명철을 의지하지 말고, 하나님의 지혜를 의지하며, 하나님의 법을 목에 매며, 마음에 새기고, 지킬 것을 가르치라고 충고한다. 그것이 장수와 평강의 길을 가져다 주기 때문이다.

목에 매는 행위는 생명처럼 아끼고 잊지 말라는 뜻이다. 마음판에 새기라도 항상 기억하고 순종하라는 말이다. 망각은 죄이다. 죄는 계명을 의도적으로 어기는 것도 있지만, 관심을 갖지 않고 망각하게 되어 범죄하는 것도 포함한다. 하나님을 사랑하면 그 말씀을 기억하게 된다. 그리고 내가 하나님을 기억하면, 나도 하나님과 사람들 앞에서 기억되어 은총과 귀중히 여김을 받게 된다. 그러니 우리는 모든 일에 여호와를 인정

하고 신뢰해야 한다. 신뢰는 하나님께서 나를 가장 좋은 길로 인도하심을 믿는 것이다.[8]

우리가 섬기는 하나님은 살아계신 분이다. 불러도 대답 없는 우상이 아니다. 따라서 우리의 신앙, 우리의 순종은 허공에 사라지는 메아리가 아니다. 하나님은 그 말씀과 명령에 순종하는 자에게 반드시 이 땅에서 복을 주시는 분이다. 본문은 하나님이 요구하시는 순종과 그에 따른 복을 분명히 약속하고 있다.[9]

하나님은 복 주시기를 좋아하신다. 하나님의 요구는 징계하기 위함이 아니라, 복 주시기 위함이다. 복을 주시되, 누르고 흔들어, 넘치도록 안겨주시는 은혜가 풍성한 하나님이시다. 이러한 복된 삶을 살기 위해서는 하나님과의 관계가 잘 되어 있어야 한다. 그 비결은 하나님의 말씀과 명령, 그리고 법도에 전적으로 순종하는 것이다. 이것이 바로 지혜이다.[10]

이런 점에서 하나님의 지혜와 말씀은 우리의 일상생활에 큰 영향을 미칠 수 있다. 하나님의 말씀과 지혜는 우리가 살아가는 과정에서 올바른 선택을 할 수 있도록 해주며, 인간관계를 건강하고 평화롭게 유지하는 데 필수적일 뿐 아니라, 우리의 건강한 생활 습관과 자기관리를 장려한다. 더 나아가 어려운 상황에서도 긍정적인 태도를 유지하고, 분노나 절망에 빠지지 않도록 인도한다. 특히 하나님의 말씀과 지혜는 우리들의 삶의 목적과 방향을 올바르게 제시해 준다. 즉 의미 있는 삶을 추구하며, 하나님과 이웃을 사랑하고 섬기는 데 헌신하게 해준다.[11]

하나님의 지혜와 말씀이 오늘을 살아가는 우리에게 생명이 되어, 우리의 삶을 변화시키고, 새롭게 하는 길이 되기를 바란다. 매일 반복되는 일상의 비범함과 기적을 알고, 그것을 이웃과 함께 나누는 것이 지혜로운 사람이다.

하나님의 말씀으로 돌아가야 합니다

김행선[12]

하나님의 말씀은 진실하고 완전하여
생명이 되고,
역사가 되고,
인생이 됩니다.

이 암울하고 절망적인 시대에
우리는 하나님의 말씀으로 돌아가야 합니다.

우리는 하나님의 말씀을 통해
그릇된 인생과 세상을 바로잡아야 합니다.

말씀은 고통 중에 있는 자들에게 위로가 되고,
슬픔에 싸인 자들에게 소망이 되며,
환난 중에 있는 자들에게 감사가 되고,
죄의 사슬에 묶인 자들을 자유케 합니다.

하나님의 말씀은 살아 움직여
혼미한 자에게 분별력을 주고,
어두워진 영혼을 깨우고,
쓰러진 우리를 일으키며,
우리를 사망의 그늘에서
생명의 빛으로 인도합니다.

네 마음을 지키라

내 아들아 내 말에 주의하며 내가 말하는 것에 네 귀를 기울이라 그것을 네 눈에서 떠나게 하지 말며 네 마음 속에 지키라 그것은 얻는 자에게 생명이 되며 그의 온 육체의 건강이 됨이니라 모든 지킬 만한 것 중에 더욱 네 마음을 지키라 생명의 근원이 이에서 남이니라 구부러진 말을 네 입에서 버리며 비뚤어진 말을 네 입술에서 멀리하라 네 눈은 바로 보며 네 눈꺼풀은 네 앞을 곧게 살펴 네 발이 행할 길을 평탄하게 하며 네 모든 길을 든든히 하라 좌로나 우로나 치우치지 말고 네 발을 악에서 떠나게 하라 (잠 4:20-27)

마음은 인격의 중추로서, 인간의 지·정·의가 깃들인 장소이다. 따라서 마음은 행위와 믿음의 근원지이다.[13] 마음은 하나님의 계시가 주어지고, 인간을 이 세상의 다른 모든 피조물들로부터 구분 지어 주며, 모든 시대를 통하여 계속적으로 인간에게 책임과 그 책임을 수행할 수 있는 능력을 부여해주는 인간의 본질적인 부분을 가리킨다. 그것은 바로 주님이 인간의 '자기 목숨'으로 칭하고 계시며(마태복음 16장 26절), 사도 바울이 '속사람'(에배소서 3장 16절)으로 칭하고 있는 영적인 본성을 가리키는 것이다. 이러한 인간의 마음 안에는 선한 요소들뿐만 아니라, 악한 요소들도 있다.[14]

사도 바울은 이 점에 관하여 로마서 7장 19-25절에서 "내가 원하는 바 선은 행하지 아니하고 도리어 원하지 아니하는 바 악을 행하는도다. 만일 내가 원하지 아니하는 그것을 하면 이를 행하는 자는 내가 아니요 내 속에 거하는 죄니라. 그러므로 내가 한 법을 깨달았노니 곧 선을 행하기 원하는 나에게 악이 함께 있는 것이로다. 내 속사람으로는 하나님의 법을 즐거워하되, 내 지체 속에서 있는 죄의 법으로 나를 사로잡는 것을 보는도다. 오호라 나는 곤고한 사람이로다. 이 사망의 몸에서 누가 나를 건져내랴 … 그런즉 내 자신이 마음으로는 하나님의 법을 육신으로는 죄의 법을 섬기노라"라고 하고 있다.

이런 점에서 우리의 마음은 생각과 감정의 근원이며, 우리의 행동과 삶의 방향을 결정한다. 우리의 마음에 욕망과 탐욕, 이기심, 죄악 등을 담느냐, 아니면 생명의 말씀과 그리스도의 사랑과 은총을 담느냐에 따라 우리의 삶이 결정된다. 따라서 인간의 마음은 인간과 하나님이 깊이 교감하고 기뻐하는 거룩한 성전이어야 한다.

이러한 마음을 다스릴 수 있는 분은 오직 하나님이시다.(잠언 17장 3절) 사람이 자신의 마음을 지킨다는 것은 쉽지 않다. 오죽하면 작심삼일이라는 말이 있겠는가. 아담도 마음을 지키지 못해서 선악과를 따먹고 죄를 지었다. 사도 바울도 앞서 언급했듯이 자신의 마음을 다스리기가 어려움을 토로한 바 있다.[15]

따라서 마음을 지킨다는 것은 스스로 삼가 우리의 생각과 감정을 통제하고, 건강하고 순수한 마음을 유지하는 것이다. 즉 세상의 유혹과 악으로부터 벗어나 부정적이고 해로운 생각이나 감정을 배제하고, 대신에 하나님의 은혜를 바라보며 긍정적이고 건강한 생각과 감정을 키우는 것을 의미한다. 더 나아가 악한 것을 피하는 정도의 소극적인 자세가 아니라, 악한 것과 담대히 싸워 신앙과 인격의 성장을 이룩하는 적극적인 태도를 말한다. 사람이 악한 것과 싸워서 마음을 지켜야 하는 이유는 마음이 생명과 건강 및 부의 근원이기 때문이다. 이런 점에서 마음의 상태를 기쁨과 감사와 찬양으로 건강하게 유지하고, 마음을 다스리는 일이 중요하다.[16] 성경은 "노하기를 더디하는 자는 용사보다 낫고, 자기의 마음을 다스리는 자는 성을 빼앗은 자보다 나으니라."(잠언 16장 32절)고 했다.

그러면 우리의 마음을 어떻게 지킬 수 있을까? 우선 우리는 말씀을 통해 하나님의 뜻을 이해하고, 이를 실천함으로써 우리의 마음을 지킬 수 있다. 시편 119장 11절은 "내가 주께 범죄하지 아니하려 하여 주의 말씀을 내 마음에 두었나이다"라고 말한다. 또한 마음을 지키는 길은 기도를 통해 하나님과의 교제를 지속하며, 부정적이고 해로운 영향으로부터 피할 수 있다. 더 나아가 마음을 지키는 길은 자기 성찰을 하고, 잘못된 점이 있다면 회개하는 것이다.

사람의 행위가 자기 보기에는 모두 정직하여도 여호와는 마음을 감찰하신다. 그러므로 우리는 스스로 살펴 우리의 죄를 인정하고, 회개함으로써 공의와 정의를 행하여 하나님을 기쁘게 하여야 한다. 시편 139편 23-24절에서 다윗은 "하나님이여, 나를 살피사 내 마음을 아시며, 나를 시험하사 내 뜻을 아옵소서. 내게 무슨 악한 행위가 있나 보시고, 나를 영원한 길로 인도하소서"라고 기도하고 있다. 이처럼 마음의 때는 오직 말씀과 기도, 그리고 눈물의 회개로만 닦을 수 있다.

요컨대 마음을 지키는 길은 세상의 유혹과 악으로부터 벗어나, 하나님의 아름답고 위대한 은혜를 바라보면서, 하나님을 우리 마음에 모시고 하나님 중심으로 살아가는 것이다. 이는 자기 중심성에서 벗어나 타인을 배려하고 복되게 하는 길이다.

당신을 우리 마음에 모시면

김행선

당신을 우리 마음에 모시면
걱정과 어둠이 물러나고
빛이 비추입니다.

우리의 슬픔이 변하여 기쁨이 되고
우리의 절망이 희망으로 일어섭니다.

당신을 우리 마음에 모시면
우리의 일상이 꿈을 꾸게 되고
기적을 일으키는 능력이 됩니다.

사막과도 같은 메마른 마음이
소망의 샘물로 변하고
새로운 창조의 날을 만들어갑니다.

당신을 우리의 마음에 모시면
남자와 여자, 주인과 종, 어른과 아이,
계급과 계층 간의 차별과 편견이 사라지고
모두가 사랑으로 하나되는 사회가 됩니다.

나를 가난하게도 마옵시고 부하게도 마옵시고

내가 두 가지 일을 주께 구하였사오니 내가 죽기 전에 내게 거절하지 마시옵소서 곧 헛된 것과 거짓말을 내게서 멀리 하옵시며 나를 가난하게도 마옵시고 부하게도 마옵시고 오직 필요한 양식으로 나를 먹이시옵소서 혹 내가 배불러서 하나님을 모른다 여호와가 누구냐 할까 하오며 혹 내가 가난하여 도둑질하고 내 하나님의 이름을 욕되게 할까 두려워함이니이다 (잠 30:7-9 [아굴의 잠언])

"시작은 미약하나 네 나중은 창대하리라"라는 말에 환호하는 세대에게, "가난하게도 마시고, 부유하게도 마시고"라니. 이는 인기 없는 기도다. 내 마음을 들여다보라. 이왕이면 다홍치마! 주시는 김에 왕창! 대박나게 해주시면 더 좋지요! 이러한 풍조 속에서 아굴의 기도는 그래서 더욱 아름다운 것이다. 그 기도에는 하나님이 중심이 되는 삶이 드러난다. '나'가 아니라, '하나님'을 위하여서이다.[17]

아굴의 기도 중 그가 요구하는 두 가지 일은 그의 영혼에 충족한 은혜와 신체에 필요한 양식이다. 아굴은 하나님이 거저 주시는 선물 중에서 세상살이에 필요한 몫의 낙을 얻게 해 달라고 기도하고 있다. 또한 그는 자기에게 시험이 될 만한 모든 생활환경으로부터 멀리해 달라고 기도하고 있다.[18]

진정한 기도는 하나님과 나와의 깊은 관계성에서 나오는 것이다. 기도를 받으시는 분이 하나님이심을 분명히 알고, 하나님이 나에게 원하시는 것이 무엇인지를 분명히 알아야 한다. 본문 속에 나오는 아굴의 기도 역시 하나님과의 바른 관계성에 기초한 것이다. 아굴은 먼저 자신에게서 헛된 것과 거짓말을 가져가 달라고 하나님께 요청하고 있다.[19]

헛된 것과 거짓말을 멀리하는 것은 바른 삶을 위해서 가장 기본이 되는 덕목이다. 아굴의 기도는 현세의 물질적인 복이 아니라, 심령의 지혜와 정결을 간구하는 기도이다. 많은 사람들은 신기루와 같은 헛된 것을 구하며 살아간다. 세상 사람들이 추구하는 많은 것들 곧 돈, 명예, 권력, 쾌락, 안락 등은 오아시스처럼 보이는 신기루들이다. 그것을 향하여 나가는 사람들은 과정도 끝도 허망하다.[20]

사람들은 이 세상에서 한평생 살면서 허영과 거짓과 탐욕의 신기루만 좇아서 인생을 허비하고 만다. 지혜자가 "허탄한 거짓말을 내게서 멀리하게 해달라"는 것은 오직 하나님의 진리 하나만 붙들게 해달라는 뜻과 같다. 사람이 가치 있게 사는 길은 자기를 가치 있게 만드는 것 하나를 찾아서 죽을 때까지 꾸준히 붙잡고 나가는 것이다. 그래서 지혜자는 하나님께 첫 번째로 구한 것이 바른 진리를 알게 해 달라는 것이다. 특히 거짓말은 신뢰를 훼손하고, 소통을 방해하며, 대개 다른 사람에게 해를 끼치는 행위이다. 거짓말은 사회적인 관계를 손상시키고, 인간관계를 무너뜨릴 수 있다. 거짓말을 통해서 임시적으로 이득을 취할 수 있지만, 장기적으로는 신뢰와 존경을 잃기 때문이다.[21]

아굴은 인간으로서의 자신이 얼마나 연약한 존재인지 잘 알았다. 그래서 자신에게서 헛된 것과 거짓을 멀리해 주시기를 소원한 것이다. 헛된 것과 거짓은 죄의 밑바닥에 있으며, 그 열매는 부패와 죄악이다.[22]

두 번째로 지혜자가 구한 것은 자족하는 신앙이다. 이는 하나님의 진리가 내 인생을 끌고 가기를 원하며 거기서 하나님이 주시는 것으로 만족하겠다는 것이다.[23] 따라서 아굴은 예수가 가르쳐 주신 주기도문의 내용, 즉 "우리를 시험에 들게 하지 마시옵고", "오늘 우리에게 일용할 양식을 주시옵고"와 같이, 필요한 양식만을 달라고 하나님께 간구한다. 그 이유는 자신이 배부르게 된 상황과 과정에 대해 하나님께 영광을 돌리지 않고, 마치 자신의 노력과 지혜로 부자가 되었다는 교만에 빠져 하나님을 모른다고 부인할까 두렵고, 혹 내가 가난하여 도둑질하고, 하나님의 이름을 욕되게 할까 두렵기 때문이다. 아굴은 자신이 감당할 수 있을 만큼, 교만하지 않고, 하나님 앞에 겸손히 엎드려 감사할 수 있을 만큼만 달라고 요청한 것이다.[24] 이처럼 아굴의 기도는 하나님에 대한 전적인 신뢰와 겸손의 태도를 가지고, 자신의 욕망을 절제하고, 자신에게 필요한 적절한 생활을 유지하려는 것이다.

자기 욕망을 신처럼 여기는 사람들은 절제를 모른다. 오직 필요한 양식만큼 허락해 달라는 아굴의 기도에는 삶을 통해 체득한 '자기 절제'가 담겨 있다. 따라서 마음이 풍요로운 사람들은 필요 이상의 것을 탐내지 않는다. 이것이 진정한 자유이다. 우리도 하나님의 뜻대로 드리는 아굴의 기도와 같이 겸손하게, 감사할 수 있을 만큼의 축복을 간구하며, 우리의 삶을 하나님께 전적으로 의지하는 지혜로운 자가 되기를 바란다.

모든 것이 헛되도다

다윗의 아들 예루살렘 왕 전도자의 말씀이라 전도자가 이르되 헛되고 헛되며 헛되고 헛되니 모든 것이 헛되도다 해 아래에서 수고하는 모든 수고가 사람에게 무엇이 유익한가 한 세대는 가고 한 세대는 오되 땅은 영원히 있도다 해는 뜨고 해는 지되 그 떴던 곳으로 빨리 돌아가고 바람은 남으로 불다가 북으로 돌아가며 이리 돌며 저리 돌아 바람은 그 불던 곳으로 돌아가고 모든 강물은 다 바다로 흐르되 바다를 채우지 못하며 강물은 어느 곳으로 흐르든지 그리로 연하여 흐르느니라 모든 만물이 피곤하다는 것을 사람이 말로 다 말할 수는 없나니 눈은 보아도 족함이 없고 귀는 들어도 가득 차지 아니하도다

이미 있던 것이 후에 다시 있겠고 이미 한 일을 후에 다시 할지라 해 아래에는 새 것이 없나니 무엇을 가리켜 이르기를 보라 이것이 새 것이라 할 것이 있으랴 우리가 있기 오래 전 세대들에게도 이미 있었느니라 이전 세대들이 기억됨이 없으니 장래 세대도 그 후 세대들과 함께 기억됨이 없으리라 (전 1:1-11)

내가 내 마음 속으로 이르기를 우매자가 당한 것을 나도 당하리니 내게 지혜가 있었다 한들 내게 무슨 유익이 있으리요 하였도다 이에 내가 내 마음속으로 이르기를 이것도 헛되도다 하였도다

지혜자도 우매자와 함께 영원하도록 기억함을 얻지 못하나니 후일에는 모두 다 잊어버린 지 오랠 것임이라 오호라 지혜자의 죽음이 우매자의 죽음과 일반이로다 이러므로 내가 사는 것을 미워하였노니 이는 해 아래에서 하는 일이 내게 괴로움이요 모두 다 헛되어 바람을 잡으려는 것이기 때문이로다 내가 해 아래에서 내가 한 모든 수고를 미워하였노니 이는 내 뒤를 이을 이에게 남겨 주게 됨이라 … 이러므로 내가 해 아래에서 한 모든 수고에 대하여 내가 내 마음에 실망하였도다 … 사람이 해 아래에서 행하는 모든 수고와 마음에 애쓰는 것이 무슨 소득이 있으랴 일평생에 근심하며 수고하는 것이 슬픔뿐이라 그의 마음이 밤에도 쉬지 못하나니 이것도 헛되도다 (전 2:15-23)

전도서의 저자는 자신을 '다윗의 아들, 예루살렘 왕 전도자'라 밝힘으로써 자신이 솔로몬임을 분명히 하고 있다. 유대인 학자들의 오랜 전승에 의하면 솔로몬이 젊은 시절에 아가서를 기록하고, 정년기에 잠언서를, 그가 우상 숭배의 죄를 회개한 노년기에 전도서를 기록하였다고 한다. 이런 유대 교회의 전승이 그대로 초기 교회에 받아들여졌던 것이다. 그러나 루터 이후 본서의 솔로몬 저작권은 강한 도전을 받기도 했다. 그 근거는 탈무드에는 히스기야와 그의 동료들이 전도서를 기록했다는 기록이 있다는 것이며, 전도서의 사상은 허무적이고 회의적인데, 그것은 다윗과 솔로몬 시대의 사상적 경향이 아니라는 것이다. 그리고 솔로몬이 회개했다는 기록이 없다는 점 등을 근거로 들고 있다.[1]

성경학자 미어즈는 전도서를 "인생의 전기 또는 경험의 책"이라고 했다. 인류 역사상 가장 지혜로웠던 사람이 원하는 것을 모두 해본 다음에 고백한 위대한 전기이다. 전도서 1장만큼 삶의 궁극적 의미와 실체에 대해서 생생한 필치로 기록한 글을 찾아보기 힘들다. 이곳에는 철학적, 실존적, 경험적, 과학적, 보편적 삶의 실체들이 단순하나 매우 깊이 있게 표현되어 있다.[2]

저자의 목적은 신학의 탐구가 아니라 인생에 대한 추구였고, 인생과 사회를 관찰하는 가운데 내린 결론은 "헛되고 헛되며, 헛되고 헛되니, 모든 것이 헛되도다"였다. 이는 솔로몬이 자신의 경험을 통해 인생의 무익함과 헛됨을 고찰한 것으로, 우리가 노력하고 얻는 것들이 얼마나 일시적이고 무의미한지를 강조한 것이다.[3]

'헛되다'로 시작해서 결론 직전까지 무려 37회에 걸쳐 '헛되다'로 계속되는 전도서는 얼핏 보면 염세주의와 무신론적 사상으로 가득 찬 것처럼 보인다. 그러나 전도서는 하나님 없이 살아가는 '해 아래' 인생의 현주소를 분명하게 보여 줌과 동시에 이런 무의미한 인생이 정녕 가치 있고, 행복하며 영원한 복락을 누릴 수 있는 비결은 바로 '해 위에' 계시는 하나님을 바라보는 것임을 분명하게 가르친다. 그것은 저자가 결론부에서 '사람의 본분'이라 단언하며 선포한 것처럼 "하나님을 경외하고 그의 명령을 지키는 것"이다. 이렇게 본다면 전도서는 '해 아래' 살면서 아무 희망 없는 절망적 인생이 가치 있는 복된 삶을 사는 비결을 제시한 영혼의 안내서라 하겠다.[4]

헛되다는 표현 자체는 "인간의 숨, 바람, 안개"를 뜻하는 것으로 언제 없어질지 모르는 짧음, 의미 없음, 덧없음을 의미한다. 인간이 가지고 있는 것부터 시작해서 인간이 추구하는 모든 것까지 짧고 의미 없고 덧없음을 강하게 이야기한 것이다. 해 아래 지상의 영역인 이 땅에서 아무리 수고해도 그것이 인생의 진정한 유익을 가져다 주지 못한다는 것이다. 그러나 전도서가 인생의 허무함을 이야기하는 염세주의를 통해 말하고자 하는 것은 인생을 포기하거나 손 놓으라는 것이 아니라, 변치 않으시는 하나님을 의지하라는 것이다. 해 아래 모든 것은 다 헛되나 하나님 한 분만은 헛되지 않기 때문이며, 하나님을 믿고 의지하는 것은 덧

없지 않기 때문이며, 하나님만이 의미가 있고, 하나님만이 우리를 의미있게 하기 때문이다.[5]

솔로몬은 지식과 부와 처첩과 세상에서 소유할 수 있는 모든 것을 가진 사람이었다. 그리고 그의 업적은 역대 어느 왕들보다도 찬란했다. 그러나 솔로몬은 그 모든 업적과 찬란한 영화 속에서 궁극적인 만족과 삶의 의미를 찾을 수 없었다. 비록 성취의 기쁨과 보람이 없지는 않았지만, 그것은 영원에 비해 너무도 순간적이고 일시적인 것이었다. 솔로몬은 해 아래 인간들의 모든 수고와 노력이 얼마나 보잘것없고, 헛된 것인가를 뼈저리게 깨달았던 것이다. 더구나 그는 지금 어디에 있는가? 죽었고, 다시 흙으로 돌아갔다. 이 세상의 삶이 아무리 고단할지라도, 혹은 행복이 넘치고, 죽기 싫더라도, 모든 인간은 언젠가는 죽게 된다.[6]

죽음은 인간 존재의 보편적 특성이며, 위대한 평등이다. 사회적 지위, 부, 명예, 권력에 상관없이 죽음은 모든 사람에게 동등하게 찾아온다. 특히 삶에서는 경제적 격차, 사회적 지위, 교육 수준 등에서 여러 가지 불평등이 존재한다. 그러나 죽음 앞에서는 모든 인간이 평등하다. 이는 죽음이 인간 존재의 궁극적인 평등을 상징한다는 의미이다. 이러한 죽음의 평등성은 인간 존재의 한계를 인식하게 하고, 이를 통해 삶의 본질과 의미를 성찰하게 한다. 우리가 죽음을 통해 평등해질 수밖에 없다는 사실은 살아 있는 동안 겸손과 공감을 실천하도록 해준다. 더 나아가 죽음의 평등성은 모든 인간의 존엄성과 가치를 상기시켜 주며, 차별이나 불공정을 경계하게 한다. 그리고 죽음은 인간이 영원히 살지 않기 때문에 현재의 삶을 더욱 소중하게 여기고, 매 순간을 영원처럼 의미있게 살아가도록 촉구한다.[7]

결국 전도자가 말하는 삶의 진정한 행복이란 하나님과의 관계 속에서 찾을 수 있는 내적인 평화와 만족이다. 이를 위해서는 하나님과의 관계를 회복하고 그분의 말씀대로 사는 것이다. 그리고 이에 근거하여 자신을 변화시키고, 이웃을 사랑하고 배려하는 실천이 필요하다. 또한 하나님의 은혜 안에서, 우리는 우리에게 주어진 일상을 정직하고 성실하게 살아가면서 현재의 삶에 감사하는 마음으로 살아가야 한다. 이것이 인생의 허무함을 극복하고, 내적 평안을 누리며, 우리의 짧고 유한한 인생을 복되고 의미 있게 살아가는 길이다.

주님은 저의 인생이고, 저의 역사이며, 저의 시입니다

김행선[8]

인생이 헛되다고 해도
주님은 제 인생의 기쁨이며
생명이요
소망이십니다.

주님은 저의 인생이고
저의 역사이며
저의 시입니다.

인생이 헛되다고 해도
일상의 기쁨과 기적 속에서
주님을 찬양합니다.

현재의 삶에 만족하며
일상의 수고와 땀을 통해
주님을 노래합니다.

온몸과 마음을 다해 주님을 사랑합니다.

하나님의 선물

범사에 기한이 있고 천하 만사가 다 때가 있나니 날 때가 있고 죽을 때가 있으며 심을 때가 있고 심은 것을 뽑을 때가 있으며 죽일 때가 있고 치료할 때가 있으며 헐 때가 있고 세울 때가 있으며 울 때가 있고 웃을 때가 있으며 슬퍼할 때가 있고 춤출 때가 있으며 돌을 던져 버릴 때가 있고 돌을 거둘 때가 있으며 안을 때가 있고 안는 일을 멀리 할 때가 있으며 찾을 때가 있고 잃을 때가 있으며 지킬 때가 있고 버릴 때가 있으며 찢을 때가 있고 꿰맬 때가 있으며 잠잠할 때가 있고 말할 때가 있으며 사랑할 때가 있고 미워할 때가 있으며 전쟁할 때가 있고 평화할 때가 있느니라 …

하나님이 인생들에게 노고를 주사 애쓰게 하신 것을 내가 보았노라 하나님이 모든 것을 지으시되 때를 따라 아름답게 하셨고 또 사람들에게는 영원을 사모하는 마음을 주셨느니라 그러나 하나님이 하시는 일의 시종을 사람으로 측량할 수 없게 하셨도다 사람들이 사는 동안에 기뻐하며 선을 행하는 것보다 더 나은 것이 없는 줄을 내가 알았고 사람마다 먹고 마시는 것과 수고함으로 낙을 누리는 그것이 하나님의 선물인 줄도 또한 알았도다 하나님께서 행하시는 모든 것은 영원히 있을 것이라 그 위에 더할 수도 없고 그것에서 덜 할 수도 없나니 하나님이 이같이 행하심은 사람들이 그의 앞에서 경외하게 하려 하심인 줄을 내가 알았도다 (전 3:1-14)

사람이 먹고 마시며 수고하는 것보다 그의 마음을 더 기쁘게 하는 것은 없나니 내가 이것도 본즉 하나님의 손에서 나오는 것이로다 (전 2:24)

사람이 하나님께서 그에게 주신 바 그 일평생에 먹고 마시며 해 아래에서 하는 모든 수고 중에서 낙을 보는 것이 선하고 아름다움을 내가 보았나니 그것이 그의 몫이로다 또한 어떤 사람에게든지 하나님이 재물과 부요를 그에게 주사 능히 누리게 하시며 제 몫을 받아 수고함으로 즐거워하게 하신 것은 하나님의 선물이라 (전 5:18-19)

너는 가서 기쁨으로 네 음식물을 먹고 즐거운 마음으로 네 포도주를 마실지어다 이는 하나님이 네가 하는 일들을 벌써 기쁘게 받으셨음이니라 … 네 헛된 평생의 모든 날 곧 하나님이 해 아래에서 네게 주신 모든 헛된 날에 네가 사랑하는 아내와 함께 즐겁게 살지어다 그것이 네가 평생에 해 아래에서 수고하고 얻은 네 몫이니라 네 손이 일을 얻는 대로 힘을 다하여 할지어다 네가 장차 들어갈 스올에는 일도 없고 계획도 없고 지식도 없고 지혜도 없음이니라 (전 9:7-10)

전도사 3장은 "범사에 기한이 있고, 천하만사가 다 때가 있다"라는 유명한 구절로 시작된다. 이 장은 시간의 흐름과 삶의 변화에 대해 다루고 있다. 시간은 모든 것을 치유하고 모든 것에 적절한 시기를 제공한다. 이는 사람의 삶은 자연스러운 주기와 계절에 따라 변화한다는 것을 설명하며, 인간의 노력과 시간은 종종 하나님의 계획에 따르게 된다는 주제를 다룬다. 따라서 삶의 모든 순간을 소중히 여기고 하나님의 섭리에 따라 살아야 한다는 교훈을 담고 있다.[9] 하나님은 때를 주관하시는 분이다. 하나님의 때는 인간에게 자신이 하나님께 완전히 의존해야 하는 존재라는 사실을 깨닫게 해준다.[10]

또한 생명(生命)이란 하나님으로부터 살아내라는 명령을 받고, 이 세상에 태어난 것이다. 즉 생명이란 하나님이 주신 귀한 선물이며, 하나님의 형상을 따라 창조된 특별한 존재로서의 의미를 지닌 것으로, 아무리 절망적인 상황에 처해 있어도 삶을 포기하지 말고 끝까지 살아내라는 뜻이다. 따라서 내게 주어진 저마다의 때를 아름답고 충실하게 살아내야 한다. 매 순간 속에 감춰져 있는 삶의 아름다움을 볼 수 있어야 한다. 아름다운 사람이란 주어진 인생의 때에 최선을 다해 누리고, 감사하며 사는 사람이고, 하나님의 창조 리듬 속에서 서로 사랑하며 더불어 살아가는 사람이다.

그러기에 삶의 참된 지혜는 하나님의 적합한 시간에 맞춰 살아가는 것이다. 시대의 흐름에 따라 요동하는 삶이 아니라, 하나님의 때를 구하고, 하나님의 기준에 따라 살아갈 때, 영원하신 하나님과 만나게 된다. 이것이 바로 인간의 노력이나 방법 및 시간으로 살아가는 것이 아니라, 하나님의 시간과 주권 속에서 살아가는 '카이로스'의 인생이다. 그러므로 내게 얼마의 시간이 주어졌건, 그 시간을 하나님의 뜻에 따라 선하게 사용해야 한다. 내게 주어진 시간을 아끼고, 지혜롭고, 선하게 사용하는 삶이 하나님이 기뻐하시는 삶이다.[11]

지혜 문학인 잠언과 전도서의 일반적인 특징은 인간의 삶과 경험의 영역 그 자체가 의미심장하다는 것이다. 하나님은 일상생활 속에서 발생하는 사건을 통해서 스스로를 인간에게 알리신다. 하나님은 모든 것을 관리하시는 분이시며, 역사의 방향을 결정하시는 분이시며, 더 나아가 사소한 사건까지도 일일이 하나님의 지배 아래서 이루어가신다. 따라서 사람들은 일상생활에서 벌어지는 사소한 사건 속에서도 하나님을 만날 수 있고, 그의 본성에 관한 어떤 결론을 끌어낼 수 있다. 또한 내세가 아닌 지금, 이 세상이 하나님과 인간이 만나고 사귀는 영역이다. 축복을 받아도 이 세상에서, 저주를 받아도 이 세상에서 받는다.[12]

전도서의 기자는 부조리하고 치열하며 냉혹한 현실 속에서, 때로는 모호하고 수수께끼 같은 삶 속에서 먹고, 마시고, 노동하는 인간의 근원적인 일상 행위를 가장 가치 있게 여기라고 당부한다.[13]

모든 것이 헛되다 해도 그럼에도 불구하고, 인생의 때가 언제든지 때에 맞는 맛을 즐길 줄 알아야 하고, 먹고, 마시며, 일할 수 있음을 기뻐할 수 있는 능력을 가져야 한다. 주어진 일상의 일들을 충실하게 감당하는 것이 행복의 길이다. 우리에게 주어진 일상을 누리는 것은 신비한 기적이다. 지금 이 순간 주어진 행복을 누리라! 우리에게 주어진 단순한 행복을 향유하는 연습을 해라! 있는 그대로의 현실을 충실히 향유하라! 지금 이 순간에 충실하라! 오늘을 기뻐하며 충실하게 살아라! 오늘을 마지막처럼, 영원처럼 살아라! 지금 누리는 것이 바로 하나님의 선물이다![14] 내일 지구에 종말이 온다 해도 나는 오늘 사과나무를 심는다는 삶의 자세가 하나님이 기뻐하시는 삶의 모습이다.

하나님으로부터 선물로 받은 하루를 먹고 마시며 노동하며 즐거워하는 것은 깊은 심연처럼 헤아리기 어려운 하나님을 향한 감사의 표시이다.[15] 주어진 모든 것을 하나님의 선물로 받아들이는 사람이 행복한 사람이다. 불행은 지금 있는 것을 누리지 못하고, 결핍에만 집중할 때 생기게 된다.[16] 그래서 하나님은 우리로 하여금 오늘 하루를 기쁨과 선을 행하며 살게 하시고, 수고함으로 낙을 누리면서 사랑하는 사람과 함께 살아가도록 하셨다. 그리고 그러한 삶이 곧 하나님을 기쁘게 하는 삶임을 밝히고 있다.

그리하여 인생의 가장 중요한 사람은 지금 함께 있는 사람이고, 인생의 가장 중요한 때는 지금이고, 인생의 가장 중요한 일은 지금 내 곁에 있는 사람을 사랑하는 일이고, 주어진 하루하루의 일상을 충실하게 살아내는 일이다. 정원의 꽃 한 송이를 가꾸는 마음으로 지금, 현재를 기뻐하자. 먼 데 있는 욕심 때문에 지금 가까이 있는 것을 무시하지 말자.[17] 지금, 또는 현재가 중요한 까닭은 현재는 과거의 열매이고, 미래의 씨앗이기 때문이다.

인생의 의미는 주변 인물, 이웃과 아름다운 관계를 맺으며, 이들의 요구에 응답함으로써 이루어진다. 차갑고 냉랭한 세상에서 온기를 나누며 사는 삶이 소중하다. 하나님의 창조 질서 속에 맡기고 사는 삶이 평안하다. 욕망을 뿌리치고 자족하며, 각자에게 주어진 분깃을 아름답게 살아내는 것이 행복이다.[18]

하루

김행선

선물로 받은 하루
감사로 시작하여
감사로 끝냅니다.

감사는 겸손과 온유
그리고 사랑을 낳아
충만한 기쁨과 평안에 이릅니다.

사랑하면서
서로를 위로하고 보듬어 주면서
서로에게 선물이 되는 하루!

순간은 영감을 낳고
영감은 창조를 낳고
창조는 능력이 되어
위대한 하루를 만듭니다.

일생은 하루를 닮습니다.
하루를 잘 살아내는 것이
영원이 되고
영원한 생명과
영광이 됩니다.

제4부

대선지서

이사야 | 예레미야 | 에스겔 | 다니엘

메시아의 도래와 구원의 빛

두려워하지 말라 내가 너와 함께 함이라 놀라지 말라 나는 네 하나님이 됨이라 내가 너를 굳세게 하리라 참으로 너를 도와주리라 참으로 나의 의로운 오른손으로 너를 붙들리라 (사 41:10)

야곱아 너를 창조하신 여호와께서 지금 말씀하시느니라 이스라엘아 너를 지으신 이가 말씀하시느니라 너는 두려워하지 말라 내가 너를 구속하였고 내가 너를 지명하여 불렀나니 너는 내 것이라 네가 물 가운데로 지날 때에 내가 너와 함께 할 것이라 강을 건널 때에 물이 너를 침몰하지 못할 것이며 네가 불 가운데로 지날 때에 타지도 아니할 것이요 불꽃이 너를 사르지도 못하리니 대저 나는 여호와 네 하나님이요 이스라엘의 거룩한 이요 네 구원자임이라 (사 43:1-3)

야곱의 집이여 이스라엘 집에 남은 모든 자여 내게 들을지어다 배에서 태어남으로부터 내게 안겼고 태에서 남으로부터 내게 업힌 너희여 너희가 노년에 이르기까지 내가 그리하겠고 백발이 되기까지 내가 너희를 품을 것이라 내가 지었은즉 내가 업을 것이요 내가 품고 구하여 내리라 (사 46:3-4)

너희는 여호와를 만날 만한 때에 찾으라 가까이 계실 때에 그를 부르라 악인은 그의 길을, 불의한 자는 그의 생각을 버리고 여호와께로 돌아오라 그리하면 그가 긍휼히 여기시리라 우리 하나님께로 돌아오라 그가 너그럽게 용서하시리라 (사 55:6-7)

보라 내가 새 하늘과 새 땅을 창조하나니 이전 것은 기억되거나 마음에 생각나지 아니할 것이라 너희는 내가 창조하는 것으로 말미암아 영원히 기뻐하며 즐거워할지니라 보라 내가 예루살렘을 즐거운 성으로 창조하며 그 백성을 기쁨으로 삼고 내가 예루살렘을 즐거워하여 나의 백성을 기뻐하리니 우는 소리와 부르짖는 소리가 그 가운데에서 다시는 들리지 아니할 것이라

거기는 날 수가 많지 못하여 죽는 어린이와 수한이 차지 못한 노인이 다시는 없을 것이라 곧 백 세에 죽는 자를 젊은이라 하겠고 백 세가 못되어 죽는 자는 저주 받은 자이리라 … 그들의 수고가 헛되지 않겠고 그들이 생산한 것이 재난을 당하지 아니하리니 그들은 여호와의 복된 자의 자손이요 그들의 후손도 그들과 같을 것임이라 (사 65:17-23)

그러므로 주께서 친히 징조를 너희에게 주실 것이라 보라 처녀가 잉태하여 아들을 낳을 것이요 그의 이름을 임마누엘이라 하리라 (사 7:14)

전에 고통받던 자들에게는 흑암이 없으리로다 옛적에는 여호와께서 스볼론 땅과 납달리 땅이 멸시를 당하게 하셨더니 후에는 해변 길과 요단 저쪽 이방의 갈릴리를 영화롭게 하셨느니라 흑암에 행하던 백성이 큰 빛을 보고 사망의 그늘진 땅에 거주하던 자에게 빛이 비치도다 … 이는 한 아기가 우리에게 났고 한 아들을 우리에게 주신 바 되었는데 그의 어깨에는 정사를 메었고 그의 이름은 기묘자라, 모사라, 전능하신 하나님이라, 영존하시는 아버지라, 평강의 왕이라 할 것임이라 그 정사와 평강의 더함이 무궁하며 또 다윗의 왕좌와 그의 나라에 군림하여 그 나라를 굳게 세우고 지금 이후로 영원히 정의와 공의로 그것을 보존하실 것이라 만군의 여호와의 열심이 이를 이루시리라 (사 9:1-7)

이새의 줄기에서 한 싹이 나며 그 뿌리에서 한 가지가 나서 결실할 것이요 그의 위에 여호와의 영 곧 지혜와 총명의 영이요 모략과 재능의 영

이요 지식과 여호와를 경외하는 영이 강림하시리니 그가 여호와를 경외함으로 즐거움을 삼을 것이며 그의 눈에 보이는 대로 심판하지 아니하며 그의 귀에 들리는 대로 판단하지 아니하며 공의로 가난한 자를 심판하며 정직으로 세상의 겸손한 자를 판단할 것이며 그의 입의 막대기로 세상을 치며 그의 입술의 기운으로 악인을 죽일 것이며 공의로 그의 허리띠를 삼으며 성실로 그의 몸의 띠를 삼으리라

그 때에 이리가 어린 양과 함께 살며 표범이 어린 염소와 함께 누우며 송아지와 어린 사자와 살진 짐승이 함께 있어 어린 아이에게 끌리며 암소와 곰이 함께 먹으며 그것들의 새끼가 함께 엎드리며 사자가 소처럼 풀을 먹을 것이며 젖 먹는 아이가 독사의 구멍에서 장난하며 젖 뗀 어린 아이가 독사의 굴에 손을 넣을 것이라 내 거룩한 산 모든 곳에서 해 됨도 없고 상함도 없을 것이니 이는 물이 바다를 덮음 같이 여호와를 아는 지식이 세상에 충만할 것임이니라

그 날에 이새의 뿌리에서 한 싹이 나서 만민의 기치로 설 것이요 열방이 그에게로 돌아오리니 그가 거한 곳이 영화로우리라 (사 11:1-10)

우리가 전한 것을 누가 믿었느냐 여호와의 팔이 누구에게 나타났느냐 그는 주 앞에서 자라나기를 연한 순 같고 마른 땅에서 나온 뿌리 같아서 고운 모양도 없고 풍채도 없은즉 우리가 보기에 흠모할 만한 아름다운 것이 없도다 그는 멸시를 받아 사람들에게 버림 받았으며 간고를 많이 겪었으며 질고를 아는 자라 마치 사람들이 그에게서 얼굴을 가리는 것 같이 멸시를 당하였고 우리도 그를 귀히 여기지 아니하였도다 그는 실로 우리의 질고를 지고 우리의 슬픔을 당하였거늘 우리는 생각하기를 그는 징벌을 받아 하나님께 맞으며 고난을 당한다 하였노라

그가 찔림은 우리의 허물 때문이요 그가 상함은 우리의 죄악 때문이라 그가 징계를 받으므로 우리는 평화를 누리고 그가 채찍에 맞으므로 우리는 나음을 받았도다 우리는 다 양 같아서 그릇 행하여 각기 제 길로 갔거늘 여호와께서는 우리 모두의 죄악을 그에게 담당시키셨도다 (사 53: 1-6)

이사야는 제사장 혹은 상류 가문 출신의 지식인이며, 왕의 정치고문 역할을 하던 예언자로 추정하고 있다. 이사야는 '여호와는 구원'이라는 뜻이며, 대략 20세의 나이에 선지자로 소명을 받은 것으로 보고 있다.

그는 유다 왕 웃시야, 요담, 아하스, 히스기야 등 4대에 걸쳐 약 50년 동안 유다, 그중에서도 특히 예루살렘을 중심으로 활동했다.[1]

이사야는 선지자 아모스, 호세아, 미가와 동시대에 활약했고, 이사야서를 기록했다. 그는 선지자로 부름받은 후, 하나님의 백성 유다와 열방의 운명을 동시에 예언하면서 유다의 회개를 촉구했다. 당시 유다는 주변의 강대국들 사이에서 자신의 운명을 맡기려는 시도를 끊임없이 했으며, 그 와중에 국내적으로는 정치·사회적 타락과 도덕적·영적 부패가 심각했다.[2]

이에 대해 이사야는 이렇게 선포하고 있다. "여호와께서 이르시되 패역한 자식들은 화 있을진저. 그들이 계교를 베푸나 나로 말미암지 아니하며, 맹약을 맺으나 나의 영으로 말미암지 아니하고 죄에 죄를 더하도다. 그들이 바로의 세력 안에서 스스로 강하려 하며, 애굽의 그늘에 피하려 하여 애굽으로 내려갔으되 나의 입에 묻지 아니하였도다. 그러므로 바로의 세력이 너희의 수치가 되며, 애굽의 그늘에 피함이 너희의 수욕이 될 것이라."(이사야 30장 1-3절)

특히 이사야는 유다와 예루살렘의 죄악에 대해 아래와 같이 지적하고 있다.

> 슬프다. 범죄한 나라요 허물 진 백성이요 행악의 종자요 행위가 부패한 자식이로다. 그들이 여호와를 버리며 이스라엘의 거룩하신 이를 만홀히 여겨 멀리하고 물러갔도다. 너희가 어찌하여 매를 더 맞으려고 패역을 거듭하느냐. 온 머리는 병들었고, 온 마음은 피곤하였으며, 발바닥에서 머리까지 성한 곳이 없어 상한 것과 터진 것과 새로 맞은 흔적뿐이거늘, 그것을 짜며 싸매며 기름으로 부드럽게 함을 받지 못하였도다. 너희의 땅은 황폐하였고, 너희의 성읍들은 불에 탔고, 너희의 토지는 너희 목전에서 이방인에게 삼켜졌으며, 이방인에게 파괴됨 같이 황폐하였고(사 1:4-7)

또한 이사야는 죄로 가득 찬 성읍을 향해 이렇게 외쳤다. "신실하던 성읍이 어찌하여 창기가 되었는고. 정의가 거기에 충만하였고 공의가 그 가운데에 거하였더니 이제는 살인자들뿐이로다 … 네 고관들은 패역하여 도둑과 짝하며 다 뇌물을 사랑하며 예물을 구하며 고아를 위하여 신원하지 아니하며, 과부의 송사를 수리하지 아니하는도다."(이사야 1장 21-23절) 그리하여 이사야는 유다 왕국을 향해 죄로부터 회개할 것을 촉구하고 멸망을 예언하면서, 동시에 장래에 하나님의 구원이 있을 것을 소망하며 기다리라고 선포했다.

어려움이 없는 삶은 이 땅에 없다. 하지만 하나님은 우리에게 어려움을 견뎌낼 용기와 버틸 힘을 허락해 주신다. 그래서 두려워하지 말라고 우리를 북돋워 주신다. 이사야는 이렇게 우리에게 소망의 빛을 비춰준다. "두려워하지 말라. 내가 너와 함께 함이라. 놀라지 말라. 나는 네 하나님이 됨이라. 내가 너를 굳세게 하리라. 참으로 너를 도와주리라. 참으로 나의 의로운 오른손으로 너를 붙들리라."(이사야 41장 10절) "이스라엘아 너를 지으신 이가 말씀하시느니라. 너는 두려워하지 말라. 내가 너를 구속하였고, 내가 너를 지명하여 불렀나니, 너는 내 것이라. 네가 물 가운데로 지날 때에 내가 너와 함께 할 것이라. 강을 건널 때에 물이 너를 침몰하지 못할 것이며, 네가 불 가운데로 지날 때에 타지도 아니할 것이요, 불꽃이 너를 사르지도 못하리니"(이사야 43장 1-2절)

그리고 이사야는 하나님이 이스라엘 백성을 처음부터 끝까지 책임져 주시는 분이심을 이렇게 말하고 있다. "야곱의 집이여, 이스라엘 집에 남은 모든 자여 내게 들을지어다. 배에서 태어남으로부터 내게 안겼고, 태에서 남으로부터 내게 업힌 너희여, 너희가 노년에 이르기까지 내가 그리하겠고, 백발이 되기까지 내가 너희를 품을 것이라. 내가 지었은

즉, 내가 업을 것이요, 내가 품고 구하여 내리라."(이사야 46장 3-4절)

특히 이스라엘 민족이 그 죄악으로 인해 끝내 멸망하고, 바벨론 포로시대를 배경으로 하는 역사 속에서 하나님은 먼 이국땅 바벨론에 포로로 잡혀서 누구 하나 위로해 주는 이 없고, 어디서도 위로받지 못하며, 절망적으로 살아가고 있는 이스라엘 백성을 향해 위로를 선포하신다. 하나님은 이사야 선지자를 통해 "너희는 위로하라 내 백성을 위로하라"(이사야 40장 1절)라고 두 번씩이나 위로를 선포하신다. 그것도 "예루살렘의 마음에 닿도록 말하며, 그것에게 외치라. 그 노역의 때가 끝났고, 그 죄악이 사함을 받았느니라"(이사야 40장 2절)라는 사실을 외치라고 명하셨다. 이러한 하나님의 위로는 슬픔과 절망이 끝났음을 선언하는 것이고, 고통의 때가 끝나고, 회복의 역사가 시작됨을 알려주는 것이다. 이사야는 이러한 하나님의 위로와 회복의 말씀을 통해 하나님 나라의 풍성한 모습을 드러내고 있다.

이사야는 암울하고 절망적이며, 정의와 평화가 사멸해 가는 시대 상황을 바라보고 강력하게 심판을 경고하면서, 동시에 미래에 열리게 될 새로운 세상, 곧 공평과 정의의 기초 위에 세워지는 생명과 평화의 하나님 나라에 대한 비전과 희망을 말하고 있다.[3]

구약성경의 하나님 나라 사상은 이스라엘의 진정한 통치자인 하나님께서 장차 올 미래에 강력한 왕권을 가지고 오셔서, 이스라엘에게 자유를 주신다는 소망을 피력한 것이다. 하나님께서 통치하시는 하나님 나라는 메시아 대망사상으로 이어진다. 메시아적 예언은 미래에 참다운 하나님 왕국이 메시아 중심으로 세워질 것을 제시한다.[4] 그리고 이사야의 예언은 궁극적으로는 메시아의 도래와 나아가 세상 마지막날 재림하실 메시아에 의해 수행될 심판과 구원으로 향하고 있다.[5]

따라서 이사야서는 메시아에 대한 선명한 예언을 가장 많이 담고 있다. 그래서 이사야는 '예언자의 왕'이라고도 불린다. 이사야서는 구약성경의 다른 어떤 책보다도 메시아를 통해 임하게 될 구원에 초점을 맞추고 있다. 지상에 세워질 메시아 왕국, 즉 하나님 나라는 이사야서 전체가 가리키는 목표이다.[6]

한 아기가 백성을 위해 이 땅에 오신다. 그분은 통치자가 되실 것이다. 흑암에 행하던 백성이 큰 빛을 보고, 사망의 그늘진 땅에 거주하던 자에게 빛이 비칠 것이다. 그분의 이름은 '기묘자', '모사', '전능하신 하나님', '영존하시는 아버지', '평강의 왕'이라고 불릴 것이다. 그분의 왕권은 점점 커지고, 그 나라의 평화도 끝없이 이어질 것이다. 지금 이후로 영원히 공평과 정의로 그 나라를 굳게 세울 것이다.[7]

이처럼 이사야가 오리라고 예언한 메시아의 구체적인 모습은 이렇다. 그는 하나님 앞에서 마치 노자가 주장하는 성인상과 같이, '어린 양'과 같고 '새 순'과 같은 사람이었으나, 인간들이 보기에는 그저 지극히 보잘것없는 외모를 지녔을 뿐만 아니라, 사람들로부터 멸시를 받고 버림을 받기까지 한다. 또한 그는 인간적인 고통을 수없이 겪어 소위 '인생의 질고'를 아는 사람이다. 그리하여 그는 인생의 모든 고난과 슬픔을 그의 연약한 두 어깨에 짊어지기 위해 오실 분이며, 자기 백성이 지은 모든 죄를 대신 짊어지고 마치 도살장에 끌려가는 '어린 양'이나 '갓난아이'처럼 하나님 앞에 순응함으로써 구원을 완성시킬 분이다.[8]

이렇게 연약한 모습으로 오시는 예수 그리스도는 겸손함과 온유함으로 가장 약하고 절망적인 사람들을 끌어안으시고 돌보시는 분으로 오신다. 그는 가난한 자에게 복음을 전하고, 마음이 상한 자를 고치시고, 포로된 자에게 자유를, 갇힌 자에게 놓임을 선포하시며, 모든 슬픈 자를 위로하시는 분으로 오신다.(이사야 61장 1-3절) 그는 상한 갈대를 꺾지 아니하며, 꺼져가는 등불을 끄지 아니하고, 모든 억압과 핍박 속에서도 결코 낙담하거나 포기하지 않는 사람으로 오시며, 세상에 정의를 세우시는 분으로 오신다.(이사야 42장 3-4절) 그리하여 예수의 오심은 사망과 절망에 빠진 사람들에게 부활이요, 생명이고, 축복의 시작이다.[9]

이처럼 예수는 이 땅에 새 하늘과 새 땅의 하나님 나라를 이끌고 오신다. 그가 오시면 새 하늘, 새 땅이 창조되어 무너진 질서가 회복되고, 정의가 광야에 거하며, 공의가 아름다운 밭에 거하리니, 공의의 열매는 화평이요, 공의의 결과는 영원한 평안과 안전이다.[10]

예수가 오셔서 구원을 행하시는 그날에는 맹인의 눈이 밝을 것이며, 못 듣는 자의 귀가 열릴 것이고, 저는 자가 사슴같이 뛸 것이며, 말 못하는 자의 혀는 노래하는 기적과 회복의 날이다. 그날에는 광야에서 물이 솟겠고, 사막에서 시내가 흐를 것이며, 뜨거운 사막이 변하여 못이 될 것이고, 메마른 땅이 변하여 원천이 될 것이다.[11]

그때에 이루어지는 하나님 나라의 모습은 이러하다. 이리가 어린 양과 함께 살며, 표범이 어린 염소와 함께 누우며, 송아지와 어린 사자와 살진 짐승이 함께 있어 어린 아이에게 끌리며, 암소와 곰이 함께 먹으며 그것들의 새끼가 함께 엎드리며, 사자가 소처럼 풀을 먹을 것이고, 젖 먹는 아이가 독사의 구멍에서 장난하며 젖 뗀 어린 아이가 독사의 굴에 손을 넣을 것이다. 해함과 상함이 없는 하나님의 나라가 임할 것이며, 구속함을 입은 자들, 여호와의 속량함을 받은 자들이 절망을 딛고 일어나 구원의 대로를 통해 시온으로 돌아오고, 모든 슬픔과 탄식이 사라지리라.[12]

이러한 예언의 말씀은 오랜 고난의 시대를 살아가던 이스라엘 백성들에게 격려와 위로를 주었고, 어떤 박해 세력에게도 결코 굴복할 줄 모르는 치열한 정신과 인내심 및 희망을 품고 미래로 나아가게 한 강력한 원동력이 되었다.

특히 이사야는 비록 지금 나라는 불의와 외세의 침략으로 기울고 있지만, 언젠가는 사람들이 마음을 새롭게 하여 자기들의 진정한 고향인 하나님께로 돌아와, 평화를 누리며 즐겁고 기쁘게 살아가게 될 날을 노래했다. 또 이사야가 노래하는 희망은 이스라엘에만 국한되는 것이 아니라, 전 세계적인 지평을 지녔다. 그는 인류 역사가 통합과 조화와 평화의 방향으로 나아간다는 구약성경의 비전에 충실하다. 이사야의 예언은 나라와 세계를 향한 원대한 희망의 신학, 희망의 신앙이다. 즉 하나님이 예수 그리스도를 세워 이스라엘 백성의 언약과 이방의 빛이 되게 하시겠다고 선언하셨고,(이사야 42장 6절) 더 나아가 이사야는 이렇게 선포하고 있다. "이는 율법이 시온에서부터 나올 것이요, 여호와의 말씀이 예루살렘에서부터 나올 것임이니라. 그가 열방 사이에 판단하시며 많은 백성을 판결하시리니, 무리가 그들의 칼을 쳐서 보습을 만들고 그들의 창을 쳐서 낫을 만들 것이며, 이 나라와 저 나라가 다시는 칼을 들고 서로 치지 아니하며 다시는 전쟁을 연습하지 아니하리라."(이사야 2장 4절)[13]

이처럼 이사야는 예수 그리스도로 인해 성취될 하나님 나라를 예언하면서, 하나님의 구원의 때는 반드시 올 것이니, 그날을 인내하며 기다리라고 했으며, 하나님을 기다리는 자는 복이 있다고 했다. 그리하여 이사야는 "너희는 여호와를 만날 만한 때에 찾으라. 가까이 계실 때에 그를 부르라"(이사야 55장 6절)라고 하면서, 우리의 일상생활에서 사랑과 공의를 실천하면, 구원의 빛이 비춰지고 회복될 것임을 이렇게 선포하고 있다. "네 빛이 새벽같이 비칠 것이며, 네 치유가 급속할 것이며, 네 공의가 네 앞에 행하고 여호와의 영광이 네 뒤에 호위하리니, 네가 부를 때

에는 나 여호와가 응답하겠고, 네가 부르짖을 때에는 내가 여기 있다 하리라."(이사야 58장 8-9절)

그러니 칠흑 같은 어둠 속에서 실낱같은 빛줄기 하나라도 발견하는 기쁨과 감격으로 영광의 빛, 평강의 왕으로 우리 곁에 오시는 예수 그리스도를 바라보자.[14] 하나님은 어떤 인생도 그냥 버려두지 않는다. 절망과 좌절 가운데 있는 하나님의 백성에게 주신 하나님의 약속을 기억하자. 하나님은 우리를 결코 포기하지 않으신다.

예레미야의 탄식

슬프고 아프다 내 마음속이 아프고 내 마음이 답답하여 잠잠할 수 없으니 이는 나의 심령이 나팔 소리와 전쟁의 경보를 들음이로다 패망에 패망이 연속하여 온 땅이 탈취를 당하니 나의 장막과 휘장은 갑자기 파멸되도다 내가 저 깃발을 보며 나팔소리 듣기를 어느 때까지 할꼬

내 백성은 나를 알지 못하는 어리석은 자요 지각이 없는 미련한 자식이라 악을 행하기에는 지각이 있으나 선을 행하기에는 무지하도다 보라 내가 땅을 본즉 혼돈하고 공허하며 하늘에는 빛이 없으며 내가 산들을 본즉 다 진동하며 작은 산들도 요동하며 내가 본즉 사람이 없으며 공중의 새가 다 날아갔으며 보라 내가 본즉 좋은 땅이 황무지가 되었으며 그 모든 성읍이 여호와의 앞 그의 맹렬한 진노 앞에 무너졌으니 (렘 4:19-26)

슬프다 나의 근심이여 어떻게 위로를 받을 수 있을까 내 마음이 병들었도다 딸 내 백성의 심히 먼 땅에서 부르짖는 소리로다 여호와께서 시온에 계시지 아니한가 그의 왕이 그 가운데 계시지 아니한가 그들이 어찌하여 그 조각한 신상과 이방의 헛된 것들로 나를 격노하게 하였는고 하시니 추수할 때가 지나고 여름이 다하였으나 우리는 구원을 얻지 못한다 하는도다 딸 내 백성이 상하였으므로 나도 상하여 슬퍼하며 놀라

움에 잡혔도다 길르앗에는 유향이 있지 아니한가 그 곳에는 의사가 있지 아니한가 딸 내 백성이 치료를 받지 못함은 어찌 됨인고 (렘 8:18-22)

어찌하면 내 머리는 물이 되고 내 눈은 눈물 근원이 될꼬 죽임을 당한 딸 내 백성을 위하여 주야로 울리로다 내가 광야에서 나그네가 머무를 곳을 얻는다면 내 백성을 떠나가리니 그들은 다 간음하는 자요 반역한 자의 무리가 됨이로다 여호와의 말씀이니라 그들이 활을 당김 같이 그들의 혀를 놀려 거짓을 말하며 그들이 이 땅에서 강성하나 진실하지 아니하고 악에서 악으로 진행하며 또 나를 알지 못하느니라 … 그러므로 만군의 여호와께서 이와 같이 말씀하시되 보라 내가 내 딸 백성을 어떻게 처치할꼬 그들을 녹이고 연단하리라 … 그러므로 만군의 여호와 이스라엘의 하나님께서 이와 같이 말씀하시니라 보라 내가 그들 곧 이 백성에게 쑥을 먹이며 독한 물을 마시게 하고 그들과 그들의 조상이 알지 못하던 여러 나라 가운데에 그들을 흩어버리고 진멸되기까지 그 뒤로 칼을 보내리라 하셨느니라 (렘 9:1-16)

내게 재앙이로다 나의 어머니여 어머니께서 나를 온 세계에 다투는 자와 싸우는 자를 만날 자로 낳으셨도다 내가 꾸어 주지도 아니하였고 사람이 내게 꾸이지도 아니하였건마는 다 나를 저주하는도다 (렘 15:10)

내 생일이 저주를 받았더면, 나의 어머니가 나를 낳던 날이 복이 없었더면, 나의 아버지에게 소식을 전하여 이르기를 당신이 득남하였다 하여 아버지를 즐겁게 하던 자가 저주를 받았더면 … 어찌하여 내가 태에서 나와서 고생과 슬픔을 보며 나의 날을 부끄러움으로 보내는고 하니라 (렘 20:14-18)

예레미야는 하나님을 떠나 죄악에 빠진 이스라엘 백성에게 심판의 메시지를 40년이 넘도록 선포하는 노고를 감당한 예언자였다. 그는 제사장 힐기야의 아들이었으며, 예루살렘으로부터 북쪽으로 약 3km 떨어진 아나돗에서 살았다. 그는 20세의 나이에 하나님의 부르심을 받고, 결혼하지 말고 자녀를 두지 말라는 하나님의 명령에 순종했다. 예레미야는 스바냐, 나훔, 하박국, 다니엘, 에스겔 등과 동시대인이었으며, 요시야, 여호아하스, 여호야김, 여호야긴, 시드기야 왕들과 함께 했다. 그의 사역은 대략 B.C. 627년부터 B.C. 580년까지 장시간에 걸쳐 많은 저지를 당하면서 이루어졌다.[1]

예레미야는 근 40년간을 예루살렘에 있으면서, 다섯 명의 왕의 통치를 거치고 그의 어려운 직책의 의무들을 수행했다. 평안할 때, 전쟁 가운데, 사로잡히기 전에, 사로잡힌 후에, 그들의 조국에서 그리고 애굽에서, 하나님은 예레미야를 통하여 말씀하셨다.[2]

예레미야는 요시야 왕 13년 B.C. 627년 젊은 나이에 하나님의 부르심을 받아 예언 활동을 시작했고, 요시야 왕을 도와 종교개혁의 일익을 담당하기도 했다. 그러나 요시야 왕이 죽은 후에는 유다의 회개를 촉구하며, 회개하지 않으면 유다는 멸망할 것이라고 예언하여 많은 배척을 받았다. 그는 온 세계를 상대로 다투는 자가 되어 세상 사람들이 모두 그를 저주하였다. 특히 후술하는 바와 같이 침략자 바벨론에 대항하지 말고 차라리 그들을 섬기라고 권하다가 반역자로 몰리기도 했다. 따라서 동족으로부터 배척과 저주를 받아 가면서 오직 하나님이 명하신 대로 유다의 멸망을 예언해야만 했던 예레미야는 진정 '눈물의 예언자'가 될 수밖에 없었다.[3] 예레미야는 자기 백성을 벌하지 않을 수 없는 하나님과 깨닫지 못하는 하나님 백성 사이에 서서 안타까운 마음으로 눈물을 흘리며 예언할 수밖에 없었던 인물이었기 때문이다.[4]

예레미야는 남유다 백성에게 하나님의 말씀을 전하고 책망하며 회개하도록 경고했다. 그는 유다 백성 가운데 만연된 우상 숭배, 인신제사, 사회적 불의, 거짓 예언 등의 죄를 고발했다.[5] 특히 하나님이 지적한 그들의 죄악은 생수의 근원되시는 하나님을 버린 것과 그 속에 하나님을 경외함이 없는 악함, 그리고 스스로 파멸의 길로 나아간 것이다. 예레미야는 유다 백성을 향해, "네 악이 너를 징계하겠고 네 반역이 너를 책망할 것이라. 그런즉 네 하나님 여호와를 버림과 네 속에 나를 경외함이 없는 것이 악이요, 고통인줄 알라"(예레미야 2장 19절)고 하나님의 말씀을 전했다.

예레미야는 그의 깊은 슬픔과 절망을 표현하면서 유다 백성들의 회개를 호소하지만, 그들이 하나님을 버리고 계속 죄악을 행하자 하나님의 심판이 임할 것을 경고한다. 그는 다른 어떤 선지자보다도 더 가혹하고 처절하게 이스라엘 백성의 파멸을 예언했다. 그는 하나님이 네 가지로 유다 백성을 멸하리라고 하신 말씀을 이렇게 선포하고 있다. "모세와 사무엘이 내 앞에 섰다 할지라도 내 마음은 이 백성을 향할 수 없나니 그들을 내 앞에서 쫓아 내보내라 … 너는 그들에게 이르기를 여호와께서 이와 같이 말씀하시니라. 죽을 자는 죽음으로 나아가고 칼을 받을 자는 칼로 나아가고, 기근을 당할 자는 기근으로 나아가고, 포로될 자는 포로됨으로 나아갈지니라 하셨다 하라."(예레미야 15장 1-2절)

예레미야는 처음부터 예루살렘이 파괴될 것과 바벨론에 의해 남유다가 멸망하고 유다 백성들이 포로로 사로잡혀갈 것을 예언했다. 예레미야는 말하기를, "재앙이 북방에서 일어나 이 땅의 모든 주민들에게 부어지리라. 내가 북방 왕국들의 모든 족속들을 부를 것인즉 그들이 와서 예루살렘 성문 어귀에 각기 자리를 정하고 그 사방 모든 성벽과 유다 모든 성읍들을 치리라"(예레미야 1장 14-15절)고 했으며, 보다 구체적으로 밝히기를, "보라 내가 북쪽 모든 종족과 내 종 바벨론의 왕 느부갓네살을 불러다가 이 땅과 그 주민과 사방 모든 나라를 쳐서 진멸하여 그들을 놀램과 비웃음거리가 되게 하며, 땅으로 영원한 폐허가 되게 할 것이라 … 이 모든 땅이 폐허가 되어 놀랄 일이 될 것이며, 이 민족들은 칠십 년 동안 바벨론의 왕을 섬기리라."(예레미야 25장 9-11절)고 했다.

더 나아가 예레미야는 그 멸망과 폐허의 상태에 대해 다음과 같이 선포했다.

> 여호와의 말씀이니라, 내가 그들을 진멸하리니, 포도나무에 포도가 없을 것이며, 무화과나무에 무화과가 없을 것이며, 그 잎사귀가 마를 것이라. 내가 그들에게 준 것이 없어지리라 하셨나니, 우리가 어찌 가만히 앉았으랴. 모일지어다. 우리가 견고한 성읍들로 들어가서 거기에서 멸망하자. 우리가 여호와께 범죄하였으므로 우리 하나님 여호와께서 우리를 벌하시며 우리에게 독한 물을 마시게 하심이니라. 우리가 평강을 바라나 좋은 것이 없으며 고침을 입을 때를 바라나 놀라움뿐이로다."(렘 8:13-15)

이는 그만큼 이스라엘 백성들의 죄악이 극에 달해 있었고, 멸망이 임박해 있다는 것을 의미했다. 회개 외에는 이런 심판을 피할 수 없었지만, 선지자의 간절한 호소를 외면한 채 유다 백성들은 회개를 거부하고 하나님을 떠나 파멸의 길을 선택했다. 하나님은 유다 백성들을 가장 아름다운 제사장 나라와 거룩한 백성이 되게 하려 했지만, 그들은 우상 숭배와 타락의 길로 갔던 것이다.

하나님이 이스라엘 백성들에게 우상 숭배를 금하신 이유에 대해 이사야와 예레미야는 다음과 같이 밝히고 있다.

> 우상을 만드는 자는 다 허망하도다 그들이 원하는 것들은 무익한 것이거늘 그것들의 증인들은 보지도 못하며 알지도 못하니 그러므로 수치를 당하리라 신상을 만들며 무익한 우상을 부어 만든 자가 누구냐 보라 그와 같은 무리들이 다 수치를 당할 것이라 그 대장장이들은 사람일 뿐이라 그

들이 다 모여 서서 두려워하며 함께 수치를 당할 것이니라 (사 44:9-11)

이 나무는 사람이 땔감을 삼는 것이거늘 그가 그것을 가지고 자기 몸을 덥게도 하고 불을 피워 떡을 굽기도 하고 신상을 만들어 경배하며 우상을 만들고 그 앞에 엎드리기도 하는구나
그 중의 절반은 불에 사르고 그 절반으로는 고기를 구워 먹고 배불리며 또 몸을 덥게 하여 이르기를 아하 따뜻하다 내가 불을 보았구나 하면서 그 나머지로 신상 곧 자기의 우상을 만들고 그 앞에 엎드려 경배하며 그것에게 기도하여 이르기를 너는 나의 신이니 나를 구원하라 하는도다 (사 44:15-17)

여러 나라의 풍습은 헛된 것이니 삼림에서 벤 나무요 기술공의 두 손이 도끼로 만든 것이라 그들이 은과 금으로 그것에 꾸미고, 못과 장도리로 그것을 든든히 하여 흔들리지 않게 하나니, 그것이 둥근 기둥 같아서 말도 못하며 걸어다니지도 못하므로 사람이 메어야 하느니라. 그것이 그들에게 화를 주거나 복을 주지 못하나니 너희는 두려워하지 말라 하셨느니라 (렘 10:3-5)

위와 같이 하나님은 이스라엘 백성들에게 우상 숭배의 허상과 무익함을 말해 주셨으나, 그들은 하나님에게 진 사랑의 빚에 감사하지 못하고, 이기적인 욕망에 따라 우상 숭배를 하며 하나님을 떠났다. 그러나 이들에 대해 하나님은 "배역한 자식들아 돌아오라. 나는 너희 남편임이라."(예레미야 3장 14절)고 하시면서, 너희 묵은 땅을 갈고, 너희 스스로 마음의 할례를 행하여 마음 가죽을 베고 여호와 하나님께로 돌아오라고 하신다. 그리하지 아니하면 너희 악행으로 말미암아 하나님의 분노가 불같이 일어나 사르리니 그것을 끌 자가 없으리라고 하셨다.(예레미야 4장 1-4절)

그리하여 예레미야서에는 돌이킬 수 없는 파멸의 깊은 수렁으로 빠져드는 유다 왕국의 망국적 상황에서, 끝까지 눈물로 회개를 촉구하는 예레미야 선지자의 동족을 사랑하는 애절한 탄식이 절절히 흐르고 있

다.[6] 그 결과 예레미야의 메시지는 종종 사회적 혼란과 반대를 일으켰고, 그로 인해 온갖 수난과 핍박을 겪었다.

이에 대해 예레미야는 말하기를, "내가 말할 때마다 외치며 파멸과 멸망을 선포하므로 여호와의 말씀으로 말미암아 내가 종일토록 치욕과 모욕거리가 됨이니이다"(예레미야 20장 8절)라고 했다. 그러면서 그는 그가 받는 박해와 치욕으로 한없는 절망에 빠져 이렇게 자신의 삶을 저주하기까지 했다. "내 생일이 저주를 받았더면, 나의 어머니가 나를 낳던 날이 복이 없었더면, 나의 아버지에게 소식을 전하여 이르기를 당신이 득남하였다 하여 아버지를 즐겁게 하던 자가 저주를 받았더면 … 어찌하여 내가 태에서 나와서 고생과 슬픔을 보며 나의 날을 부끄러움으로 보내는고 하니라."(예레미야 20장 14-15절, 18절)

예레미야가 당시 유다 종교 지도자들의 반발과 박해를 받은 이유는 그가 성전이 훼파될 것을 예언했기 때문이다. 그들은 예레미야를 성전 모독죄로 죽이려 했다. 당시 유다 백성들은 예루살렘 성전을 하나님보다도 더 우상화했다. 하나님의 말씀보다 성전 건물을 신앙의 가치관과 구심점으로 삼고 있었기 때문이다. 예루살렘 성전이 있기 때문에 유다 민족은 망하지 않는다는 어리석고 미신적인 신앙을 가졌던 것이나. 또한 예레미야 선지자가 당대의 인기 선지자인 '하나냐'처럼 긍정적이며, 희망적인 메시지를 전한 것이 아니라, 백성의 평안을 구하지 않고 심판과 멸망의 메시지로 백성들의 사기를 저하시키려 한다는 이유 때문이었다.[7]

또한 그는 바벨론에 의한 유다 왕국의 멸망을 예고했는데, 이는 당대의 종교 지도자들과 정치인들에게 큰 반발을 일으켰다. 그들은 예레미야의 예언을 거부하고, 그를 거짓 선지자로 몰았다. 그리하여 예레미야는 여러 차례 체포되고 구금되었으며, 구덩이에 던져지는 고초를 겪기도 했다. 특히 바벨론이 예루살렘을 포위하고 있을 때, 예레미야는 바벨론에 항복하라는 메시지를 전했다. 이는 그를 반역자로 몰리게 했으며, 그는 왕과 백성들로부터 신뢰를 잃고 도피 생활을 해야 했다. 예루살렘 함락 후에는 예레미야는 유다 사람들과 함께 애굽으로 강제로 끌려갔고, 그곳에서도 하나님의 메시지를 전하며 박해를 받다가 죽은 것으로 추정되고 있다.[8]

우리는 이러한 예레미야의 모습에서 파국의 시대를 살아가면서 조국이 무너지지 않게 붙들려고 애쓴 한 선지자의 고뇌에 찬 삶을 본다. 예레미야는 처절한 고뇌와 고통 속에서 몸부림치면서도 하나님의 말씀을 전하는 외로운 길을 뚜벅뚜벅 걸어갔던 것이다.[9]

예레미야 선지자는 백성의 죄를 자신의 죄로, 백성이 받을 심판을 자신이 받을 심판으로 생각하며 애통해한다. 그는 울부짖기를, "슬프고 아프다. 내 마음속이 아프고 내 마음이 답답하여 잠잠할 수 없으니"(예레미야 4장 19절)라고 했다. 그는 이스라엘 백성을 '딸'이라고 표현할 만큼 사랑하고 아꼈다. 그러나 예레미야는 죽음을 앞둔 백성을 보며, 자신이 아무것도 할 수 없음에 슬퍼할 수밖에 없었다.

예레미야는 눈물의 선지자로 불릴 만큼 안타까운 마음으로, 깊게 탄식하며 울부짖는다. "내 마음이 병들었다"라고. "내 마음이 병들었다"라는 것은 하나님의 마음으로 그 시대를 바라보며, 그 시대의 아픔을 온몸으로 느낀 것을 말한다. 그는 이스라엘 백성이 하나님의 말씀을 듣지 않고 우상 숭배와 악행을 계속하는 것을 보며 마음이 아팠고, 하나님이 이스라엘을 심판하실 것에 대한 두려움과 절망으로 마음이 병들었으며, 자신의 예언이 백성들로부터 거부당하고, 핍박받는 상황 속에서 심한 외로움과 고통을 받아 마음이 병들었던 것이다.

특히 예레미야의 마음을 더욱더 아프게 한 사실은 그의 생명을 노리는 사람들이 다름 아닌 그의 고향 사람들이었다는 점이다. 고향 사람들은 예레미야가 침략해 올 바벨론에게 대항하지 말고 항복하는 것이 하나님의 뜻이며, 유일한 선택이라고 그들의 살 길을 제시해 주었을 때, 이같은 사실을 고향 사람들의 명예를 훼손하는 일이라고 생각하여 그를 제거할 계획을 세웠던 것이다.[10]

그러나 이러한 박해에도 불구하고 예레미야는 바벨론으로 끌려간 이스라엘 백성에게 위로의 말씀을 전하고, 장차 도래할 새로운 구원 언약을 선포함으로써 다음과 같은 소망과 비전을 제시해 주고 있다.

> 여호와께서 이와 같이 말씀하시니라 바벨론에서 칠십 년이 차면 내가 너희를 돌보고 나의 선한 말을 너희에게 성취하여 너희를 이 곳으로 돌아오게 하리라 여호와의 말씀이니라 너희를 향한 나의 생각을 내가 아노니 평안이요 재앙이 아니니라 너희에게 미래와 희망을 주는 것이니라 너희가 내게 부르짖으며 내게 와서 기도하면 내가 너희들의 기도를 들을 것이요 너희가 온 마음으로 나를 구하면 나를 찾을 것이요 나를 만나리라 이것은 여호와의 말씀이니라 나는 너희들을 만날 것이며 너희를 포로된 중에서 다시 돌아오게 하되 내가 쫓아 보내었던 나라들과 모든 곳에서 모아 사로잡혀 떠났던 그곳으로 돌아오게 하리라 이것은 여호와의 말씀이니라(렘 29:10-14)

하나님은 애굽의 노예생활과 바벨론 포로생활처럼, 평안함과 안식이 없는 이 세상 속에서 하나님의 백성이 진정한 평화와 안식을 누리길 원하신다. 하나님은 우리와 함께 계셔서, 우리를 절망의 현실 가운데서 다시 일으키시고, 우리의 울음소리와 눈물을 멈추고, 다시 포도나무를 심고 따며, 일상 속에서 복을 누리게 할 것이라고 하면서, "너의 장래에 소망이 있을 것이라, 너의 자녀가 자기들의 지경으로 돌아올 것"(예레미야 31장 17절)이라고 말씀하신다.

따라서 주님만이 우리의 소망이시고, 고난당한 때의 구원자이시다. 여호와 하나님은 우리 가운데 계시고, 하나님은 우리를 버리지 않으실 것이다. 하나님은 말씀하신다. "나는 가까운 데에 있는 하나님이요, 먼 데에 있는 하나님은 아니다."(예레미야 23장 23절)

특히 예레미야는 하나님이 다윗 가문에서 한 의로운 가지, 즉 예수 그리스도를 일으켜, 그가 왕이 되어 지혜롭게 다스릴 것이며, 세상에서 정의와 공의를 행하고, 이스라엘을 구원하여 평안히 살게 해줄 것을 예언했다.(예레미야 23장 5-6절) 이것이 온전한 회복이다. 이 회복을 구하는 자마다 하나님의 은총을 누리며 살게 될 것이다.

끝이 왔도다

또 여호와의 말씀이 내게 임하여 이르시되 너 인자야 주 여호와께서 이스라엘 땅에 관하여 이같이 말씀하셨느니라 끝났도다 이 땅 사방의 일이 끝났도다 이제는 네게 끝이 이르렀나니 내가 내 진노를 네게 나타내어 네 행위를 심판하고 네 모든 가증한 일을 보응하리라 내가 너를 불쌍히 여기지 아니하며 긍휼히 여기지도 아니하고 네 행위대로 너를 벌하여 네 가증한 일이 너희 중에 나타나게 하리니 내가 여호와인 줄을 너희가 알리라 주 여호와께서 이같이 이르시되 재앙이로다 비상한 재앙이로다 볼지어다 그것이 왔도다 끝이 왔도다 끝이 왔도다 끝이 너에게 왔도다 볼지어다 그것이 왔도다 이 땅 주민아 정한 재앙이 네게 임하도다 때가 이르렀고 날이 가까웠으니 요란한 날이요 산에서 즐거이 부르는 날이 아니로다

이제 내가 속히 분을 네게 쏟고 내 진노를 네게 이루어서 네 행위대로 너를 심판하여 네 모든 가증한 일을 네게 보응하되 내가 너를 불쌍히 여기지 아니하며 긍휼히 여기지도 아니하고 네 행위대로 너를 벌하여 너의 가증한 일이 너희 중에 나타나게 하리니 나 여호와가 때리는 이임을 네가 알리라 볼지어다 그 날이로다 볼지어다 임박하도다 정한 재앙이 이르렀으니 몽둥이가 꽃이 피며 교만이 싹이 났도다 포학이 일어나서

죄악의 몽둥이가 되었은즉 그들도, 그 무리도, 그 재물도 하나도 남지 아니하며 그 중의 아름다운 것도 없어지리로다 (겔 7:1-9)

에스겔서는 B.C. 586년의 예루살렘 함락을 전후로 한 가장 암울한 시기를 역사적 배경으로 한다. 이 시기는 국제적인 변혁기이기도 했다. B.C. 612년경 앗수르의 수도 니느웨는 메대와 바벨론 연합군에 의해 패망했다. 약 3년 후에 애굽의 바로 느고는 앗수르를 지원하고, 팔레스타인과 아람에서의 패전을 회복하고자 북으로 진군하였다. 이 시기에 유다의 요시아 왕은 므깃도 전투에서 애굽 군대를 저지하다가 목숨을 잃었다. 그 뒤를 이은 요시야의 아들이자 친애굽 인사인 여호아하스는 바로 느고에 의해 3개월 만에 폐위되어 거기서 죽고, 그 대신 요시야의 다른 아들 여호야김이 왕이 되었다. 바벨론의 느부갓네살 왕은 애굽 군대를 격퇴시키고, 여호야김이 통치하는 동안 유다를 포함한 애굽 국경에 이르는 전 지역을 정복하였다. 여호야김의 뒤를 이은 여호야긴은 느부갓네살 왕의 군대가 예루살렘을 침공해 올라올 때 포로가 되어 끌려갔다. 바벨론 2차 침공 때 여호야긴과 함께 에스겔을 포함한 유다의 유력 인사들 및 기술자, 백성 1만 8천 명 정도가 포로로 잡혀가고, 시드기야가 왕으로 세워졌다. 후에 시드기야도 바벨론에 대해 반란을 일으킴으로써 예루살렘은 B.C. 586년에 완전히 멸망했다.[1]

에스겔서는 이스라엘 민족에 대한 하나님의 심판을 보여줌과 동시에 언약 백성을 긍휼히 여기시고 구원하시는 하나님의 주권적인 은혜를 선포한다.[2] 에스겔은 '하나님이 강하게 하신다', '하나님이 단련시키신다'는 뜻이다. 그는 사독 자손 제사장인 부시의 아들로서 약 25세 때 바벨론으로 끌려가 약 30세에 선지자의 사역을 시작했다. 그는 가장 어려운 시기

에 예언했으며, 다니엘, 예레미야와 동시대 인물로 추정하고 있다.[3]

여호야긴 왕과 함께 바벨론으로 잡혀간 에스겔은 그발 강가에서 소명을 받고 포로된 유다 백성을 향해 본토 회복의 소망을 선포하며, 위로와 용기를 북돋운 선지자였다. 유다인들에게 포로생활은 상심과 절망의 세월이었다. 그때 지어진 것으로 알려진 시편 137편 1절에는 이렇게 기술하고 있다. "우리가 바벨론의 여러 강변 거기에 앉아서 시온을 기억하며 울었도다."[4]

그발 강 가에 자리한 유다인 포로공동체에서 살아가던 젊은 제사장 에스겔은 자신과 그의 백성들이 겪고 있는 서글픈 나날들을 깊이 생각하며, 하나님을 향해 자신을 열어놓고 있었다. 그리고 침몰하는 배처럼 망해가는 유다의 절망 앞에서 에스겔은 하나님의 말씀을 전해야 하는 파수꾼으로 부르심을 받았다.[5]

파수꾼의 역할이 무엇인가? 말 그대로 망루와 같이 높은 곳에서 적의 침입과 동태를 살피는 것이다. 이때 만일 파수꾼이 보고하지 않거나, 왜곡된 정보를 보고하게 되면 모두가 위험에 빠지게 된다.[6] 따라서 민족의 생명과 재산과 안보가 파수꾼에게 달려 있다. 파수꾼의 외침을 듣고, 즉시 회개하고 하나님께 돌아오는 사람들은 생명과 구원의 길로 가고, 이를 외면하고 거부하는 사람들은 그 죄악으로 멸망과 심판에 이른다. 이런 점에서 파수꾼은 예언자이며, 하나님의 대리인이요, 복음 전도자이다.[7]

파수꾼의 사명을 받은 에스겔은 유다 왕국의 멸망과 하나님의 임박한 심판을 반복하여 강조하고 있다. 하나님은 이미 두 차례에 걸쳐 바벨론의 유다 공격을 통해, 유다 백성들에게 경고하며 회개를 촉구했다. 예루살렘의 최종 함락은 에스겔 선지자가 그발 강가에서 하나님의 부르심을 받고서도 7년이 더 지난 후에 이루어졌다. 이를 통해 알 수 있는 것은 하나님은 심판하시기 전에 하나님의 백성들에게 수차례 하나님의 말씀을 들을 기회를 주시며, 회개할 것을 촉구하신다는 것이다. 하나님은 유다 백성들에게 마지막 순간까지도 회개할 기회를 주시며 기다리셨다. 그러나 이제 하나님은 죄에 대해 무감각한 그들을 심판하시겠다고 선언하신다.[8]

하나님은 유다의 임박한 종말을 이렇게 반복해서 선언하신다. "내가 너를 불쌍히 여기지 아니하며, 긍휼히 여기지도 아니하고, 네 행위대로 너를 벌하여 네 가증한 일이 너희 중에 나타나게 하리니, 내가 여호와인 줄을 너희가 알리라. 주 여호와께서 이같이 이르시되 재앙이로다. 비상한 재앙이로다. 볼지어다. 그것이 왔도다. 끝이 왔도다. 끝이 왔도다. 끝이 너에게 왔도다."(에스겔 7장 4-6절)

이는 유다의 죄악과 불순종에 대한 결과로, 그들이 회개하지 않으면 하나님의 심판이 곧 이뤄질 것을 알리는 경고이며, 더 이상 회개할 시간이 얼마 남지 않았다는 것을 의미한다.

여기서 흥미로운 것은 하나님을 '여호와 막케', 즉 때리시는 하나님으로 묘사한 것이다. '여호와 막케'는 하나님의 공의와 심판의 측면을 강조하는 이름이다. 이 개념은 하나님이 사랑의 하나님이시지만 동시에 공의로우시며, 그의 백성이 죄를 지을 때 징계를 통해 바로잡으신다는 것을 상기시킨다.[9]

이처럼 '때리시는 하나님'은 곧 심판하고 징계하시는 하나님이지만, 그 역시 하나님의 사랑을 나타내는 말이다.[10] 히브리서 12장 8절에 이르기를, "징계는 다 받는 것이거늘 너희에게 없으면 사생자요 친아들이 아니니라"고 하였다. 하나님이 우리를 징계하시고 심판하시는 이유는 우리를 사랑하시기 때문이며, 우리를 살리시기 위함임을 알아야 한다. '때리시는 하나님'은 곧 '살리시는 하나님'과 같다.

이스라엘에 대한 하나님의 심판은 그 자체가 끝이 아니라, 하나님의 새로운 일에 대한 시작이다. 따라서 하나님의 심판은 인간의 교만의 끝일 뿐이며, 하나님에게는 새로운 역사의 시작이요, 하나님의 뜻을 성취하기 위한 거룩한 사역이다.[11]

너는 피투성이라도 살아있으라

이르기를 주 여호와께서 예루살렘에 관하여 이같이 말씀하시되 네 근본과 난 땅은 가나안이요 네 아버지는 아모리 사람이요 네 어머니는 헷 사람이라 네가 난 것을 말하건데 네가 날 때에 네 배꼽줄을 자르지 아니하였고 너를 물로 씻어 정결하게 하지 아니하였고 네게 소금을 뿌리지 아니하였고 너를 강보로 싸지도 아니하였나니 아무도 너를 돌보아 이 중에 한 가지라도 네게 행하여 너를 불쌍히 여긴 자가 없었으므로 네가 나던 날에 네 몸이 천하게 여겨져 네가 들에 버려졌느니라

네가 네 곁으로 지나갈 때에 네가 피투성이가 되어 발짓하는 것을 보고 네게 이르기를 너는 피투성이라도 살아있으라 다시 이르기를 너는 피투성이라도 살아있으라 하고 내가 너를 들의 풀 같이 많게 하였더니 네가 크게 자라고 심히 아름다우며 유방이 뚜렷하고 네 머리털이 자랐으나 네가 여전히 벌거벗은 알몸이더라 내가 네 곁으로 지나며 보니 네 때가 사랑을 할 만한 때라 내 옷으로 너를 덮어 벌거벗은 것을 가리고 네게 맹세하고 언약하여 너를 내게 속하게 하였느니라 나 주 여호와의 말이니라 (겔 16:3-8)

내가 너희를 여러 나라 가운데에서 인도하여 내고 여러 민족 가운데에서 모아 데리고 고국 땅에 들어가서 맑은 물을 너희에게 뿌려서 너희로 정결하게 하되 곧 너희 모든 더러운 것에서와 모든 우상숭배에서 너

희를 정결하게 할 것이며 또 새 영을 너희 속에 두고 새 마음을 너희에게 주되 너희 육신에서 굳은 마음을 제거하고 부드러운 마음을 줄 것이며 또 내 영을 너희 속에 두어 너희로 내 율례를 행하게 하리니 너희가 내 규례를 지켜 행할지라 (겔 36:24-27)

본문들은 이스라엘이 영적으로 얼마나 비참하고 버림받은 상태에 있었는지를 보여준다. 한 아이가 태어났다. 이 아이가 태어날 때 아무도 탯줄을 잘라 주지 않았으며, 몸을 물로 씻겨 주지 않았다. 더구나 소금으로 문질러 소독도 해주지 않았으며, 천으로 따스하게 감싸주지도 않았다. 이 아이를 불쌍히 여겨 줄 사람은 아무도 없었다. 이 아이는 태어났지만 반겨 줄 사람이 없어 들판에 버려지고 말았다. 바로 그때 하나님이 그 곁을 지나가게 되었다. 아이가 피투성이가 된 채로 발길질하며 바둥거리고 있는 모습을 보시고 하나님이 소리치셨다. "너는 피투성이라도 살아있으라. 다시 이르기를 너는 피투성이라도 살아있으라."(에스겔 16장 6절)[12]

버려진 채 피투성이가 된 아이는 죄와 그로 인해 더럽혀지고 절망적인 상태의 이스라엘을 상징한다. 그러나 하나님이 그 버려진 아이를 보고 "피투성이라도 살아 있으라"라고 하심으로써 이스라엘을 살리고 보호하시는 구속적인 사랑을 나타낸다. 이는 인간이 아무리 죄로 인해 비참한 상태에 있어도 하나님의 사랑과 자비로 구원받을 수 있음을 보여준다. 또한 하나님은 이스라엘의 범죄와 심판을 선언하면서도, 언약을 통한 이스라엘의 회복과 새로운 시작을 동시에 약속하시고 있다. 그러니 아무리 절망적인 상황에 있을지라도 하나님의 무한한 자비와 사랑, 그리고 그분의 구원과 회복의 약속을 바라보라는 것이다.[13]

주님은 진실로 우리가 절망 가운데 있을지라도 거기에 함께 계시는

'여호와삼마'의 하나님이시다. '여호와삼마'란 여호와께서 거기 계시다라는 뜻이다. 이 말은 에스겔의 총 주제라고 할 수 있다.[14]

이스라엘이 망할 때 하나님은 거기에 계셨다. 우리의 환난 때, 눈물의 순간에, 아픔의 순간에 '여호와삼마'의 하나님이 거기 계시며, 우리의 억울함과 분함을 갚아주실 것이다. 그러니 우리는 하나님의 손길을 의지해서 피투성이라도 살아가자. 하나님의 놀라운 은혜는 이스라엘 민족을 다시 고국으로 돌아가게 해서 그들을 모든 더러운 것과 우상 숭배로부터 정결하게 하시고, 새로운 마음, 새로운 영을 그들 속에 두시어, 하나님과 그들의 끊어진 관계를 다시 회복시켜 주실 것이다. 이것이 구원이며, 은혜요, 사는 길이다.

인간의 문제는 어떻게 하나님과의 관계를 올바르게 할 수 있을까이다. 이것이 하나님을 떠나 낯선 나라로 끌려간 이스라엘 백성의 유일한 필요요,[15] 또한 오늘날 분단의 저주 속에서 피투성이인 채로 살아가는 한국인의 필요이다.

마른 뼈들이 살아나다

여호와께서 권능으로 내게 임재하시고 그의 영으로 나를 데리고 가서 골짜기 가운데 두셨는데 거기 뼈가 가득하더라 나를 그 뼈 사방으로 지나가게 하시기로 본즉 그 골짜기 지면에 뼈가 심히 많고 아주 말랐더라 그가 내게 이르시되 인자야 이 뼈들이 능히 살 수 있겠느냐 하시기로 내가 대답하되 주 여호와여 주께서 아시나이다

또 내게 이르시되 너는 이 모든 뼈에게 대언하여 이르기를 너희 마른 뼈들아 여호와의 말씀을 들을지어다 주 여호와께서 이 뼈들에게 이같이 말씀하시기를 내가 생기를 너희에게 들어가게 하리니 너희가 살아나리

라 너희 위에 힘줄을 두고 살을 입히고 가죽으로 덮고 너희 속에 생기를 넣으리니 너희가 살아나리라 또 내가 여호와인 줄 너희가 알리라 하셨다 하라

이에 내가 명령을 따라 대언하니 대언할 때에 소리가 나고 움직이며 이 뼈, 저 뼈가 들어 맞아 뼈들이 서로 연결되더라 내가 또 보니 그 뼈에 힘줄이 생기고 살이 오르며 그 위에 가죽이 덮이나 그 속에 생기는 없더라 또 내게 이르시되 인자야 너는 생기를 향하여 대언하라 생기에게 대언하여 이르기를 주 여호와께서 이같이 말씀하시기를 생기야 사방에서부터 와서 이 죽음을 당한 자에게 불어서 살아나게 하라 하셨다 하라 이에 내가 그 명령대로 대언하였더니 생기가 그들에게 들어가매 그들이 곧 살아나서 일어나 서는데 극히 큰 군대더라 (겔 37:1-10)

에스겔은 예루살렘 멸망 이후 절망감에 사로잡혀 있던 동족을 위로하며, 하나님의 새로운 구원계획을 선포했다. 그중에서도 유명한 것이 에스겔 37장에 나오는 마른 뼈의 골짜기 환상이다.[16] 마른 뼈의 환상은 에스겔 전체에서 가장 유명하고 잘 알려진 이야기로써, 바벨론 포로생활로 인해 절망에 빠진 이스라엘 민족의 회복과 부활을 상징하는 중요한 예언이다.

하나님은 에스겔 선지자에게 권능으로 임하시고 그를 사람의 뼈들로 가득 찬 한 골짜기로 데리고 가셨다. 그리고 에스겔이 그 뼈들 사이를 지나가게 하셨다. 이 뼈들은 B.C. 586년 예루살렘을 침공한 바벨론 군사들에 의해 끌려가 목이 베여 죽임을 당한 이스라엘 백성들의 것이었다.(역대하 36장 17절) 마른 뼈들은 이스라엘 백성들의 절망적인 상태를 상징하고, 하나님의 말씀과 생기를 통해 그들이 회복되고 재건될 것이라는 약속을 보여준 것이다. 마른 뼈를 살리는 것은 인간의 힘으로는 불가능한 일이나, 이를 통해 하나님의 전능하신 능력과 주권을 강조하며, 하나님의 말씀과 영이 모든 죽은 것들을 새롭게 살아나게 할 수 있음을 보

여준다. 하나님은 에스겔 선지자에게 물으셨다. “인자야 이 뼈들이 능히 살 수 있겠느냐?” 이것은 인간적으로 말하면 그것들이 살 수 없다는 것을 의미하지만, 하나님은 이 마른 뼈들을 살리기 위해 물어보신 것이다. 이러한 질문에 에스겔은 “주 여호와여 주께서 아시나이다”라고 대답했다. 이 뼈들이 살아날 수 있는 것은 전능하신 하나님의 주권에 달려 있음을 시사하는 대답이었다. 하나님은 마른 뼈들을 살리기 위해 하나님의 능력의 말씀을 대언하는 사명을 에스겔에게 주셨다. 마른 뼈는 생명을 완전히 상실하여 아무런 가망이 없는 상태를 의미하지만, 완전히 죽어버린 뼈들에게 하나님의 말씀을 전하는 에스겔의 모습은 소망 없는 죄인을 향한 하나님의 능력을 상징하는 것이었다. 즉 “주 여호와께서 이 같이 말씀하시기를 내가 생기를 너희에게 들어가게 하리니 너희가 살아나리라.”(에스겔 37장 5절) 그리고 에스겔이 하나님의 명대로 대언했을 때 마른 뼈들이 곧 살아나서 하나님의 큰 군대를 이루었다. 이는 장차 하나님이 이루실 이스라엘의 회복에 대한 상징이었다. 더 나아가 하나님의 말씀을 통하여 마른 뼈들 속에 임재하는 성령의 역사는 장차 다윗 왕권을 통해 임하시는 예수 그리스도 안에서 모든 믿는 자에게 주시는 하나님의 거룩한 영의 임재에 대한 상징이다. 이것은 영적으로 죄 아래 죽어 있는 모든 죄인들을 살리시는 하나님의 구원의 능력이며, 동시에 주님의 재림 때 임할 모든 육체의 부활을 의미한다.[17]

마른 뼈가 살아나는 방법은 오직 하나! 그때, 그 시에 주시는 하나님의 말씀을 듣는 일, 주님의 영이 역사하는 일이다.[18] 주님의 말씀을 듣고, 그 영이 역사하시면, 죽어 버린 마른 뼈들이라도 살아나 일어설 수 있다. “진실로 진실로 너희에게 이르노니 죽은 자들이 하나님의 아들의 음성을 들을 때가 오나니 곧 이 때라. 듣는 자는 살아나리라.”(요한복음 5장 25절)

그러니 절망적인 상황에서도 하나님의 약속과 말씀을 붙잡고 소망을 잃지 말라는 것이다. 마른 뼈 환상은 육체적인 부활뿐만 아니라, 영적인 부활을 상징한다. 하나님은 우리의 영혼을 새롭게 하시고, 새로운 삶을 주실 것을 약속하신다. 이는 예수 그리스도를 통한 구원과 영생의 예표이다.[19]

내 인생에 깊이 감추어진 병든 곳, 아무런 소망이 없는 그때가 바로 하나님이 일하시는 때이다.[20] 마른 뼈와 같이 망해 버린 우리 인생도 하나님은 충분히 살리신다. 오직 하나님만이 해결자이시며, 구원자이시다.

군자란의 부활과 생명

김행선[21]

지난 겨울 혹독한 추위에 못이겨
군자란은 거의 죽게 되었습니다.
생명의 길을 잃고 사망의 그늘 속에
갇혀 있었습니다.

그러나 봄의 햇살이 아지랑이처럼 뭉게뭉게 피어나자
군자란은 상처나고 얼어서 굳어버린 살을 뚫고
부활의 생명으로 피어나고 있습니다.

군자란은 고난과 죽음의 길을 이기고
끝없는 생명력으로 살아나고 있습니다.

거칠게 생겨난 상처에도 불구하고
거대한 산맥과도 같은 든든한 뿌리를 통해
온전한 의연함으로 새로운 꽃망울을 피어냅니다.

절망과 어둠과 추위를 무릅쓰고
예수 그리스도의 생명과 꿈은
군자란의 부활과 생명을 통해
또 다시 희망으로 자라나고 있습니다.

그렇게 하지 아니하실지라도

느부갓네살 왕이 금으로 신상을 만들었으니 높이는 육십 규빗이요 너비는 여섯 규빗이라 그것을 바벨론 지방의 두라 평지에 세웠더라 … 선포하는 자가 크게 외쳐 이르되 백성들과 나라들과 각 언어로 말하는 자들아 왕이 너희 무리에게 명하시나니 너희는 나팔과 피리와 수금과 삼현금과 양금과 생황과 및 모든 악기 소리를 들을 때에 엎드리어 느부갓네살 왕이 세운 금 신상에게 절하라 누구든지 엎드려 절하지 아니하는 자는 즉시 맹렬히 타는 풀무불에 던져 넣으리라 하였더라 모든 백성과 나라들과 각 언어를 말하는 자들이 나팔과 피리와 수금과 삼현금과 양금과 및 모든 악기 소리를 듣자 곧 느부갓네살 왕이 세운 금 신상에게 엎드려 절하니라 그 때에 어떤 갈대아 사람들이 나아와 유다 사람들을 참소하니라 …

이제 몇 유다 사람 사드락과 메삭과 아벳느고는 왕이 세워 바벨론 지방을 다스리게 하신 자이거늘 왕이여 이 사람들이 왕을 높이지 아니하며 왕의 신들을 섬기지 아니하며 왕이 세우신 금 신상에게 절하지 아니하나이다 …

느부갓네살이 그들에게 물어 이르되 사드락, 메삭, 아벳느고야 너희가 내 신을 섬기지 아니하며 내가 세운 금 신상에게 절하지 아니한다 하니 사실이냐 이제라도 너희가 준비하였다가 나팔과 피리와 수금과 삼현금과 양금과 생황과 및 모든 악기 소리를 들을 때 내가 만든 신상 앞에 엎드려 절하면 좋거니와 너희가 만일 절하지 아니하면 즉시 너희를 맹렬히 타는 풀무불 가운데에 던져 넣을 것이니 능히 너희를 내 손에서 건져낼 신이 누구이겠느냐 하니 사드락과 메삭과 아벳느고가 왕에게 대답하여 이르되 느부갓네살이여 우리가 이 일에 대하여 왕에게 대답할 필요가 없나이다 왕이여 우리가 섬기는 하나님이 계시다면 우리를 맹렬히 타는 풀무불 가운데에서 능히 건져내시겠고 왕의 손에서도 건져내시리이다 그렇게 하지 아니하실지라도 왕이여 우리가 왕의 신들을 섬기지도 아니하고 왕이 세우신 금 신상에게 절하지도 아니할 줄을 아옵소서 …

이 세 사람 사드락과 메삭과 아벳느고는 결박된 채 맹렬히 타는 풀무불 가운데에 떨어졌더라 … 왕이 또 말하여 이르되 내가 보니 결박되지 아니한 네 사람이 불 가운데로 다니는데 상하지도 아니하였고 그 넷째의 모양은 신들의 아들과 같도다 하고 느부갓네살이 맹렬히 타는 풀무불 아귀 가까이 가서 불러 이르되 지극히 높으신 하나님의 종 사드락, 메삭, 아벳느고야 나와서 이리로 오라 하매 사드락과 메삭과 아벳느고가 불 가운데에서 나온지라 총독과 지사와 행정관과 왕의 모사들이 모여 이 사람들을 본즉 불이 능히 그들의 몸을 해하지 못하였고 머리털도 그을리지 아니하였고 겉옷 빛도 변하지 아니하였고 불탄 냄새도 없었더라

느부갓네살이 말하여 이르되 사드락과 메삭과 아벳느고의 하나님을 찬송할지로다 그가 그의 천사를 보내사 자기를 의뢰하고 그들의 몸을 바쳐 왕의 명령을 거역하고 그 하나님 밖에는 다른 신을 섬기지 아니하며 그에게 절하지 아니한 종들을 구원하셨도다 그러므로 내가 이제 조서를 내리노니 각 백성과 각 나라와 각 언어를 말하는 자가 모두 사드락과 메삭과 아벳느고의 하나님께 경솔히 말하거든 그 몸을 쪼개고 그 집을 거름터로 삼을지니 이는 이같이 사람을 구원할 다른 신이 없음이니라 하더라 (단 3:1-29)

다니엘서는 바벨론의 1차 침공 때 포로로 잡혀가 바벨론과 바사 두 왕국에서 네 명의 통치자 아래 약 70여 년간 공직자로, 또는 선지자로 활약했던 다니엘이 자신의 개인적 신앙체험과 하나님으로부터 받은 환상들을

기록한 책이다. 다니엘서는 '구약의 계시록'이란 별명을 갖고 있다.[1]

다니엘은 당시 명성 있는 귀족 가문의 후손으로 '하나님은 나의 심판이시다'라는 뜻이다. 그는 여호야김 3년(주전 606년), 그의 나이 16, 17세쯤 그의 친구 사드락, 메삭, 아벳느고 등과 같이 1차 바벨론의 포로로 잡혀갔다. 바벨론 사람들이 끌고 간 무리는 전반적으로 귀족, 박식한 사람, 각 분야의 장인이었다. 이들을 노예로 부려 먹기 위해서라기보다는 바벨론으로 끌고 가서 살게 함으로써 제국의 경제와 문화의 바탕을 다져나갈 의향이었다.[2]

그 후 3년 만에 다니엘은 왕의 꿈을 해석하여 전국 총리대신이 되었다. 그로부터 70년간 재상으로서 4대 왕을 거쳤으며(느부갓네살, 벨사살, 다리오, 고레스), 바사 왕 고레스의 해방령에 의해 유다인이 해방되어 고국에 돌아갔으나, 그는 돌아가지 않고 바벨론에 머물러 있었다. 그리고 2년 후인 90세의 고령으로 별세했다.[3]

다니엘은 바벨론 포로생활을 통해 점차 하나님의 약속을 의심하고 절망하게 되었던 이스라엘 백성들에게, 하나님이 열국의 우상들보다 뛰어나시며, 자기 백성을 버리지 않으시는 분임을 확인시켜 주었다. 또한 세상 나라들은 언젠가 모두 망하지만 메시아 왕국, 즉 하나님 나라는 영원할 것이며, 이스라엘도 포로생활에서 벗어날 것임을 예언했다.[4] 따라서 다니엘서의 주제는 다니엘의 성공 신화를 보여주는 것이 아니라, 여호와 하나님 한 분만이 온 땅의 주인이시며, 세계 역사를 주관하시는 분이심을 드러내는 것이다. 다니엘은 격동의 시기에 하나님의 존재를 이방에 전하는 선지자의 역할을 담당했던 것이다.[5]

다니엘서는 여러 가지 면에서 우수성을 지니고 있다. 이 책은 주로 다니엘 자신에게서 뚜렷이 드러나는 도덕적 우수성의 모범뿐만 아니라,

인간의 가장 고결한 상태와 가장 매력적인 인격의 모범을 보여주기도 한다. 또한 하나님께서 자기 백성을 돌보시는 실례와, 그들의 기도에 응답할 준비가 언제나 되어 있다는 실례를 제시하며, 어린아이들조차 이 책을 사랑하게 만들고 있다. 다른 그 무엇보다도 이 책은 다니엘 자신의 시대에서부터 세상의 종말에 이르기까지의 사건들에 관한 예언을 담고 있다. 그러한 예언들 중 많은 것들이 이미 성취되었고, 지금도 성취되고 있는 중이다. 특히 두드러진 예언은 메시아의 강림과 사역, 죽음 그리고 이러한 것들이 인간을 위해 가져온 축복의 결과에 관한 예언이다. 이 예언은 예수 그리스도에게서 어김없이 성취되어, 그가 메시아라는 가장 설득력 있는 증거들 중의 하나가 되고 있다.[6]

다니엘서는 이방인의 지배를 받으며, 포로생활을 하는 이스라엘 백성에게 다니엘과 세 친구의 신앙의 모범을 보여주고, 세계 역사의 마지막에 있을 열국들의 멸망을 계시하며, 하나님 나라에 대한 소망을 갖도록 할 목적으로 쓰여졌다.[7]

바벨론에 포로로 끌려온 유다 백성들은 이름을 고쳐야 했고, 음식도 이방 백성들이 먹는 음식을 먹어야 했다. 특히 느부갓네살은 사람들로 하여금 왕의 신을 섬기고, 그가 만들어 놓은 금 신상에 절하라고 했다.[8] 느부갓네살 왕이 금으로 된 웅대한 신상을 세운 것은 자기의 절대적 왕권을 행사하여 자기 마음에 드는 신을 세우기 위함이었다. 따라서 왕은 온갖 부류의 사람들이 금 신상에게 엎드려 절해야 하며, 만약 그렇게 하지 않으면 즉시 맹렬히 타는 풀무불에 던져 넣으리라는 엄한 명령을 내렸다. 유다 백성들을 비롯해서 다니엘의 세 친구들도 이에 따라야 했다. 더구나 이 일을 명한 왕은 절대적인 권력의 소유자였으며, 다니엘의 세 친구들은 그 절대권 아래에 있었다. 이들은 왕의 신하인 동시에 포로이

기도 했다. 또한 왕은 그들의 양육자요, 은인이기도 했다. 더구나 이들은 이방 나라로 쫓겨온 몸이었다. 이는 "가서 다른 신들을 섬기라"라는 것이나 다름 없었다. 그리고 이들이 만약 왕의 명령을 따른다면 자기 목숨과 지위를 보전할 뿐만 아니라, 바벨론에 있는 동족들에게도 많은 도움을 줄 것이었다.[9]

그러나 다니엘의 세 친구들은 시련 앞에서 자신들의 신앙을 절대로 포기하지 않고, 하나님 외에는 아무것에도 경배하지 않았다. 다니엘의 세 친구들은 하나님의 언약과 그 능력에 대한 절대적인 믿음을 갖고 있었다. 따라서 이들은 풀무불에 던져질 위기 앞에서도 두려워하지 않았고, 느부갓네살 왕의 신을 섬기지도 않았고, 왕이 세운 금 신상에 절하지도 않았다. 이들은 하나님이 절대권력자인 왕의 손에서도 그들을 건져내실 것을 믿었다. 그러나 하나님이 그들을 풀무불에서 구해주시지 않더라도, 그들은 여전히 하나님을 신뢰하고, 순종하겠다는 굳은 믿음을 보여주고 있다.

요한일서 5장 4절에는 이렇게 기록되어 있다. "무릇 하나님께로부터 난 자마다 세상을 이기느니라. 세상을 이기는 승리는 이것이니, 우리의 믿음이니라." 믿음은 모든 난관과 모든 시련을 극복하게 해준다. 믿음은 바라는 것들의 실상을 제공해 주며, 그리고 보이지 않는 것들에 대한 증거나 확신을 준다.[10]

다니엘의 세 친구들은 "그렇게 하지 아니하실지라도"라는 부동의 믿음 아래 자기들의 기대와 바람대로 하나님이 해주지 않으셔서 불에 타 죽는 한이 있어도, 목숨을 걸고 끝까지 절대가치인 하나님을 버리지 않았다.

이 같은 믿음은 내 삶의 주인인 하나님에게 나의 존재 전부를 맡기는 태도이다. 그 결과 그들은 평소보다 칠 배나 뜨거운 풀무불에 던져졌다. 뜨거운 풀무불은 항아리를 구울 때 쓰는 가마로서 온도가 1,000도 이상이 된다.[11]

그러나 이들이 바벨론 왕의 명령을 거부하고 자신들의 신앙을 지켰을 때, 하나님은 풀무불 속에서 그들과 함께 하시며, 그들을 보호하고 구원하셨다. 즉 풀무불이 능히 그들의 몸을 해하지 못하였고, 머리털도 그을리지 아니하였고, 겉옷 빛도 변하지 아니하였고, 불탄 냄새도 없었다. 이는 하나님의 신속한 대응과 믿음이 갖는 힘을 보여주는 것이다.

믿음의 사람들은 그들의 고통을 통해서 실패자들이 되기 보다는 오히려 승리자들이 된다. 이 세 명의 신앙고백자들은 그들을 묶은 끈을 제외하고는, 풀무불 속에서 잃은 것이 아무것도 없었다. 오히려 하나님은 그의 백성들의 시련을 통해 영화롭게 되시고, 하나님이 일으키신 기적은 하나님의 백성과 함께하는 하나님의 권능과 그의 임재에 대한 확실한 증거가 되었다.[12]

고난 속에서 우리는 하나님 앞에 서서 그분의 손길을 느끼는 것이 중요하다.[13] 오늘도 불구덩이같이 힘들고 고단한 인생을 살아가는 우리 역시, “그렇게 하지 아니하실지라도”라는 믿음 아래 우리와 함께 하시는 임마누엘의 하나님을 바라보고 힘차게 일어서자.

사자 굴 속의 다니엘

다리오가 자기의 뜻대로 고관 백이십 명을 세워 전국을 통치하게 하고 또 그들 위에 총리 셋을 두었으니 다니엘이 그 중의 하나이라 이는 고관들로 총리에게 자기의 직무를 보고하게 하여 왕에게 손해가 없게 하려 함이었더라 다니엘은 마음이 민첩하여 총리들과 고관들 위에 뛰어나므로 왕이 그를 세워 전국을 다스리게 하고자 한지라 이에 총리들과 고관들이 국사에 대하여 다니엘을 고발할 근거를 찾고자 하였으나 아무 근거, 아무 허물도 찾지 못하였으니 이는 그가 충성되어 아무 그릇됨도 없고 아무 허물도 없음이었더라 …

나라의 모든 총리와 지사와 총독과 법관과 관원이 의논하고 왕에게 한 법률을 세우며 한 금령을 정하실 것을 구하나이다 왕이여 그것은 곧 이제부터 삼십일 동안에 누구든지 왕 외의 어떤 신에게나 사람에게 무엇을 구하면 사자 굴에 던져 넣기로 한 것이니이다 그런즉 왕이여 원하건대 금령을 세우시고 그 조서에 왕의 도장을 찍어 메대와 바사의 고치지 아니하는 규례를 따라 그것을 다시 고치지 못하게 하옵소서 하매 이에 다리오 왕이 조서에 왕의 도장을 찍어 금령을 내니라

다니엘이 이 조서에 왕의 도장이 찍힌 것을 알고도 자기 집에 돌아가서는 윗방에 올라가 예루살렘으로 향한 창문을 열고 전에 하던 대로 하루 세 번씩 무릎을 꿇고 기도하며 그의 하나님께 감사하였더라 … 이에 왕이 명령하매 다니엘을 끌어다가 사자 굴에 던져 넣는지라 왕이 다니엘에게 이르되 네가 항상 섬기는 너의 하나님이 너를 구원하시리라 하니라 …

이튿날에 왕이 새벽에 일어나 급히 사자 굴로 가서 다니엘이 든 굴에 가까이 이르러서 슬피 소리질러 다니엘에게 묻되 살아계시는 하나님의 종 다니엘아 네가 항상 섬기는 네 하나님이 사자들에게서 능히 너를 구원하셨느냐 하니라 다니엘이 왕에게 아뢰되 왕이여 원하건대 왕은 만수무강 하옵소서 나의 하나님이 이미 그의 천사를 보내어 사자들의 입을 봉하셨으므로 사자들이 나를 상해하지 못하였사오니 이는 나의 무죄함이 그 앞에 명백함이오며 또 왕이여 나는 왕에게도 해를 끼치지 아니하였나이다 하니라 왕이 심히 기뻐서 명하여 다니엘을 굴에서 올리라 하매 그들이 다니엘을 굴에서 올린즉 그의 몸이 조금도 상하지 아니하였

으니 이는 그가 자기의 하나님을 믿음이었더라 …

이에 다리오 왕이 온 땅에 있는 모든 백성과 나라들과 언어가 다른 모든 사람들에게 조서를 내려 이르되 원하건대 너희에게 큰 평강이 있을지어다 내가 이제 조서를 내리노라 내 나라 관할 아래에 있는 사람들은 다 다니엘의 하나님 앞에서 떨며 두려워할지니 그는 살아계시는 하나님이시요 영원히 변하지 않으실 이시며 그의 나라는 멸망하지 아니할 것이요 그의 권세는 무궁할 것이며 그는 구원도 하시며 건져내기도 하시며 하늘에서든지 땅에서든지 이적과 기사를 행하시는 이로서 다니엘을 구원하여 사자의 입에서 벗어나게 하셨음이라 하였더라 (단 6:1-27)

본문은 성경 전체에서 가장 많이 알려진 말씀 중 하나이다. 다니엘은 왕조가 교체되어도 살아남은 지혜자요, 국가 경영 자문관으로 맹활약하고 있었다. 바벨론 제국이 망하고 페르시아 제국이 세계의 패권을 잡았을 때도, 그는 여전히 이방 군주의 구중궁궐에서 하나님의 세계 통치를 대행하고 있었다. 다니엘은 시편 1장이 말하는 바로 시냇가에 심은 나무와도 같은 신앙인이었다. 그러나 본문은 다니엘의 기도 생활을 좌절시키는 극한 환난을 소개하고 있다. 그는 이제 자신의 생애 중 가장 어려운 시련에 직면했다.[14]

이때는 메대 사람 다리오가 왕이 되어 다스렸다. 다리오의 영토는 광범위한 것이었다. 다리오가 정복하고 취득한 것은 너무 많아서 그가 다 돌볼 수 없었다. 그리하여 다리오 왕은 고관 120명을 세워 전국을 통치하게 하고, 그 위에 세 총리를 두었다. 다니엘은 그중 한 명으로서, 고관들은 물론 다른 두 총리들과 비교해도 탁월하고 뛰어났다. 왕이 그를 세워 전국을 다스리게 하려 하자, 시기 질투하는 자들이 생겨났다. 그러나 아무리 꼬투리를 잡으려 해도, 다니엘에게서 아무런 허물도 찾을 수 없었다. 그는 하나님 앞에서뿐만 아니라, 사람들 앞, 특히 적국의 왕을 섬

기면서도 충성되고 정직했다. 그래서 무리들은 그의 신앙을 약점으로 잡을 수밖에 없었다.[15]

세상 나라와 권세를 초월하시는 하나님을 섬기는 다니엘! 그의 신앙에서 페르시아 제국의 법도와 충돌하는 점을 이용하려는 것이다. 그들은 다리오 왕에게 아첨하고 교만을 부추겨, 앞으로 30일 동안은 왕 외의 어떤 신에게나 사람에게 무엇을 구하면 사자 굴에 던져 넣기로 하는 조서를 입법하게 했다. 그리고 조서에 어인을 찍고, 메대와 바사의 법을 따라 왕이라도 마음대로 바꿀 수 없게 했다. 교만으로 눈이 먼 다리오 왕은 도장을 찍고, 금령을 발포했다.[16] 이는 하나님에 대한 믿음과 기도 생활을 하지 못하게 만드는 법이었다.

다리오 왕은 다니엘의 하나님이 참된 신인지, 어떤 분이신지 궁금했다. 그래서 이번 조서를 통해서 확인하고 싶었던 것이다. 이제 다니엘에게는 두 가지 선택만이 남아 있었다. 현실에 순응하면서 기도 생활을 멈출 것인가? 아니면 페르시아 어인의 힘보다 더 강한 하나님을 의지하면서 기도를 감행할 것인가?[17]

이에 대한 다니엘의 반응은 참으로 놀라웠다. 인간의 술수가 다니엘에게 전혀 영향을 끼칠 수 없었다. 그는 모든 일이 하나님의 주권 아래 있으며, 그 어떤 권세가라도 하나님의 뜻을 거스를 수 없음을 알았다. 따라서 그는 적들이 자신을 해하려 하고, 왕이 이에 넘어갔음을 알고도 미동도 하지 않았다. 다니엘은 어떤 역경 속에서도 순교의 각오로 오직 하나님만을 바라보며 기도를 멈추지 않았다. 그는 예루살렘을 향한 창을 활짝 열고, 늘 하던 대로 하루 세 번씩 무릎을 꿇고 기도하며 하나님께 감사했다. 엄혹한 현실 속에서 다니엘의 영적 돌파력과 기개가 돋보인다.[18]

믿음이 깊은 사람은 자기의 의무를 이행하는 데 있어 건실하고 두려움을 모른다. 다니엘은 성실을 목숨보다 중히 여기며, 의무를 게을리하기보다는 죽음을 택할 사람이었다. 참으로 믿음이 깊은 사람은 편의에 따라서 행동하는 것이 아니라, 원칙에 따라서 행동한다. 다니엘이 따지는 것은 무엇이 가장 유리한가가 아니라, 무엇이 옳은가이며, 그의 관심사는 올바르고 선하게 보이는 것이 아니라, 올바르고 선한 것 그 자체였다.[19]

팔십 평생을 한결같이 성실하고 책임감 있게 살아온 다니엘의 충성스런 믿음은, 하나님의 약속 말씀에 기초한 것이다. 다니엘은 자신이 총리가 되어 왕궁에 있게 된 분명한 이유와 하나님의 살아계심을 보여줄 기회를 발견했다. 그는 마침내 사자 굴에 던져졌다.

그러나 하나님의 은혜로 사자 굴이 열렸고, 그는 하나님이 안 계실 것만 같은 사자 굴이라는 인생의 고난 속에서 하나님의 살아계심을 더 진하게 경험했다. 어둡고 무서운 그 자리가 세상에서 가장 평안하고 안전한 곳이 되었다. 그리고 그의 생명을 건 불굴의 신앙으로 인해, 살아계신 하나님이 드러나고 영광 받으셨다. 이는 인간적으로 쉽지 않은 믿음이다. 평소에 매일매일 하나님과 깊은 교제를 나누고, 절대적인 신뢰의 관계를 맺었기 때문에 이루어진 믿음의 결과였다. 다니엘은 하나님이 신실하셔서 하나님을 섬기는 사람을 끊임없이 보호하실 것이라는 강한 믿음을 가지고 있었다. 그리하여 그는 하늘이 무너져도, 목에 칼이 들어와도 정한 시간에 하나님께 기도한다는 하나님과의 약속을 끝까지 지키는 삶을 살았던 것이다. 세상이 흔들고, 약화시킬 수 없는 믿음! 견고하며 초월적인 믿음! 적대적인 자들 앞에서 두려워하거나 분을 품지 않는 믿음! 훨씬 더 크신 하나님을 바라보고, 대적들과 세상을 녹여 버릴 수 있는 믿음! 이러한 믿음이 바로 다니엘이 우리에게 보여주는 신앙의 모습이다.[20] 이는 우리가 시련과 어려움을 겪을 때도 하나님을 끝까지 신뢰하고 믿음을 지키는 것의 중요성을 강조하고 있다.

다니엘의 사자 굴 사건은 하나님 나라는 결코 인간의 사악함이나 강함에 눌려서 망하지 않는다는 사실을 말해 준다. 이는 다리오 왕의 고백처럼, 하나님은 살아계셔서 변치 않으시며, 그의 나라는 망하지 않고 영원하며, 그의 권세는 무궁하다는 사실을 알려주는 것이다.[21]

또한 다니엘의 사자 굴 사건은 장차 하나님께서 자기 백성을 포로된 곳에서 이끌어내시고, 약속대로 회복시키신다는 것을 나타내는 것이다. 더 나아가 다니엘의 사자 굴 사건은 그리스도를 통해 일어나는 놀라운 구원 사역의 작은 그림자였다.[22]

이상과 같이 다니엘의 사자 굴 사건은 하나님의 능력을 보여주고, 하나님이 그의 백성과 함께 하신다는 사실의 증표이다.[23] 하나님은 이렇게 항상 변치 않으시고, 그 백성에 대해 신실하게 일하시는 분이심을 기억하자.

기도

김행선

우리의 기도가
당신을 향한 감사와 찬양 되게 하시며
당신의 꿈 이루어가는
사랑과 헌신의 양식 되게 하옵소서.

우리의 기도가
자신의 유익에만 머물지 않게 하시고
이웃의 기쁨과 소망을 낳는 기적 되게 하옵소서.

다툼과 분쟁이 있는 곳에
평화와 안식을 심고
고통받는 자들과 함께 하는
따뜻한 햇살 되게 하옵소서.

우리의 기도가
생동하며 도약하는 봄을 노래하고
여름날 폭염 이기는 그늘 되게 하시며

가을날 익어가는 풍성한 열매 되게 하시고
겨울날 추위 녹이는 희망의 불꽃 되게 하옵소서

우리의 기도는
모든 바라는 것들의 씨앗입니다.

제5부

소선지서

호세아 | 아모스 | 요나 | 미가 | 하박국 | 말라기

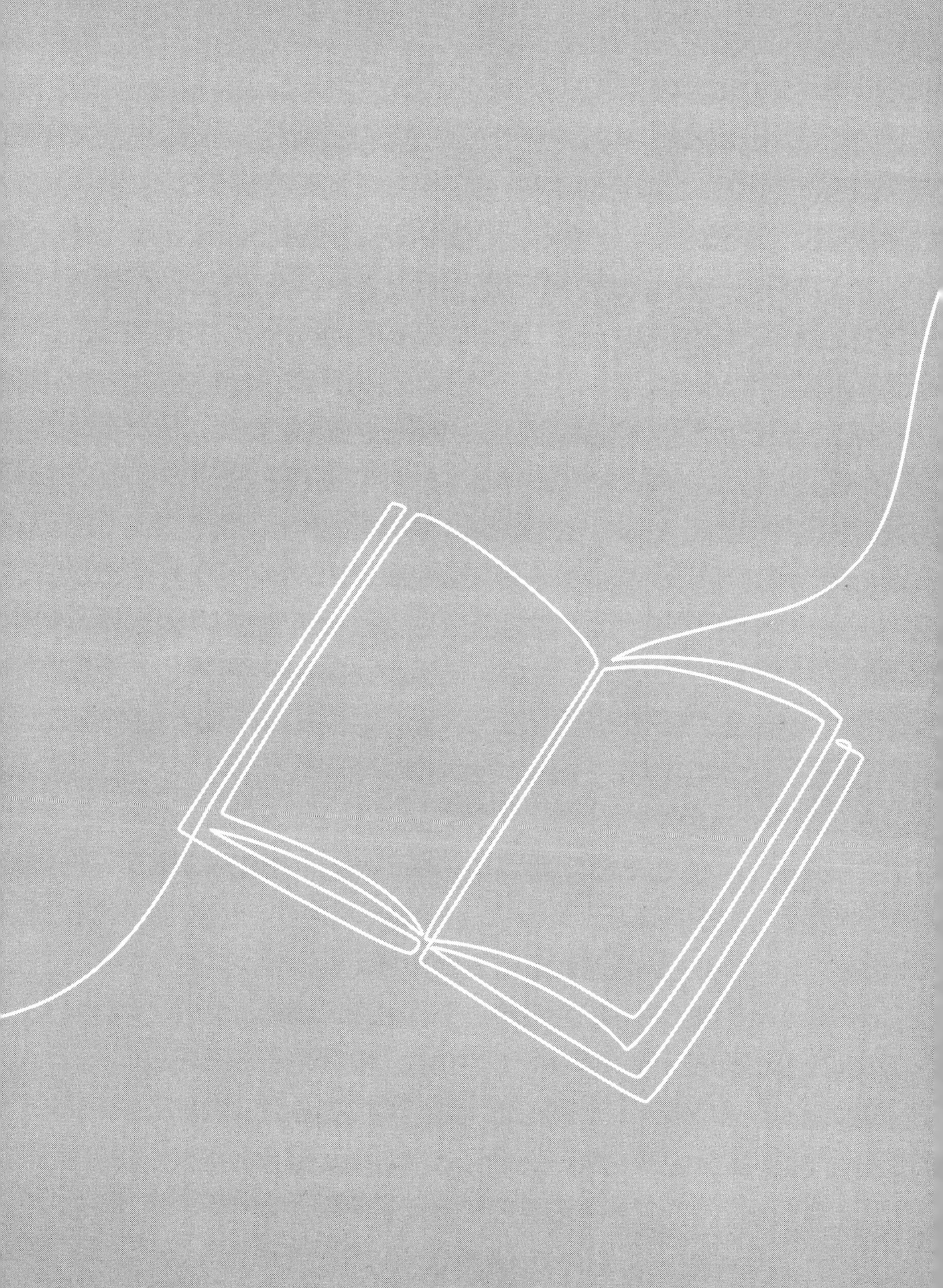

소선지서

호세아

이스라엘의 죄악상

없고 없고 없다

이스라엘 자손들아 여호와의 말씀을 들으라 여호와께서 이 땅 주민과 논쟁하시나니 이 땅에는 진실도 없고 인애도 없고 하나님을 아는 지식도 없고 오직 저주와 속임과 살인과 도둑질과 간음 뿐이요 포악하여 피가 피를 뒤이음이라 그러므로 이 땅이 슬퍼하며 거기 사는 자와 들짐승과 공중에 나는 새가 다 쇠잔할 것이요 바다의 고기도 없어지리라 … 내 백성이 지식이 없으므로 망하는도다 네가 지식을 버렸으니 나도 너를 버려 내 제사장이 되지 못하게 할 것이요 네가 네 하나님의 율법을 잊었으니 나도 네 자녀들을 잊어버리리라 (호 4:1-6)

그들의 행위가 그들로 자기 하나님에게 돌아가지 못하게 하나니 이는 음란한 마음이 그 속에 있어 여호와를 알지 못하는 까닭이라 이스라엘의 교만이 그 얼굴에 드러났나니 그 죄악으로 말미암아 이스라엘과 에브라임이 넘어지고 유다도 그들과 함께 넘어지리라 (호 5:4-5)

오라 우리가 여호와께로 돌아가자 여호와께서 우리를 찢으셨으나 도로 낫게 하실 것이요 우리를 치셨으나 싸매어 주실 것임이라 여호와께서 이틀 후에 우리를 살리시며 셋째 날에 우리를 일으키시리니 우리가 그의 앞에서 살리라 그러므로 우리가 여호와를 알자 힘써 여호와를 알자 그의 나타나심은 새벽 빛 같이 어김없나니 비와 같이, 땅을 적시는 늦은 비와 같이 우리에게 임하시리라 하니라 … 나는 인애를 원하고 제사를 원하지 아니하며 번제보다 하나님을 아는 것을 원하노라 (호 6:1-6)

너희가 자기를 위하여 공의를 심고 인애를 거두라 너희 묵은 땅을 기경하라 지금이 곧 여호와를 찾을 때니 마침내 여호와께서 오사 공의를 비처럼 너희에게 내리시리라 (호 10:12)

브에리의 아들 호세아는 북이스라엘에서 태어나, 웃시야 왕의 말년부터 여로보암 2세와 히스기야 통치 초기에 이르는 동안 북왕국의 선지자로 사역했다.[1] 호세아서는 호세아의 개인적인 가정생활을 통해 하나님의 사랑과 충성에 대한 비유적인 메시지를 전달한다. 그의 아내인 부도덕한 고멜은 패역한 이스라엘 백성을 상징하며, 호세아의 자녀들의 이름은 이스라엘 백성의 상황을 나타낸다.

호세아의 자녀들 중 하나인 "로루하마"는 "내가 다시는 이스라엘 족속을 긍휼히 여겨서 용서하지 않을 것"이라는 뜻을 가지고 있으며, 또 다른 자녀인 "로암미"는 "너희는 내 백성이 아니요, 나는 너희 하나님이 되지 아니할 것"이라는 의미를 지니고 있다.(호세아 1장 6절, 9절)

호세아의 가족처럼 이스라엘이 하나님을 버린 사실을 지적하며, 이제라도 회개하고 주님의 품으로 돌아오라는 메시지가 호세아서의 기록 목적이다. 호세아는 이스라엘 백성들에게 하나님의 변함없는 사랑을 상기시키면서 거듭 그들의 회개를 촉구하고, 하나님과의 관계를 회복하라고 호소한다. 회개하면 하나님의 축복을 받을 것이나, 그렇지 않으면 하나님의 심판이 임할 것임을 경고하고 있다.[2]

호세아서의 배경은 북이스라엘이 사상 최고의 황금기를 누리고 있던 수도 사마리아였다. 당시 북이스라엘은 경제적으로, 군사적으로 가장 부강했다. 그러나 풍요가 계속될수록 하나님의 사랑과 정의에서 점점 더 멀어졌고, 도덕적·영적으로는 아주 쇠락한 상태에 빠지게 되었다. 북이스라엘은 지도층의 타락, 가난하고 소외된 자들에 대한 사회적 무관심, 물신주의라는 우상 숭배와 불신앙으로 가득차 있었다. 점차 죽음의 길로 가고 있었던 것이다.[3]

호세아 선지자가 전하는 메시지의 첫 일성은 당시 이스라엘의 영적인 상태를 한 마디로 묘사하는 것이었다. 이를 가리키는 특징적인 단어는 "없다"이다. 호세아 4장 1절에 "없다"라는 단어가 세 번이나 등장한다. 이는 신앙인이 갖추어야 할 세 가지 속성이 이스라엘 백성에게 없다는 것이다.[4] 호세아는 이에 대해 지적하기를, "이 땅에는 진실도 없고, 사랑도 없고, 하나님을 아는 지식도 없다. 있는 것이라고는 저주와 사기와 살인과 도둑질과 간음 뿐이다. 살육과 학살이 그칠 사이가 없다."(호세아 4장 1-2절 새 번역)라고 했다.

호세아가 선포한 이스라엘의 세 가지 죄악은 진실 곧 말씀이 없고, 인애도 없고, 하나님을 아는 지식도 없는 것이다. 진실, 인애, 하나님을 아는 지식은 하나님의 백성으로서 다른 모든 것을 잃어버리더라도 마지막까지 지키고 보존하여야 할 가장 소중한 덕목이다. 그러나 이스라엘 백성은 이것들을 다 잃어버리는 영적 암흑기에 있었다.[5]

하나님을 안다는 것은 정의와 공의를 행하는 것이고, 가난한 자와 궁핍한 자를 변호하는 것을 말한다.(예레미야 22장 15-16절) 그리하여 이를 행하면 형통할 것이지만, 하나님을 아는 영적 지식이 없으면 망하게 된다. 하나님의 율법을 잊어버리고, 그 율법을 주신 하나님을 멀리하기 때문이다. 하나님에 대한 무지는 단순한 불행이나 인간적 한계에 그치는 것이

아니라, 모든 죄악과 재앙의 근본 요인으로 작용하는 비극적인 죄이다.[6]

이스라엘 백성들이 하나님을 아는 지식을 잃게 된 이유는 바로 음란과 교만에 마음을 빼앗겼기 때문이다. 이 두 가지는 종종 하나님의 뜻을 따르지 않고 인간의 욕망과 자만에 의해 나타나는 대표적인 타락의 행위들을 의미한다. 음란은 도덕적으로 부적절하거나 타락적인 성행위를 포함할 뿐만 아니라, 더 나아가 하나님 외에 다른 것을 찾아 헤매는 마음을 뜻하기도 한다. 교만은 하나님에 대한 겸손함이 없는 자만심을 나타내는 것으로, 하나님의 자리에 앉아 스스로 신이라 여기는 것이다.[7]

그리하여 호세아는 이스라엘 백성이 음란과 교만을 버리고, 여호와께로 돌아가야 한다고 외친다. "오라 우리가 여호와께로 돌아가자. 여호와께서 우리를 찢으셨으나 도로 낫게 하실 것이요, 우리를 치셨으나 싸매어 주실 것임이라."(호세아 6장 1절)

여호와께 돌아간다는 것은 우리의 묵은 땅을 기경하는 것이고, 우리의 완악한 마음이 부서지고, 깨어지는 일을 뜻하는 것이다. 하나님은 징계와 책망에 따라 부서진 것을 사용하신다. 단단한 곡식도 부서져야 빵이 되고, 포도주나 향수도 잘게 부서짐을 통해 만들어진다. 기독교는 죽음을 통해 살고, 버림을 통해 얻는다. 부서짐을 통해 알곡이 되고, 깨어짐을 통해 쓰임 받는다. 그리하여 하나님의 일은 경고와 징계가 끝이 아니다. 하나님의 징계란 회복과 소망을 드러내는 또 다른 하나님의 사랑이다.[8] 하나님은 이스라엘 백성이 하나님을 떠나 죄를 지었지만, 여전히 그들을 변함없이 사랑하시며, 그들이 돌아오기를 기다리신다.

호세아는 이렇게 소망의 말씀을 전한다. "내가 그들의 반역을 고치고 기쁘게 그들을 사랑하리니 나의 진노가 그에게서 떠났음이니라. 내가 이스라엘에게 이슬과 같으리니, 그가 백합화 같이 피겠고, 레바논 백향

목 같이 뿌리가 박힐 것이라. 그의 가지는 퍼지며 그의 아름다움은 감람나무와 같고 그의 향기는 레바논 백향목 같으리니, 그 그늘 아래에 거주하는 자가 돌아올지라. 그들은 곡식 같이 풍성할 것이며, 포도나무 같이 꽃이 필 것이며 그 향기는 레바논의 포도주 같이 되리라."(호세아 14장 4-7절)

그러면서 호세아는 이스라엘 백성들을 향해 외친다. "그러므로 우리가 여호와를 알자. 힘써 여호와를 알자. 그의 나타나심은 새벽빛 같이 어김없나니 비와 같이, 땅을 적시는 늦은 비와 같이 우리에게 임하시리라 하니라."(호세아 6장 3절) 이러한 호세아의 외침은, 이스라엘 백성이 죄악에서 떠나, 삶의 진정한 회복인 인애와 공의를 행하고, 하나님을 아는 것에 힘쓰라는 의미이다. 이는 진정으로 하나님을 예배하고 경배하는 백성이 되는 길이요, 그의 신부가 되는 길이다.

어떤 재앙도, 저주도 그것이 끝이 아니다. 하나님이 선지자를 통해 심판을 선언하시는 진짜 목적은, 자기 백성이 회개하고 돌아와 하나님과 영원한 바른 관계를 맺는 신랑과 신부의 관계로 살아가는 것이다. 그것을 본문에서는 "내가 네게 장가들어 영원히 살되, 공의와 정의와 은총과 긍휼히 여김으로 네게 장가들며"(호세아 2장 19절)라고 약속하셨다. 그리고 그 남편은 바로 예수 그리스도이시다. 하나님은 우리가 예수의 신부가 되어 서로를 긍휼히 여기는 자들이 되고, 공의와 정의를 실천하는 하나님의 백성으로 진실되게 살아가기를 바라신다.

이제 우리는 우리의 고난을 어루만지시는 하나님과 아름다운 교제의 시간들을 갖자. 꽃이 피면 주님의 미소를 보고, 강물이 흐르면 주님의 속삭임을 듣자. 해가 뜨면 주님의 활기를 느끼고, 밤이 되면 주님의 포근함을 느끼자.[9]

이러한 삶이 조건없이 우리를 무조건 사랑하시고, 긍휼히 여기시는 하나님의 무한하신 사랑에 대한 응답이리라. 주는 내 하나님이요 신랑, 그리고 나는 그의 백성이고 신부라는 고백을 날마다 하면서 살아가자. 하나님은 길고 긴 기다림을 통해 우리가 하나님께로 돌아오기만을 바라신다.

귀향

김행선

나,
기나긴 절망과 방황 끝에
돌아갑니다.
마음의 고향, 영혼의 고향으로

완악함과 교만, 음란의
무거운 옷 벗어던지고

훌훌 가벼운 차림으로
돌아갑니다.

나를 향해 외치는 당신의 음성
그동안 외면해 왔지만

이제 나의 마음
깨어지고 부서지면서
돌아갑니다.

그곳은 포도나무의 꽃이 피고
백합화의 향기가 가득하며
사랑과 정의가 무르익는 곳

당신의 미소와 속삭임
당신의 사랑과 은총이 머무는 곳

당신의 무한한 사랑과
기나긴 기다림에 응답하며

돌아갑니다.
당신에게로

소선지서
아모스

정의를 물 같이, 공의를 마르지 않는 강 같이 흐르게 할지어다

여호와께서 이스라엘 족속에게 이와 같이 말씀하시기를 너희는 나를 찾으라 그리하면 살리라 … 너희는 여호와를 찾으라 그리하면 살리라 그렇지 않으면 그가 불 같이 요셉의 집에 임하여 멸하시리니 벧엘에서 그 불들을 끌 자가 없으리라 정의를 쓴 쑥으로 바꾸며 공의를 땅에 던지는 자들아 묘성과 삼성을 만드시며 사망의 그늘을 아침으로 바꾸시고 낮을 어두운 밤으로 바꾸시며 바닷물을 불러 지면에 쏟으시는 이를 찾으라 그의 이름은 여호와시니라 …

무리가 성문에서 책망하는 자를 미워하며 정직히 말하는 자를 싫어하는도다 너희가 힘없는 자를 밟고 그에게서 밀의 부당한 세를 거두었은즉 너희가 비록 다듬은 돌로 집을 건축하였으나 거기 거주하지 못할 것이요 아름다운 포도원을 가꾸었으나 그 포도주를 마시지 못하리라 너희의 허물이 많고 죄악이 무거움을 내가 아노라 너희는 의인을 학대하며 뇌물을 받고 성문에서 가난한 자를 억울하게 하는 자로다 그러므로 이런 때에 지혜자가 잠잠하나니 이는 악한 때임이니라 너희는 살려면 선을 구하고 악을 구하지 말지어다 만군의 하나님 여호와께서 너희의 말과 같이 너희와 함께 하시리라

너희는 악을 미워하고 선을 사랑하며 성문에서 정의를 세울지어다 만

군의 하나님 여호와께서 혹시 요셉의 남은 자를 불쌍히 여기시리라 그러므로 주 만군의 하나님 여호와께서 이와 같이 말씀하시기를 사람이 모든 광장에서 울겠고 모든 거리에서 슬프도다 슬프도다 하겠으며 농부를 불러다가 애곡하게 하며 울음꾼을 불러다가 울게 할 것이며 모든 포도원에서도 울리니 이는 내가 너희 가운데로 지나갈 것임이라 여호와의 말씀이니라 화 있을진저 여호와의 날을 사모하는 자여 너희가 어찌하여 여호와의 날을 사모하느냐 그 날은 어둠이요 빛이 아니라 …

내가 너희 절기를 미워하여 멸시하며 너희 성회들을 기뻐하지 아니하나니 너희가 내게 번제나 소제를 드릴지라도 내가 받지 아니할 것이요 너희의 살진 희생의 화목제도 내가 돌아보지 아니하리라 네 노랫소리를 내 앞에서 그칠지어다 네 비파소리도 내가 듣지 아니하리라 오직 정의를 물 같이, 공의를 마르지 않는 강 같이 흐르게 할지어다 (암 5:4-24)

아모스는 남유다의 드고아 출신으로, 목자이자 뽕나무를 배양하는 평민 출신의 선지자였다. 그는 동시대에 살았던 호세아와 이사야보다 나이가 많았으며, 여로보암 2세와 웃시야의 통치 기간인 기원전 760~755년에 활동했다.[1] 아모스는 예언자들 가운데 처음으로 북왕국 사회에 존재하는 빈부 격차를 비롯한 사회적 문제들을 신앙의 본질과 연관된 문제로 비판했고, 예언자들 가운데 처음으로 이스라엘이라는 나라 전체의 멸망을 예고했으며, 나아가 이스라엘을 둘러싼 열방에 대한 하나님의 심판을 선포하기도 했다. 그의 선포는 이후 예언자들에게 일종의 선포 기준과 척도가 되었다고 평가된다.[2]

아모스가 활동하던 북이스라엘의 왕 여로보암 2세 당시는 이스라엘이 경제·정치·사회적으로 가장 전성기를 누리던 때였다. 당시 북왕국은 서쪽으로는 블레셋을, 동쪽으로는 암몬을, 북쪽으로는 아람을 정복하였다. 이로 인해 이스라엘의 교역로가 확장되었고, 이스라엘의 성읍들은 부를 축적하였다. 그러나 외적 번영은 오히려 영적 빈곤을 불러왔다. 사치와 향락으로 도덕적 타락이 극에 이르렀고, 빈부 격차로 소외 계층이 늘어났지만 관심을 가지는 자들은 아무도 없었다. 게다가 지도자들은 자신들의 신분을 이용하여 가난한 자들을 수탈하며 치부하기에 바빴다. 불의와 불법이 성행하며, 가난한 자들은 적은 돈에 종으로 팔리기도 했다. 우상 숭배로 인한 불신앙도 만연했다. 벧엘의 성소를 위시한 예배 처소들이 이교화 되었고, 이스라엘 백성은 형식적인 신앙에 머물렀다.[3]

이는 불순종의 결과이며, 정의와 공의가 사라져버린 결과였다. 그들은 공의를 쓴 풀로 만들며, 정의를 땅에 내동댕이쳤다. 그들은 어느 것이 선하며, 옳으냐를 생각하지 않고, 어느 것이 유익하며, 돈이 생기는가를 생각했다. 그들은 정의나 선에 대해서는 비웃으며 정직히 말하는 자와 그들의 불의를 지적하는 자를 싫어했다. 그들의 정치와 사회의 풍토는 인간의 생명과 존엄성을 소중히 여기기보다는 물질 위주, 경제 제일주의, 생산과 산업 제일주의로 기울어져 있었다. 그들의 사회는 돈만 있으면 무엇이든지 다 가능했고, 뇌물만 사용하면 불의를 정의로 바꿀 수 있고, 무죄한 자를 유죄 판결로 만들 수 있었다.[4]

이처럼 북이스라엘은 멸망이 가까워서, 그 죄악이 하나님의 진노의 잔을 채우고 있었다. 하나님은 그 백성 이스라엘의 죄악 앞에서 분노하며 심판하려 하시는데, 이스라엘 백성들은 그것을 까맣게 모르고 죄에 빠져 있었다. 이런 상황에서 하나님은 남유다 드고아에서 양을 치는 목자였던 아모스를 급거 북이스라엘로 파송하셔서 이스라엘 백성들에게 회개를 촉구하며, 하나님의 선민 공동체답게 정의로운 사회를 이루도록 강하게 명령하셨다.[5]

하나님은 아모스를 통해 북이스라엘의 파멸이 눈 앞에 다다랐음을 예언하게 하셨다. 아모스는 여로보암 2세의 통치 행태가 불러온 북이스라엘의 사회 모순, 곧 사회적 강자들의 폭력과 약자들의 고통, 극단적인 빈부 격차, 내정 부패와 종교적 타락 같은 불의를 비판하면서 강렬하고 준엄한 말로 정의를 부르짖었고, 이러한 사회 모순이 개혁되지 않고 누적되면 결국은 나라가 망하게 될 것을 경고했다.[6] 아모스가 부르짖은 예언의 주요 주제는 사회 정의였다.

아모스는 이러한 때에 하나님을 찾으라고 호소한다. 그는 선을 사랑하고, 악을 미워하고, 헛된 우상을 다 내버리고, 형식적인 신앙생활에서 벗어나 오직 정의를 물 같이, 공의를 강 같이 흐르게 하라고 선포한다.

여호와를 찾는 삶이란 그분과 친밀한 관계를 맺고, 그분의 뜻을 이해하며, 그 뜻에 순종하며 살아가는 것을 말한다. 이는 기도를 통해, 말씀을 통해 우리의 마음을 찢고, 회개하며, 일상생활 속에서 공의와 정의를 행하며, 서로 사랑하고 선한 일을 하면서 하나님과 함께 하는 삶이다.

물고기 뱃속에 있으니라

여호와께서 이미 큰 물고기를 예비하사 요나를 삼키게 하셨으므로 요나가 밤낮 삼 일을 물고기 뱃속에 있으니라 (욘 1:17)

요나가 물고기 뱃속에서 그의 하나님 여호와께 기도하여 이르되 내가 받는 고난으로 말미암아 여호와께 불러 아뢰었더니 주께서 내게 대답하셨고 내가 스올의 뱃속에서 부르짖었더니 주께서 내 음성을 들으셨나이다 주께서 나를 깊음 속 바다 가운데에 던지셨으므로 큰 물이 나를 둘렀고 주의 파도와 큰 물결이 다 내 위에 넘쳤나이다

내가 말하기를 내가 주의 목전에서 쫓겨났을지라도 다시 주의 성전을 바라보겠다 하였나이다 물이 나를 영혼까지 둘렀사오며 깊음이 나를 에워싸고 바다풀이 내 머리를 감쌌나이다 내가 산의 뿌리까지 내려갔사오며 땅이 그 빗장으로 나를 오래도록 막았사오나 나의 하나님 여호와여 주께서 내 생명을 구덩이에서 건지셨나이다 내 영혼이 내 속에서 피곤할 때에 내가 여호와를 생각하였더니 내 기도가 주께 이르렀사오며 주의 성전에 미쳤나이다 거짓되고 헛된 것을 숭상하는 모든 자는 자기에게 베푸신 은혜를 버렸사오나 나는 감사하는 목소리로 주께 제사를 드리며 나의 서원을 주께 갚겠나이다 구원은 여호와께 속하였나이다 하니

라 여호와께서 그 물고기에게 말씀하시매 요나를 육지에 토하니라 (욘 2:1-10)

요나는 스불론 족속의 지경에 속하는 도시 중의 하나인 가드헤벨 출신의 히브리 사람이며, 아밋대의 아들로써 구약의 선지자 중 하나님의 손에서 벗어나 도망가려고 했던 유일한 예언자였다. 그는 예수가 언급했던 네 명의 구약 예언자들 가운데 한 사람으로 나머지 세 사람은 엘리야, 엘리사, 그리고 이사야이다.[1]

요나는 북이스라엘 여로보암 2세 때 활동하던 선지자였다. 구약 대부분의 책이 이스라엘 선민 중심의 구속 역사를 기술하고 있는 것에 반해, 요나서는 독특하게도 이방 나라, 특히 이스라엘의 원수 나라인 앗수르의 수도 니느웨의 구원을 중심으로 전개되고 있다. 당시 앗수르는 국력이 쇠약해지고, 큰 전염병으로 많은 생명을 잃었으며, 일식이 임하여 백성들이 두려움과 공포에 떠는 등 국가적인 위기 의식이 고조되고 있었다. 특히 니느웨는 윤리적인 죄, 사회적인 강포의 죄, 우상 숭배 등으로 패역한 길을 걸어가고 있었다. 따라서 니느웨의 구원을 목적으로 기록된 요나서는 하나님이 선민 이스라엘 백성만을 위한 하나님이 아니라, 이방인들의 하나님, 곧 온 천하 만민의 하나님이심을 보여준다는 측면에서 '구약의 복음서'라고 불리기도 한다.[2]

하나님은 요나에게 악들이 가득찬 니느웨로 가서 하나님의 말씀을 전하라는 사명을 주셨다. 그러나 애국심이 강했던 요나는 원수의 나라를 그냥 멸해 버리시지 뭐하러 살리시려고 하는가 하면서, 하나님의 명령에 불만을 품고, 니느웨와는 정반대 방향인 다시스로 향하는 배를 타고 도망쳤다. 그리고는 배 안의 가장 구석진 곳에 숨어서 안심하고 있었다. 그러나 하나님을 따돌리고 달아날 길은 세상에 없다. 하나님은 폭풍을 일으켜 배가 가라앉을 위기를 만들고, 그 원인이 된 요나는 결국 바다에 던져졌다.[3]

하나님은 큰 물고기를 예비하사 요나를 삼키게 하고, 그로 인해 요나가 하나님의 뜻을 이루도록 하셨다. 요나가 물고기 뱃속에 갇힌 것은 하나님의 주권적인 개입을 상징한다. 요나는 하나님의 명령을 거역하고 도망쳤지만, 하나님은 큰 물고기를 통해 그를 구하셨다. 이는 하나님이 자신의 계획을 이루기 위해 어떤 방법도 사용할 수 있으며, 동시에 은혜를 베풀어 회복시키시는 분이심을 보여준다. 또한 요나가 물고기 뱃속에 갇힌 상황은 죽음에 직면하는 고난의 상황을 의미하는 것으로, 인간의 힘으로는 아무 것도 할 수 없는 무력함을 극명하게 보여준다.[4] 이는 인간의 한계와 하나님의 전능하심을 상징하며, 믿는 자들이 자신의 힘이 아닌 하나님의 능력에 의지해야 함을 강조한 것이다.

어둡고 지옥 같은 물고기 뱃속에 3일 동안 갇혀 있던 요나는 하나님께 부르짖고 회개하며, 하나님의 은혜와 구원을 기다렸다. 그는 깊은 절망 속에서 부르짖는 자신의 기도를 하나님이 들으시고 응답하셨다고 고백한다. 그리고 그는 "구원은 여호와께 속하였음"을 선포한다. 아무리 지옥 같고 절망적인 현장일지라도 회개가 있고, 감사가 있는 곳이라면 어디든지 하나님이 계시고 하나님을 만날 수 있는 성전이 된다.

더 나아가 요나가 3일 동안 물고기 뱃속에 있었던 것은 예수 그리스도의 죽음과 부활의 예표로 해석되기도 한다. 예수도 이 사건을 자신의 죽음과 부활의 상징으로 언급하셨다.(마태복음 12장 40절) 이는 요나의 경험이 그리스도의 구속사역을 미리 보여주는 상징적 사건임을 의미한다.[5]

또한 물고기는 앗수르의 신인 다곤신을 상징한다. 물고기 뱃속에 갇힌 것은 초강대국이었던 앗수르에게 삼키워지는 것이기도 했으며, 강대국에 의해 포로생활을 했던 사람들의 절망적인 삶을 상징하는 것이기도 했다. 그러나 물고기 뱃속에 갇혀 있던 3일은 죽음과도 같은 고통의 시간인 동시에, 새 생명으로 변화되는 시간이기도 했다.[6] 즉 물고기 뱃속은 요나가 영적으로 갇힌 상태에서 회복과 새 출발을 준비하는 장소가 된다.

고난은 우리를 변화시키고, 무감각해진 우리의 믿음을 다시 깨운다.[7] 요나가 파멸의 자리인 죽음 앞에서 하나님의 긍휼을 기대했던 것처럼, 우리가 놀라운 권능으로 일하시는 하나님을 기억한다면 우리에게 절망은 의미가 없다. 왜냐하면 우리가 창조주이시며, 만물을 다스리시는 하나님을 기억하고 그분에게 도움을 요청할 수 있다면, 우리의 절망은 곧 희망이 되기 때문이다. 절망 없는 희망은 없다.[8] 벼랑 끝과 인생의 밑바닥이 바로 은혜의 자리이다.

우리는 물고기 뱃속에 갇혀 있습니다

김행선[9]

밤낮 3일 동안
물고기 뱃속에 갇혀버린 요나처럼
우리는 물고기 뱃속에 갇혀 있습니다

그곳은 깊은 절망의 심연이었고
강요된 죽음이었고
강요된 침묵이었으며
일상이 배제되고
경제가 마비되며
방역이라는 이름 아래
자유가 제한되고
억압과 통제가 일상화 되고
모든 관계가 상실되는 공간입니다

죽음과 두려움 속에 유폐된 공간에서
우리는 무력감과 분노, 상실감,
수치심과 증오의 부정적인 정서가
짙게 드리워진 역사의 그늘 속에 내면화 된 자아들입니다

그러나 우리는 알아야 합니다
새로운 역사의 희망은 항상 작은 데서부터 시작된다는 것을

우리의 현실은 여전히 암담하고 절망스럽지만
어둠을 빛으로 바꾸시고
절망을 희망으로 바꾸시며
모든 것을 회복시키시는 하나님을 소망하면서
우리는 일어서야 합니다

우리는 부정적인 정서와 무기력
패배감과 절망으로부터
일어나 당당하게 살아야겠습니다

두려워하지 마십시오
다만 믿으십시오
주님의 빛을 받아 어둠을 뚫고 환히 열릴 미래를

우리가 온전히 망하게 되었도다

그들이 침상에서 죄를 꾀하며 악을 꾸미고 날이 밝으면 그 손에 힘이 있으므로 그것을 행하는 자는 화 있을진저 밭들을 탐하여 빼앗고 집들을 탐하여 차지하니 그들이 남자와 그의 집과 사람과 그의 산업을 강탈하도다 그러므로 여호와의 말씀에 내가 이 족속에게 재앙을 계획하나니 너희의 목이 이에서 벗어나지 못할 것이요 또한 교만하게 다니지 못할 것이라 이는 재앙의 때임이라 하셨느니라 그 때에 너희를 조롱하는 시를 지으며 슬픈 노래를 불러 이르기를 우리가 온전히 망하게 되었도다 그가 내 백성의 산업을 옮겨 내게서 떠나게 하시며 우리 밭을 나누어 패역자에게 주시는도다 하리니 (미 2:1-4)

내가 또 이르리니 야곱의 우두머리들과 이스라엘 족속의 통치자들아 들으라 정의를 아는 것이 너희의 본분이 아니냐 너희가 선을 미워하고 악을 기뻐하여 내 백성의 가죽을 벗기고 그 뼈에서 살을 뜯어 그들의 살을 먹으며 그 가죽을 벗기며 그 뼈를 꺾어 다지기를 냄비와 솥 가운데에 담을 고기처럼 하는도다

그때에 그들이 여호와께 부르짖을지라도 응답하지 아니하시고 그들의 행위가 악했던 만큼 그들 앞에 얼굴을 가리시리라 내 백성을 유혹하는

선지자들은 이에 물 것이 있으면 평강을 외치나 그 입에 무엇을 채워 주지 아니하는 자에게는 전쟁을 준비하는도다 이런 선지자에 대하여 여호와께서 이르시되 그러므로 너희가 밤을 만나리니 이상을 보지 못할 것이요 어둠을 만나리니 점치지 못하리라 하셨나니 이 선지자 위에는 해가 져서 낮이 캄캄할 것이라 (미 3:1-6)

재앙이로다 나여 나는 여름 과일을 딴 후와 포도를 거둔 후 같아서 먹을 포도송이가 없으며 내 마음에 사모하는 처음 익은 무화과가 없도다 경건한 자가 세상에서 끊어졌고 정직한 자가 사람들 가운데 없도다 무리가 다 피를 흘리려고 매복하며 각기 그물로 형제를 잡으려 하고 두 손으로 악을 부지런히 행하는도다 그 지도자와 재판관은 뇌물을 구하며 권세자는 자기 마음의 욕심을 말하며 그들이 서로 결합하니 그들의 가장 선한 자라도 가시 같고 가장 정직한 자라도 찔레 울타리보다 더하도다 그들의 파수꾼들의 날 곧 그들 가운데에 형벌의 날이 임하였으니 이제는 그들이 요란하리로다

너희는 이웃을 믿지 말며 친구를 의지하지 말며 네 품에 누운 여인에게라도 네 입의 문을 지킬지어다 아들이 아버지를 멸시하며 딸이 어머니를 대적하며 며느리가 시어머니를 대적하리니 사람의 원수가 곧 자기의 집안 사람이리로다 (미 7:1-6)

남유다 모레셋 출신인 미가는 남유다의 격변기에 주로 활동했던 선지자였으며, 북이스라엘도 대상으로 하여 활동했다. 미가는 이사야와 마찬가지로 요담과 아하스와 히스기야가 다스리던 때에 활동했다. 이 기간은 B.C. 735년부터 B.C. 690년까지로 약 45년 간의 시기이다. 미가가 살던 당시는 여러 면에서 어려움을 겪고 있던 시대였다. 대외적으로는 팔레스타인의 강자로 부상한 앗수르 제국이 근동지역에 대한 정복욕에 불타 여러 차례 이스라엘과 유다를 침공했으며, 대내적으로는 많은 사회악으로 인해 불안과 고통이 가득한 때였다. 시골 출신인 미가는 농민들과 가난한 서민을 위해 예언 활동을 했다. 미가는 이스라엘 역사

상 가장 과격하고 거친 입으로 백성을 억압하고 착취하는 왕과 지배층에 거침없이 욕설을 퍼부었다. 정부로부터 철저히 버림받은 가난한 백성들이 겪는 고난의 참상을 잘 알고 있었기 때문이다.[1]

미가는 예언자 이사야, 아모스, 호세아와 동시대 인물이었다. 미가는 예루살렘과 사마리아의 멸망, 유다 국가의 멸망과 회복을 예언하고, 유다 백성의 부정직과 우상 숭배에 대한 책망 및 지도자들의 부패와 하나님의 공의에 대한 메시지를 선포했다.[2] 이는 하나님의 아픔과 분노를 그대로 드러내는 예언자의 선포였다.

미가는 하나님의 사회 정의에 대한 지침과 그 요구를 채우지 못하는 남유다 정권을 향해 유감없이 비난을 퍼부었던 선지자이다. 그의 가슴에서는 하나님의 거룩한 분노가 폭발하고 있었고, 그의 입에서는 이 분노가 말씀의 불이 되어 죄로 얼룩진 사회에 유황불을 쏟아내고 있었다. 이 때문에 미가는 '남왕국의 아모스'라고도 불린다. 동시대에 사역했던 선지자 이사야가 남긴 책의 분량에 비하면 미가서는 십분의 일 밖에 되지 않지만, 내용에 있어서는 이사야서 만큼이나 명확하고 호소력이 있다 해서 미가서를 '작은 이사야서'라고 부르기도 한다.[3]

미가가 살던 시대는 남왕국의 웃시야 왕과 북왕국의 여로보암 왕 때부터 시작된 괄목할 만한 경제적 성장이 부분적으로나마 지속되던 때이다. 북왕국의 여로보암과 남왕국의 웃시야는 안정적인 정치, 지속적인 경제 구조 변화와 상업화를 통해 큰 경제 부흥을 가져왔다. 그러나 이는 이기주의, 인간적 성취를 위해 종교를 이용하려는 욕망, 개인적·사회적 가치관의 파괴 등 많은 부작용을 동반했다. 특히 경제 부흥이 가져온 또 하나의 문제는 사회적 불평등이었다. 지배층을 비롯한 상류층은 경제적 르네상스를 누리고 있었으나, 이에 반해 서민들의 삶은 점점 어려워만

갔다. 종교지도자들도 당시의 분위기에 편승하여 서민들에게 별다른 관심을 가지지 않았다.[4]

특히 미가가 사역하던 시대의 유다 사회는 범국가적 고난이 그들을 엄습하고 있었다. 미가는 이사야 선지자와 같이 사마리아와 북왕국의 멸망을 예언했으며, 북왕국 이스라엘이 멸망하는 것을 직접 목격했고, 산헤립 등과 같은 앗수르의 통치자들 아래 앗수르가 흥기하는 것을 보았다. 히스기야 왕 때에는 산헤립의 침공으로 결정적인 위기를 맞기도 했다.[5]

이러한 때일수록 지도층과 부유층이 고통 분담에 앞장서야 했지만, 이들은 오히려 서민들을 착취하는데 혈안이 되어 있었다. 게다가 종교지도층, 거짓 선지자들은 그들의 행동을 부추기고 있었다. 지도층의 죄를 한마디로 요약하면, "힘이 곧 정의"라고 믿는 태도였다. 그들은 자신들의 권력을 이용하여 닥치는대로 사람들을 착취했다. 많이 가진 자들이 더 많이 가지려고 그나마 없는 자들을 착취하는 죄를 저질렀다.[6] 따라서 미가의 메시지는 특별히 불의와 불법을 자행하는 지도자, 권력자, 부자 등 사회적 강자에게로 향했다.

원래 통치자들의 본분은 정의를 추구하고, 실천하는 것이다. 그러나 그들은 본분을 잃어버리고, 이해타산의 원리에 따라 통치하고 있었다. 그리하여 힘 있는 자들은 침상에서 악을 꾀하고, 낮에는 그 힘을 이용하여 힘 없는 약한 자를 해치고, 강탈하고, 빼앗는 악한 행동들을 했다. 미가는 이들이 정의를 버리고, 선을 미워하고, 악을 기뻐하여 백성들의 가죽을 벗기고, 그 뼈에서 살을 뜯어 먹으며, 그 뼈를 꺾어 다지기를 냄비와 솥 가운데에 담을 고기처럼 한다고 고발한다.

이는 이스라엘 지도자들이 얼마나 심각한 죄를 저지르고 있는지, 생생한 비유를 통해 표현한 것이다. 이러한 지도자들에게 백성은 단지 자신들의 욕심을 채워주는 수단에 불과했다.[7] 욕심은 하나님이 가지지 말라고 하신 것을 가지려는 마음이다. 하나님이 내게 주신 것에 감사하지 않고, 내 힘으로 더 채우려 하는 마음, 이것이 욕심이다. 욕심을 내기 때문에 빼앗고, 차지하고, 강탈하는 것이다.[8]

사람들은 모두 자신의 욕심과 이익을 위해 피를 흘리고, 뇌물을 받으며 각기 그물로 형제를 잡으려 하고, 두 손으로 부지런히 악을 행하였다. 그리하여 경건한 자가 세상에서 끊어지고, 정직한 자가 사람들 가운데 없었다. 당대는 아들이 아버지를 멸시하며, 딸이 어머니를 대적하고, 며느리가 시어머니를 대적하는 패역한 시대였다.

이에 하나님은 재앙을 선포하셨다. 미가는 "그때에 그들이 여호와께 부르짖을지라도 응답하지 아니하시고, 그들의 행위가 악했던 만큼 그들 앞에 얼굴을 가리시리라."(미가 3장 4절)고 선포하면서, "우리가 온전히 망하게 되었도다", "이는 재앙의 때임이라"라고 말하고 있다.(미가 2장 3-4절)

이같은 선포는 하나님이 더 이상 이스라엘 백성들에게 자비를 베풀지 않겠다는 단호한 의지를 말씀하신 것이다. 주님의 자비없이 어떤 인생도 살 수 없다. 다시 말하면, 모든 인생은 주님의 자비를 의지하여 살 수 밖에 없는 존재이다. 따라서 주님의 자비가 끊어졌다는 말은 곧 파멸을 의미한다. 우리에게 자비를 베푸시는 하나님께 집중하지 않으면, 악에 매료되어 지속적인 악을 탐닉할 수 밖에 없는 것이 우리 인생의 연약함이다. 어떠한 상황이든, 우리의 얼굴을 마주하며 자비를 베풀어 주시는 주님께 시선을 떼지 말아야 하는 이유가 여기에 있다.[9]

속이고 빼앗고 악을 도모하는 이 세상에는, 아무런 희망도 보이지 않는 것 같다. 예언자가 처한 절망적인 세상은 무고한 사람들의 피를 흘리는 세상이며, 신뢰가 무너지고 자기 욕망에만 충실한 세상, 서로 함께 존재할 수 없는 악한 세상이다. 이러한 세상에 도대체 어떤 희망이 있을까?(미가 7장 1-6절)

그러나 모든 것이 절망적인 것은 아니다. 미가 선지자는 심판의 먹구름이 지나면 하나님의 놀라운 구원의 빛이 그들의 미래를 비춰줄 것을 확신한다. 즉 하나님의 심판이 확실한 만큼, 그분의 구원이 심판의 뒤를 따를 것도 확실하다.[10] 미가 선지자는 당시 사회에 만연한 부패와 타락의 문제를 간과하지 않고 그 실상을 진단하면서, 동시에 당시의 임박한 필연적인 멸망과 파탄을 넘어서서 적극적으로 미래를 소망하며 하나님의 구원역사를 바라보도록 격려한다.[11]

미가 선지자는 절망적인 세상에 무너지지 않고, 여호와를 바라보며, 다시 한번 하나님의 은총에 의지한다. 이스라엘의 회복의 근거는 하나님이 이스라엘 백성의 죄를 사하심이다. 죄가 개인과 온 세계의 불행의 근본원인이므로, 죄를 사하심은 모든 행복의 시작을 의미한다. 거기에서 평안도, 기쁨도, 영생도 나온다. 이러한 사죄는 하나님의 자비와 긍휼과 은총에서 나온다.[12]

미가는 끝날에 이르러 "율법이 시온에서부터 나올 것이요 여호와의 말씀이 예루살렘에서부터 나올 것임이라. 그가 많은 민족들 사이의 일을 심판하시며 먼 곳 강한 이방 사람을 판결하시리니 무리가 그 칼을 쳐서 보습을 만들고 창을 쳐서 낫을 만들 것이며 이 나라와 저 나라가 다시는 칼을 들고 서로 치지 아니하며, 다시는 전쟁을 연습하지 아니하고 각 사람이 자기 포도나무 아래와 자기 무화과나무 아래에 앉을 것이라 그들을 두렵게 할 자가 없으리니"(미가 4장 3-4절)라고 희망찬 메시지를 전한다.

이 같은 메시지는 이후 이스라엘 백성들이 즐겨 부르는 노래로 자리 잡았고, 무화과나무 아래는 그들이 동경하는 평화로운 세상을 가리키는 민족의 이미지로 자리를 잡았다. 미가의 꿈은 오랜 전쟁과 못난 왕들의 통치로 인하여 대대로 고난 속에 살아온 이스라엘 백성들의 염원을 담아내고 있다.[13]

미가는 전쟁이 없는 세상, 모든 이가 농사를 지어 먹으며, 무화과 나무 아래 앉아 편안하게 도란도란 이야기를 나누며 살아가는 세상을 꿈꾸면서, 그것이 하나님의 약속이라고 선포한다. 그러면서 미가는 그런 평화로운 세상이, 하나님의 영으로 충만한 의로운 왕의 통치를 통해서 실현될 것이라고 예언한다. 미가는 보다 구체적으로 이스라엘을 다스릴 자가 작은 마을인 베들레헴에서 태어날 것이며, 여호와의 능력을 가지고 태어날 왕인 예수 그리스도가 평화를 가져올 거라 선포한다.[14]

그리고 미가는 여호와가 나의 빛이 되심을 변치않는 믿음으로 고백한다. 그는 "나는 엎드러질지라도 일어날 것이요, 어두운 데에 앉을지라도 여호와께서 나의 빛이 될 것"(미가 7장 8절)을 선포한다. 그러면서 "주와 같은 신이 어디 있으리이까"(미가 7장 18절)라는 고백으로 글을 마친다.

이는 하나님의 은혜로 말미암은 이스라엘 회복의 가능성을 나타내며, 이스라엘에게 새로운 시작과 변화의 기회를 주고자 하는 하나님의 사랑을 나타낸 것이다.[15] 아무리 힘들고 막막한 세상이라도, 하나님은 우리를 끝까지 사랑해 주시고 구원해 주실 분임을 믿자.

어사시

이몽룡[16]

金樽美酒(금준미주)는 千人血(천인혈)이요
玉盤佳肴(옥반가효)는 萬姓膏(만성고)라
燭淚落時(촉루낙시) 民淚落(민루낙)이요
歌聲高處(가성고처) 怨聲高(원성고)라

금동이의 맛있는 술은 많은 사람의 피요
옥쟁반의 좋은 안주는 만백성의 기름이라
촛농이 떨어질 때 백성들의 눈물도 떨어지고
노랫소리 드높은 곳에 백성들의 원망 소리 높더라

소선지서

하박국

여호와로 말미암아 즐거워하며 기뻐하리로다

여호와여 주께서 말을 타시며 구원의 병거를 모시오니 강들을 분히 여기심이니이까 강들을 노여워하심이니이까 바다를 향하여 성내심이니이까 주께서 활을 꺼내시고 화살을 바로 쏘셨나이다 주께서 강들로 땅을 쪼개셨나이다 산들이 주를 보고 흔들리며 창수가 넘치고 바다가 소리를 지르며 손을 높이 들었나이다 …

주께서 주의 백성을 구원하시려고, 기름 부음 받은 자를 구원하시려고 나오사 악인의 집의 머리를 치시며 그 기초를 바닥까지 드러내셨나이다 그들이 회오리바람처럼 이르러 나를 흩으려 하며 가만히 가난한 자 삼키기를 즐거워하나 오직 주께서 그들의 전사의 머리를 그들의 창으로 찌르셨나이다 주께서 말을 타시고 바다 곧 큰 물의 파도를 밟으셨나이다 내가 들었으므로 내 창자가 흔들렸고 그 목소리로 말미암아 내 입술이 떨렸도다 무리가 우리를 치러 올라오는 환난 날을 내가 기다리므로 썩이는 것이 내 뼈에 들어왔으며 내 몸은 내 처소에서 떨리는도다

비록 무화과나무가 무성하지 못하며 포도나무에 열매가 없으며 감람나무에 소출이 없으며 밭에 먹을 것이 없으며 우리에 양이 없으며 외양간에 소가 없을지라도 나는 여호와로 말미암아 즐거워하며 나의 구원의 하나님으로 말미암아 기뻐하리로다 주 여호와는 나의 힘이시라 나의 발을 사슴과 같게 하사 나를 나의 높은 곳으로 다니게 하시리로다 (합 3:8-19)

본문은 남유다의 마지막 때, 여호야김 왕 시대를 살았던 선지자 하박국의 가슴 아픈 통곡의 외침이다. 하박국이란 이름의 뜻은 '안다, 씨름하다'라는 의미이다. 그는 현실의 고통과 질문을 끌어안고 씨름했던 선지자였다.[1]

하박국의 배경은 중동의 신흥 강대국 바벨론이 앗수르 제국을 멸망시키고, 전통적 강국 애굽마저 격파하는 등 중근동의 신질서가 재편되던 때 당대 최고의 선왕(善王)으로까지 꼽히던 요시야가 애굽왕 바로 느고와의 싸움에서 전사하고, 후계자 여호아하스 왕마저 바로 느고에 의해 폐위되어 여호야김이 왕으로 옹립되는 등 유다의 국운이 극도로 기울고, 율법은 무너지며, 사회에 불의가 만연하는 등 국내외 정세는 갈수록 악화되던 때였다. 특히 유다 왕 여호야김은 불의와 부정 및 패역을 자행했고, 위정자들은 착취와 겁탈을 일삼았으며, 백성들은 종교적, 도덕적으로 심각하게 타락한 상태였다. 그리하여 나라 안은 부정과 착취, 죄가 횡행했으며, 악인이 흥청거리고 의인이 멸시를 받고 있는 상황에 놓여 있었다. 이런 상황에서 하박국 선지자는 하나님은 과연 살아 역사하시는가? 그렇다면 세상에서 악인이 잘 되고, 의인이 고통받는 이유는 무엇인가? 더 나아가 하나님은 왜 자기 백성 이스라엘을 벌하시는 데 바벨론을 도구로 사용하시는지 혼란스러워 했다.[2]

이런 신정론적 질문에 대해 명쾌한 해답을 제시한 책이 바로 하박국서다. 하박국은 그 해답으로 "의인은 그의 믿음으로 말미암아 살리라"(하박국 2장 4절)는 유명한 이신득의(以信得義) 사상을 일깨워 주었다. 이런 점에서 하박국은 이스라엘 철학의 아버지라고도 불리운다. 사도 바울은 이 말씀에 근거하여 구원의 원리를 가르쳤고, 중세 시대 마틴 루터는 이 말씀에 의지하여 종교 개혁의 기치를 높이 들었다.[3]

세상의 악과 싸우는 전사의 하나님! 강과 바다를 섬기는 자를 향한 분노의 하나님! 하나님의 구원의 역사는 얼마나 놀라운가! 큰 물의 파도까지 밟으시며, 세상을 지배하고 있는 하나님의 압도적인 권능 앞에 예언자는 희망을 갖는다. 의로운 하나님은 의인과 의로운 백성에게 상을 주시고, 악인과 악한 민족에게는 벌을 주신다는 전통적인 유대인의 사상을 그가 거듭 확인했기 때문이다. 즉 하박국은 세상을 다스리는 분은 강포와 폭력을 행하는 자들이 아니라, 바로 하나님임을 알았으며, 하나님의 구원의 때가 반드시 올 것이라는 믿음이 있었던 것이다.[4]

그래서 하박국은 평화로운 삶의 조건이 하나도 없을지라도, 여호와 하나님으로 말미암아 즐거워하며, 기뻐하노라고 이렇게 고백하고 있다. "비록 무화과나무가 무성하지 못하며 포도나무에 열매가 없으며 감람나무에 소출이 없으며 밭에 먹을 것이 없으며 우리에 양이 없으며 외양간에 소가 없을지라도 나는 여호와로 말미암아 즐거워하며 나의 구원의 하나님으로 말미암아 기뻐하리로다."(하박국 3장 17-18절)

과실수들과 밭의 식물, 그리고 양과 소, 이 모든 것들은 인간의 생존을 위해서는 절대적으로 필요한 양식들이다. 그러나 이 모든 것들이 다 없다 할지라도 여호와를 향한 구원의 소망을 버리지 않겠다는 하박국 선지자의 말은 놀라운 신앙 고백이다.[5]

하박국은 하나님에 대한 강한 믿음과 기대를 표현하며, 자신의 힘이 아니라 하나님의 능력과 신실함에 의지하고 있다. 그는 절망적인 상황에서도 불평하기보다는 하나님은 그의 백성을 보호할 것이며, 하나님의 약속을 이루어가실 것이라는 확신을 갖고, 소망 가운데서 참고 기다릴 것을 백성들에게 권고하고 있다.

상처가 없기를 소망하기보다, 그 상처 속에 하나님의 숨결이 와 닿아

온전해지기를 소망하라! 믿음이란 절망의 현실 속에서도 희망을 보는 것이다. 하나님이 나와 동행한다면 나의 패배는 진짜 패배가 아니며, 하나님은 절대 패배하지 않는다는 확신을 갖자! 여호와 하나님은 나를 일으키시는 분이며, 역사와 인생의 주인은 바로 하나님이심을 믿자![6]

공의로운 해가 떠올라서

만군의 여호와가 이르노라 보라 내가 내 사자를 보내리니 그가 내 앞에서 길을 준비할 것이요 또 너희가 구하는 바 주가 갑자기 그의 성전에 임하시리니 곧 너희가 사모하는 바 언약의 사자가 임하실 것이라 그가 임하시는 날을 누가 능히 당하며 그가 나타나는 때에 누가 능히 서리요 그는 금을 연단하는 자의 불과 표백하는 자의 잿물과 같을 것이라 그가 은을 연단하여 깨끗하게 하는 자 같이 앉아서 레위 자손을 깨끗하게 하되 금, 은 같이 그들을 연단하리니 그들이 공의로운 제물을 나 여호와께 바칠 것이라 (말 3:1-3)

만군의 여호와가 이르노라 보라 용광로 불 같은 날이 이르리니 교만한 자와 악을 행하는 자는 다 지푸라기 같을 것이라 그 이르는 날에 그들을 살라 그 뿌리와 가지를 남기지 아니할 것이로되 내 이름을 경외하는 너희에게는 공의로운 해가 떠올라서 치료하는 광선을 비추리니 너희가 나가서 외양간에서 나온 송아지 같이 뛰리라 또 너희가 악인을 밟을 것이니 그들이 내가 정한 날에 너희 발바닥 밑에 재와 같으리라 만군의 여호와의 말이니라 너희는 내가 호렙에서 온 이스라엘을 위하여 내 종 모세에게 명령한 법 곧 율례와 법도를 기억하라

보라 여호와의 크고 두려운 날이 이르기 전에 내가 선지자 엘리야를 너희에게 보내리니 그가 아버지의 마음을 자녀에게로 돌이키게 하고 자녀들의 마음을 그들의 아버지에게로 돌이키게 하리라 돌이키지 아니하면 두렵건대 내가 와서 저주로 그 땅을 칠까 하노라 하시니라 (말 4:1-6)

말라기는 구약성경의 마지막 책이자 구약시대에서 신약시대로 넘어가는 과도기에 가교 역할을 하는 책이다. 말라기란 이름은 '나의 사자'란 뜻이다. 말라기는 자신의 사생활에 대해 전혀 기록을 남기지 않았다. 심지어는 말라기가 사람의 이름인지도 확실하지 않다는 것이 학자들의 일반적인 견해이다.[1]

바벨론에서 본토로 귀환한 유다 백성은 많은 어려움 가운데서도 성전을 건축하고 신앙 회복을 위해 노력했다. 그러나 학개 선지자나 스가랴 선지자의 예언이 있은 지 거의 100여 년이 지났지만, 메시아 왕국은 도래하지 않고, 또 그들의 삶의 형편도 나아질 기미를 보이지 않았다.[2] 특히 바벨론에서 포로로 귀환한 유다인들은 예루살렘으로 돌아간 후에도 여전히 신앙적으로 미숙하고, 변화가 없는 행동을 보였다. 오히려 그들의 마음에는 하나님을 향한 원망과 불평이 있었으며, 그들의 종교 행위는 허례허식 뿐이었다.[3]

또한 말라기가 기록될 당시(B.C. 5세기 중엽)에 이스라엘 사회는 정치, 경제, 종교적으로 매우 암담한 상태였다. 정치적으로는 약간의 자유가 있었으나 주권 없는 식민지 백성으로서 바사제국에 세금까지 바치고 있었다. 경제적으로는 계속되는 가뭄과 병충해, 특히 메뚜기 떼의 습격으로 논과 밭과 포도원이 극심하게 황폐화 되었다. 이에 유다 백성들은 그들이 고대하던 메시아 왕국은 도래하지 않고, 어떤 영광스런 일도 일어나지 않는 데 대해 회의를 느끼고 있었으며, 하나님의 언약 성취에 대한 소망도 희미해져 가고 있었다. 그 증거는 이방인들과의 혼인, 이혼, 도덕적 타락 등으로 나타났다. 말라기는 그들에게 하나님의 경고와 교훈을 전하고, 하나님과 맺었던 선민으로서의 약속을 상기시키면서 장차 도래할 영화로운 메시아 왕국에 대한 소망을 다시금 불러 일으키며, 그들이 스스로를 성찰하고 변화하도록 격려했다. 그리고 성전 기능의 활성화를 위해 십일조 납부에 힘쓸 것과 공의와 선행으로 여호와 신앙을 회복하라고 촉구했다.[4]

특히 말라기는 이전에 스가랴가 선포한 메시아 예언보다 더 구체적인 말씀을 선포하고 있다. 그것은 메시아의 강림을 준비하는 하나님의 사자가 출현할 것이라는 예언이었다. 즉 "만군의 여호와가 이르노라. 보라 내가 내 사자를 보내리니, 그가 내 앞에서 길을 준비할 것이요, 또 너희가 구하는 바 주가 갑자기 그의 성전에 임하시리니, 곧 너희가 사모하는 바 언약의 사자가 임하실 것이라."(말라기 3장 1절)

여기서 내 사자란 곧, 주의 길을 준비하는 사람인 세례 요한을 지칭한 것이다. 이같은 해석은 예수가 직접 마태복음 11장 7-11절에 다음과 같이 말씀하시고 있다.

> 그들이 떠나매 예수께서 무리에게 요한에 대하여 말씀하시되 너희가 무엇을 보려고 광야에 나갔더냐 바람에 흔들리는 갈대냐 그러면 너희가 무엇을 보려고 나갔더냐 부드러운 옷 입은 사람이냐 … 그러면 너희가 어찌하여 나갔더냐 선지자를 보기 위함이었더냐 옳다 내가 너희에게 이르노니 선지자보다 더 나은 자니라 기록된 바 보라 내가 내 사자를 네 앞에 보내노니 그가 네 길을 네 앞에 준비하리라 하신 것이 이 사람에 대한 말씀이니라 내가 진실로 너희에게 말하노니 여자가 낳은 자 중에 세례 요한보다 큰 이가 일어남이 없도다 그러나 천국에서는 극히 작은 자라도 그보다 크니라

여기서 말하는 "기록된 바"의 내용은 말라기 3장 1절을 인용한 부분으로, 세례 요한을 묘사한 것이다. 그리고 말라기 3장 1절에서 언급한 언약의 사자는 바로 예수 그리스도이다. 말라기는 하나님이 언약의 사자로 예수 그리스도를 이 땅에 보내셔서 금을 연단하는 불 같이 심판을 하시고, 사람들을 죄에서 정결케 하시며, 하나님의 새 언약을 세우고, 백성들에게 구원을 가져다 주실 것이라고 선포한다.[5]

언약의 사자가 임하고 주님이 성전에 임한다는 말씀은 하나님이 직접 자신의 영광과 존재로 성전에 임하실 것을 의미한다. 이것은 하나님의 임하심이 어떤 형태로든 백성에게 나타나고, 자신의 영광과 권능을 선포할 것임을 나타낸 것이다.

선지자 세례 요한의 출현을 예언한 말라기의 말씀은 그만큼 메시아의 강림과 그의 구원 사역을 확실하게 보여주는 것으로 구약을 종결하고 신약을 맞이하는 가교 역할을 하고 있다. 이처럼 메시아의 길을 준비하는 선지자의 출현 소식은 당시 유다 백성에게 큰 위로와 소망이 되었다. 또한 그들에게 언약의 사자 및 공의로운 해이신 예수 그리스도께서 오셔서 그들의 교만과 악을 치유하는 광선을 비춰주시고, 참 자유를 주시며 죽을 수 밖에 없는 그들을 살려서 하나님의 자녀로 삼아주신다고 예언하고 있다. 즉 예수 그리스도가 오셔서 하나님의 공의를 실현하고, 그의 빛으로 세상의 어둠과 죄를 몰아낸다는 것이다.[6]

이때 그들은 외양간에서 나온 송아지같이 기뻐하며 뛸 것이다. 외양간에서 나온 송아지는 하나님의 구원을 받은 자들이 경험할 해방감과 기쁨을 상징한다. 그들은 억눌림에서 벗어나 자유롭게 뛰어다니며 기뻐할 것이다. 이처럼 어린 송아지가 외양간에서 나와서 흥겹게 놀듯이, 하나님의 영광이 임하면 복음의 기쁨과 평화가 세상에 널리 퍼질 것임을

말라기는 나타내고 있다.[7]

그리고 그들이 모세의 율법과 선지자들의 말씀으로 양육되어 그들의 삶이 변화되고, 하나님의 자녀로 살게 되면, 그들은 자유와 생명의 길로 나아가게 되고, 이때 아버지의 마음이 자녀에게로 돌이키게 되고, 자녀들의 마음이 아버지에게로 돌이키게 됨을 말라기는 선포한다. 이는 그동안 단절되었던 아버지 세대와 자녀 세대 간의 소통이 이루어지고, 서로에게 마음이 향하고, 은혜를 나누며, 서로 아끼는 새로운 세상이 될 것임을 선언한 것이다.

이처럼 서로 존중하고 사랑하는 삶이 하나님 나라의 모습이며, 하나님의 언약이 성취되는 길이다. 그리고 이것이 구약의 결론이다.

어서 오시옵소서

김행선

만왕의 왕, 당신은
가장 낮고 누추한 말구유에서
가장 비천한 모습으로 태어나셨습니다.

가난한 이들, 약한 이들,
탄식과 울음 속에 갇힌 영혼들을 위해
선물처럼 이 땅에 오셨습니다.

당신은 인생의 바닥난 자존감을 세우시고
가난의 부끄러움을 씻어 주시며
낮고 소외된 자의 상처를 따뜻하게
감싸주시기 위해 오셨습니다.

절망과 고통 속에서 흐느끼는 이들의
소망과 기쁨으로 오시어
향기로운 꽃으로 피어나셨습니다.

우리는 찬란하게 떠오르는 태양 처럼
당신을 맞이합니다.

짙은 어둠을 헤매다 마주한 새벽의 빛 처럼
당신을 맞이합니다.

어서 오시옵소서.
애통하는 자의 위로로,
가난한 자의 풍요로 오시옵소서.

어둠에 갇힌 자에게 소망의 빛으로,
절망하는 자에게 희망의 꽃으로 오시옵소서.
전쟁과 다툼의 땅 위에 평화의 숨결로 오시옵소서.

당신의 오심을 기다립니다.

미주

창세기

1 네이버 지식백과, 「라이프성경사전–창세기」, m.terms.naver.com.
2 류응렬, 『나의 사랑하는 책 창세기』, 성서유니온선교회, 2013, 35~36쪽.
3 「모세가 창세기를 기록한 목적」, Chat Gpt 3.5.
4 톰슨 성경편찬위원회 펴냄, 『톰슨 주석성경』, 기독지혜사, 1988, 1쪽.
5 손석태, 『창세기 강의』, 기독교문서선교회, 2021, 19쪽, 25~26쪽; 김남국, 『맨 처음 말씀–창세기 파헤치기 1』, 두란노, 2016, 29쪽; 이범선, 『교양으로 읽는 구약성서1』, 교양인, 2013, 25쪽; J.M.플레니건(박용수 옮김), 『창세기』, 전도출판사, 2012, 17쪽; 류응렬, 앞의 책, 56~57쪽; 은혜묵상, 「창세기 1장 1절과 요한복음 1장 1절」, m.blog.naver.com, 2023.1.27.
6 김회권, 『하나님 나라 신학의 관점에서 읽는 모세오경–창세기·출애굽기 강해집』 1, 대한기독교서회, 2007, 32~33쪽; 김민기 목사, 「그의 질서 가운데 거하라–창세기 1장」, 영등포중앙감리교회 아침을 여는 말씀, 2024.1.16.
7 김민웅, 『창세기 이야기』 1, 한길사, 2010, 24~25쪽.
8 김양재, 『보시기에 좋았더라』, 두란노, 2014, 21쪽.
9 조셉 S. 엑셀·토마스 H.리일(이기문 역), 『창세기 상』, 대한예수교장로회 총회 교육부, 1982, 32쪽.
10 매튜 헨리(박근용 역), 『창세기 상』, 기독교문사, 1978, 34쪽; 조셉 S. 엑셀·토마스 H.리일, 『창세기 상』, 33~34쪽.
11 김민웅, 『창세기 이야기』 1, 한길사, 2010, 24~25쪽, 31쪽.
12 이육사, 「광야」, 나무위키, namu. wiki.
13 김민웅, 『창세기 이야기』 1, 한길사, 2010, 57쪽, 59쪽.
14 톰슨 성경편판위원회 펴냄, 『톰슨 주석성경』, 기독지혜사, 1988, 창세기 서론.

15 「하나님이 자기의 형상대로 사람을 창조하셨다는 말씀의 의미」, Chat Gpt 3.5

16 미목(아름다운 나무), 「창세기 1장 26절-31절/하나님의 형상대로 사람을 창조하시되」, m.blog.naver.com, 2022.10.10.

17 박재갑, 『창세기』, 좋은 땅, 2014, 23쪽; 조셉 S. 엑셀·토마스 H.리일, 『창세기 상』, 64~65쪽.

18 이범선, 『교양으로 읽는 구약성서1』, 교양인, 2013, 27~28쪽.

19 「타인에게서 하나님의 형상을 발견하는 일은」, Chat Gpt 3.5

20 김민웅, 『창세기 이야기』 1, 한길사, 2010, 59쪽.

21 이범선, 『교양으로 읽는 구약성서1』, 교양인, 2013, 69쪽.

22 조셉 S. 엑셀·토마스 H.리일(이기문 역), 『창세기 상』, 458쪽.

23 박은정 전도사, 「여호와께서 아브람에게 이르시되-창세기 12장 1-9절」, 영등포중앙교회 미스바 수요기도회 5분 말씀, 2022.6.9.

24 이범선, 『교양으로 읽는 구약성서1』, 교양인, 2013, 69~70쪽.

25 조셉 S. 엑셀·토마스 H.리일, 『창세기 상』, 458~459쪽.

26 류응렬, 『나의 사랑하는 책 창세기』, 성서유니온선교회, 2013, 184~185쪽.

27 김회권, 『창세기·출애굽기 강해집』 1, 95~96쪽.

28 조셉 S. 엑셀·토마스 H.리일, 『창세기 상』, 480쪽.

29 톰슨 성경편찬위원회 펴냄, 『톰슨 주석성경』, 기독지혜사, 1988, 14쪽.

30 박은정 전도사, 「여호와께서 아브람에게 이르시되-창세기 12장 1-9절」; 이범선, 『교양으로 읽는 구약성서1』, 교양인, 2013, 73쪽.

31 최태수 목사, 「야곱의 축복, 갓-창세기 49장 19절」, 영등포중앙교회 주일설교, 2024.9.1.

32 김민웅, 『창세기 이야기』 2, 한길사, 2010, 24쪽.

33 류응렬, 『나의 사랑하는 책 창세기』, 성서유니온선교회, 2013, 296쪽.

34 류응렬, 『나의 사랑하는 책 창세기』, 성서유니온선교회, 2013, 296쪽.

35 김민웅, 『창세기 이야기』 2, 한길사, 2010, 236쪽.

36 톰슨 성경편찬위원회 펴냄, 『톰슨 주석성경』, 기독지혜사, 1988, 40쪽.

37 이범선, 『교양으로 읽는 구약성서1』, 교양인, 2013, 120쪽.

38 토머스 H. 리일(이기문 역), 『창세기 하』, 대한예수교 장로회 총회 교육부, 1982, 465쪽.

39 토머스 H. 리일(이기문 역), 『창세기 하』, 대한예수교 장로회 총회 교육부, 1982, 469~472쪽.

40 김행선, 「하늘의 문을 엽니다」, 『공을 던져 하늘의 빛을 쏘아라』, 선인, 2019.

출애굽기

1 네이버 지식백과, 「두산백과-출애굽기」, m.terms.naver.com.

2 네이버 지식백과, 「라이프 성경사전-출애굽기」, m.terms.naver.com.

3 「모세가 광야생활에서 깨달은 것에 대해」, Chat GPT.

4 이동원, 『출애굽의 아침』, 요단, 2006, 88~89쪽.

5 네이버 지식백과, 『라이프 성경사전-떨기나무』, m.terms.naver.com; 「출애굽기 3장에 나오는 떨기나무의 의미」, Chat GPT 3.5

6 조셉 S. 엑셀(황장욱 역), 『출애굽기 상』, 기독교문사, 1985, 102~103쪽.

7 주원준, 『구약의 사람들』, 한국교육방송공사, 2023, 157~158쪽.

8 최태수 목사, 「은혜와 감사-신명기 26장 10-11절」, 영등포중앙교회 아침을 여는 말씀, 2024.8.17.

9 김행선, 「버려지고 잊혀져 가는 삶」, 『어둠은 빛을 만들어가는 사람들을 이길 수 없습니다』, 선인, 2022.

10 신명기 8장 1-3절; 최태수 목사, 「광야를 걷게 하신 이유-신명기 8장 1-3절」, 영등포중앙교회 아침을 여는 말씀, 2024.7.27.

11 출애굽기 12장 40-41절, 13장 17절; 「하나님이 이스라엘 백성을 블레셋 사람의 땅으로 인도하지 않고, 황해의 광야길로 인도하신 이유」, Chat GPT 3.5; 「하나님이 이스라엘 백성을 블레셋 땅이 아니라 광야길로 인도하신 이유」, 뤼튼 AI 검색.

12 「출애굽기 13장 17-22절의 의미」, Chat GPT 3.5

13 「출애굽기 14장 3절 문단해설」, 김창영 펴냄, 『Note 여백성경』, 생명의 말씀사, 2022.

14 조셉 S. 엑셀(황장욱 역), 『출애굽기 상』, 기독교문사, 1985, 554~555쪽.

15 「출애굽기 14장 1-14절의 의미」, Chat GPT 3.5.

16 조셉 S. 엑셀(황장욱 역), 『출애굽기 상』, 기독교문사, 1985, 567~569쪽.
17 톰슨 성경편찬위원회 펴냄, 『톰슨 주석성경』, 기독지혜사, 1988, 103쪽.
18 이범선, 『교양으로 읽는 구약성서1』, 교양인, 2013, 259쪽.
19 「십계명과 가나안」, Chat GPT.
20 이범선, 『교양으로 읽는 구약성서1』, 교양인, 2013, 258~259쪽.
21 이범선, 『교양으로 읽는 구약성서1』, 교양인, 2013, 259쪽.
22 조셉 S. 엑셀(황장욱 역), 『출애굽기 하』, 기독교문사, 1985, 46~47쪽.
23 「우상숭배란」, Chat GPT; 방건석 전도사, 「우상숭배를 조심하라-신명기 29장 15-19절」, 영등포중앙교회 아침을 여는 말씀, 2024.8.21.
24 「우상숭배의 부정적 의미」, Chat GPT 3.5; 「우상숭배의 의미」, Chat GPT 3.5
25 송병현, 『출애굽기』, 국제제자훈련원, 2011, 318~319쪽.

신명기

1 최태수 목사, 「모세와 아론의 불신앙-민수기 20장」, 영등포중앙교회 아침을 여는 말씀, 2024.6.29.
2 최태수 목사, 「모세와 아론의 불신앙-민수기 20장」, 영등포중앙교회 아침을 여는 말씀, 2024.6.29.
3 최태수 목사, 「놀라운 주님의 사랑」, 영등포중앙교회 주일설교, 2022.5.8.
4 이범선, 『교양으로 읽는 구약성서1』, 교양인, 2013, 338쪽.
5 이범선, 『교양으로 읽는 구약성서1』, 교양인, 2013, 338쪽.

여호수아

1 네이버 지식백과, 「라이프성경사전-갈렙」, m.terms.naver.com.
2 김성중 목사, 「우리의 관심은 땅에 있다 할지라도 하나님의 관심은 사람에게 있습니다-민수기 34장」, 영등포중앙교회 아침을 여는 말씀, 2024.7.16.

3 매튜 헨리(윤덕수 역), 『여호수아』, 기독교문사, 1976, 257~258쪽.

4 옥한흠 목사, 「여호수아 14장-이 산지를 내게 주소서」, 유튜브.

5 「갈렙이 요구한 헤브론의 역사적 의미」, 「헤브론의 의미」, 「헤브론의 종교적 의미」, 「헤브론이 내게 주는 의미」, Chat GPT 3.5; 네이버 지식백과, 「두산백과-헤브론」, m.terms.naver.com; 김성중 목사, 「욕심에 뿌리를 둔 열심은 무너집니다 -여호수아 14장 12절」, 영등포 중앙교회 아침을 여는 말씀, 2024.9.12.

6 김행선, 「봄을 기다리는 겨울나무처럼 살아갑시다」, 『공을 던져 하늘의 빛을 쏘아라』, 선인, 2019.

룻기

1 네이버 지식백과, 「라이프성경사전-룻기」, m.terms.naver.com.

2 박정근, 『사사기·룻기 강해 설교』, 디모데, 2009, 252~254쪽.

3 김회권, 『여호수아·사사기·룻기』, 복있는 사람, 2007, 354쪽.

4 이범선, 『교양으로 읽는 구약성서2』, 교양인, 2014, 116쪽.

5 「룻이란 이름의 뜻」, Chat GPT 3.5

6 김회권, 『여호수아·사사기· 룻기』, 351~352쪽.

7 방건석 전도사, 「헤세드정신: 룻기 3장 1절」, 영등포중앙교회 아침을 여는 말씀, 2024.10.22.

8 박복주, 「본 회퍼의 타자를 위한 새로운 공동체로서의 교회」, 영남신학대학교 신학대학원 신학과 조직신학 전공, 2002, 11~14쪽.

9 김기석 목사, 「사사기 28강-실로의 춤추는 여자들」, CBS 성서학당.

10 박복주, 「본 회퍼의 타자를 위한 새로운 공동체로서의 교회」, 영남신학대학교 신학대학원 신학과 조직신학 전공, 2002, 2~3쪽, 10쪽.

11 「룻기」, 『두산백과』, m.terms.naver.com.

12 김회권, 『여호수아·사사기·룻기』, 354쪽.

사무엘상

1 네이버 지식백과, 『라이프성경사전-사무엘서』, m.terms.naver.com.
2 「사무엘상 이해하기」, 『Good TV 다번역성경찬송』, 인터넷.
3 박은정 전도사, 「여호와께서 아브람에게 이르시되-창세기 12장 1-9절」.
4 김구원, 『사무엘상』, 홍성사, 2014, 47쪽; 매튜 헨리(서기산 역), 『사무엘상』, 기독교문사, 1976, 40쪽.
5 「한나의 기도에 나타난 의미」, Chat GPT 3.5
6 김난경 목사, 「여호와께서 그를 생각하신지라-사무엘상 1장 19-20절」, 영등포중앙교회 아침을 여는 말씀, 2024.10.24.
7 어빙 L. 젠센(김성영 옮김), 『사무엘 상하』, 아가페 출판사, 1981, 28쪽.
8 최태수 목사, 「한나의 기도-사무엘상 1장 10-11절」, 영등포중앙교회 아침을 여는 말씀, 2023.4.5.
9 김구원, 『사무엘상』, 홍성사, 2014, 47쪽; 매튜 헨리(서기산 역), 『사무엘상』, 기독교문사, 1976, 56쪽.
10 이범선, 『교양으로 읽는 구약성서2』, 교양인, 2014, 124~126쪽.
11 톰슨 성경편찬위원회 펴냄, 『톰슨 주석성경』, 기독지혜사, 1988, 408쪽.
12 「사무엘에 대해」, Chat GPT 3.5; 「사무엘의 등장과 이스라엘」, Chat GPT; 「사무엘에 대해」, 뤼튼 AI 검색.
13 톰슨 성경편찬위원회 펴냄, 『톰슨 주석성경』, 기독지혜사, 1988, 425쪽.
14 「사무엘상 핵심주제」, 『Note 여백성경』.
15 이범선, 『교양으로 읽는 구약성서2』, 교양인, 2014, 143~144쪽.
16 매튜 헨리(서기산 역), 『사무엘상』, 기독교문사, 1976, 471~472쪽; 신승민 목사, 「선하고 의로운 길 - 사무엘상 12장 23-25절」, 영등포중앙교회 아침을 여는 말씀, 2024.11.6.
17 윤동주, 「서시」, 나무위키, namu. wiki.
18 톰슨 성경편찬위원회 펴냄, 『톰슨 주석성경』, 기독지혜사, 1988, 431쪽.
19 「아말렉에 대하여」, Chat GPT 3.5; 김요한 전도사, 「온전한 순종-사무엘상 15장 17-23절」, 영등포중앙교회 미스바수요기도회 5분 말씀, 2022.2.24.
20 김요한 전도사, 「온전한 순종-사무엘상 15장 17-23절」.

21 춘천 하늘 뜻 교회, 「사무엘상 15장 1-15절」, m.blog.naver.com, 2022.5.30.
22 한용운, 「복종」, m.cafe.daum.net, 2023.12.28.
23 은혜를 입은 여인, 「사무엘상 17장 1-23절(아버지가 시킨 대로 길을 떠난 막내)」, m.blog.naver.com, 2022.6.3.
24 매튜 헨리(서기산 역), 『사무엘상』, 기독교문사, 1976, 359쪽.
25 굿뉴스전주, 「주와 동행하는 삶(사무엘상 17장)」, 참된 신앙, m.blog.naver.com, 2022.5.1; 매튜 헨리(서기산 역), 『사무엘상』, 기독교문사, 1976, 347~348쪽.
26 읽고 쓴다, 「사무엘상 17장 1절-23절(하늘이 무너져도 솟아날 구멍이 있다!)」, m.blog.naver.com, 2022.6.2.
27 톰슨 성경편찬위원회 펴냄, 『톰슨 주석성경』, 기독지혜사, 1988, 435쪽.
28 매튜 헨리(서기산 역), 『사무엘상』, 기독교문사, 426쪽.
29 매튜 헨리(서기산 역), 『사무엘상』, 기독교문사, 427쪽.
30 읽고 쓴다, 「사무엘상 22장 1절-23절(핑계를 내려놓고 다윗의 리더십을 따른다!)」, m.blog.naver.com, 2022.6.11.
31 최태수 목사, 「치유와 회복을 위한 교회」, 영등포 중앙교회 주일설교, 2022.10.23.
32 「아둘람 공동체와 하나님의 군대」, Chat GPT.
33 톰슨 성경편찬위원회 펴냄, 『톰슨 주석성경』, 기독지혜사, 1988, 446쪽; 최태수 목사, 「치유와 회복을 위한 교회」, 영등포 중앙교회 주일설교, 2022.10.23.

사무엘하

1 매튜 헨리(박종선 역), 『사무엘하』, 기독교문사, 1977, 170쪽; 최태수 목사, 「주만 바라 볼찌라」, 영등포 중앙교회 주일설교, 2024.11.17.
2 매튜 헨리(박종선 역), 『사무엘하』, 기독교문사, 1977, 180쪽.
3 「다윗의 죄에 대한 하나님의 징벌에 대해」, 「다윗의 죄로 다윗의 아내가 백주에 강간당한 일에 대해」, 「압살롬과 다말」, Chat GPT.

4 김희룡 목사, 「생명의 양식-사무엘하 12장 1-13절)」, 성문밖교회 주일설교, 2024.8.4.

5 엔젤로테, 「사무엘하 12장 13-14절(반응을 어떻게 해야 하나?)」, m.blog.naver.com, 2021.7.4.

열왕기상

1 네이버 지식백과, 「라이프성경사전-열왕기」, m.terms.naver.com; 「열왕기」, 『두산백과 두피디아』, m.terms.naver.com.

2 「전도서 배경」, 『Note 여백성경』.

3 고르는 10밧, 즉 227.1리터를 말한다. 이것은 22.71리터 짜리 통으로 열통 정도 들어가는 양이다. 「성경에 나오는 부피 단위에 대해서」, www.biblenara.org.

4 이범선, 『교양으로 읽는 구약성서2』, 교양인, 2014, 229쪽.

5 「전도서 배경」, 『Note 여백성경』.

6 이범선, 『교양으로 읽는 구약성서2』, 교양인, 2014, 225쪽.

7 「열왕기상 이해하기」, 『Good TV 다번역성경찬송』, 인터넷.

8 김행선, 「들음」, 『어둠은 빛을 만들어가는 사람들을 이길 수 없습니다』, 선인, 2022.

열왕기하

1 「북이스라엘의 역사」, 『이스라엘사』, m.terms.naver.com.

2 「토크마 주석, 열왕기하 17장(북이스라엘의 멸망)」, 주의 것, m.terms.naver.com, 2021.9.24.

3 「북이스라엘의 몰락과 멸망」, 『이스라엘사』, m.terms.naver.com.

4 김행선, 『동서양 고전의 이해』, 이회문화사, 1999, 314쪽.

5 김행선, 『동서양 고전의 이해』, 이회문화사, 1999, 314쪽.

6 김행선, 『동서양 고전의 이해』, 이회문화사, 1999, 315쪽.
7 김행선, 『동서양 고전의 이해』, 이회문화사, 1999, 315쪽.
8 김행선, 『동서양 고전의 이해』, 이회문화사, 1999, 315~316쪽.
9 김행선, 『동서양 고전의 이해』, 이회문화사, 1999, 316쪽.
10 「북이스라엘의 몰락과 멸망」, 『이스라엘사』, m.terms.naver.com.
11 김행선, 『동서양 고전의 이해』, 이회문화사, 1999, 316~317쪽; 그 구체적인 내용은 이사야 32장 9-14절 참고.
12 김행선, 『동서양 고전의 이해』, 이회문화사, 1999, 317쪽.
13 김행선, 『동서양 고전의 이해』, 이회문화사, 1999, 317쪽.
14 김행선, 『동서양 고전의 이해』, 이회문화사, 1999, 318쪽.
15 김행선, 『동서양 고전의 이해』, 이회문화사, 1999, 318~319쪽.
16 김행선, 『동서양 고전의 이해』, 이회문화사, 1999, 319쪽.
17 김행선, 『동서양 고전의 이해』, 이회문화사, 1999, 320쪽; 그 구체적인 내용은 미가 1장 참고.
18 김행선, 『동서양 고전의 이해』, 이회문화사, 1999, 320쪽.
19 김행선, 『동서양 고전의 이해』, 이회문화사, 1999, 321쪽; 그 구체적인 내용은 에스겔 34장 1-10절 참고.
20 김행선, 『동서양 고전의 이해』, 이회문화사, 1999, 321쪽.
21 김행선, 『동서양 고전의 이해』, 이회문화사, 1999, 322쪽.
22 네이버 지식백과, 「라이프성경사전-시드기야」, m.terms.naver.com.
23 이상화, 「통곡」, brunch.co.kr/@sandhya, 2021.3.29.

역대상

1 임덕규, 『역대기 상하 강해』, 기독교문서선교회, 2021, 13쪽.
2 「역대상 배경과 핵심주제」, 『Note 여백성경』.
3 네이버 지식백과, 「라이프성경사전-역대기」, m.terms.naver.com; 나무위키, 「역대기」, namu.wiki, 2022.7.25.
4 「역대상 이해하기」, 『Good TV 다번역성경찬송』; 네이버 지식백과, 「라이프성경사전-역대기」.

5 「역대상 배경」, 『Note 여백성경』.

6 홍융희 목사, 「역대상 2장-이스라엘의 아들들은」, 유튜브.

7 홍융희 목사, 「역대상 1장-아담, 셋, 에노스」, 유튜브.

8 임덕규, 『역대기 상하 강해』, 기독교문서선교회, 2021, 15쪽, 21쪽; 임태수, 『역대상』, 대한기독교서회, 2007, 74~75쪽; 최길호, 「각 사람의 삶은 기록된다(역대상 7장)」, m.blog.naver.com, 2021.12.18; 「역대상 1장 1-34절의 의미」, Chat GPT 3.5

9 허수월, 「성경통독 5월 10일 월요일 역대상 7장-9장」, m.terms.naver.com, 2021.5.9; 임덕규, 『역대기 상하 강해』, 기독교문서선교회, 2021, 95쪽.

10 최길호, 「각 사람의 삶은 기록된다(역대상 7장)」.

11 임덕규, 『역대기 상하 강해』, 기독교문서선교회, 2021, 95쪽.

12 「역대상 7장에서 북이스라엘의 지파들을 기록한 이유」, Chat GPT 3.5

13 홍융희 목사, 「역대상 7장-잇사갈의 아들들은」, 유튜브.

14 홍융희 목사, 「역대상 1장-아담, 셋, 에노스」, 유튜브.

역대하

1 네이버 지식백과, 『라이프성경사전-여호사밧』, m.terms.naver.com; 「여호사밧」, 나무위키, namu.wiki, 2024.6.21; 역대하 17장 12-13절.

2 엘사반, 「위기 앞에 선 여호사밧과 새 계명(역대하 20장)」, m.terms.naver.com, 2020.11.25.

3 「여호사밧」, 나무위키.

4 김행선, 「내일은 생명의 빛으로 부활하게 하옵소서」, 『공을 던져 하늘의 빛을 쏘아라』, 선인, 2019.

5 네이버 지식백과, 「라이프성경사전-히스기야」, m.terms.naver.com.

6 「역대하 29장 1-16절의 의미」, Chat GPT, 3.5

7 정혜성, 「역대하 31장 묵상 히스기야의 종교개혁」, m.blog.naver.com, 2020.12.11.

8 김성중 목사, 「거룩한 신앙-역대하 29장」, 영등포중앙교회 아침을 여는 말씀, 2021.6.9.

9 「히스기야 왕의 종교개혁과 그 의미」, Chat GPT 3.5

10 「히스기야 왕의 종교개혁과 백성들의 자발적 참여」, Chat GPT 3.5

11 「히스기야 왕의 종교개혁과 그 의미」, Chat GPT 3.5

12 네이버 지식백과, 「라이프성경사전-므낫세」, m.terms.naver.com; 열왕기하 21장 1-16절.

13 「므낫세의 회개가 지니는 의미」, Chat GPT 3.5

14 네이버 지식백과, 「라이프성경사전-요시야」, m.terms.naver.com.

15 네이버 지식백과, 「라이프성경사전-요시야」; 최태수 목사, 「영적 부흥의 길」, 영등포 중앙교회 주일예배설교, 2023.3.12; 「요시야」, 『나무위키』, namu.wiki, 2024.2.25.

16 네이버 지식백과, 「라이프성경사전-요시야」; 최태수 목사, 「영적 부흥의 길」, 영등포 중앙교회 주일예배설교, 2023.3.12; 「요시야」, 『나무위키』, namu.wiki, 2024.2.25.

17 네이버 지식백과, 「라이프성경사전-요시야」.

18 지나가는 기쁨, 「역대하 35:1-19 요시야의 유월절 준수」, m.blog.naver.com, 2020.12.18; 열왕기하 23장 22절.

19 쏜위, 「요시야의 유월절 준수: 역대하 35장 1절-19절」, m.blog.naver.com. 2020.12.18.

20 김승은, 「요시야의 사회 종교개혁으로 바라본 유월절 의식의 신학」, 감리교신학대학교 대학원 구약학 전공, 2016년 석사학위논문, 1쪽, 48쪽.

21 방건석 전도사, 「유월절을 지키게 하라-민수기 9장」, 영등포중앙교회 아침을 여는 말씀, 2024.6.17; 박은정 전도사, 「택하신 곳에서-신명기 16장 16-17절」, 영등포중앙교회 아침을 여는 말씀, 2024.8.6; 네이버 지식백과, 「라이프성경사전-유월절」, m.terms.naver.com; 쏜위, 「요시야의 유월절 준수: 역대하 35장 1절-19절」, m.blog.naver.com. 2020.12.18.

22 김승은, 「요시야의 사회 종교개혁으로 바라본 유월절 의식의 신학」, 감리교신학대학교 대학원 구약학 전공, 2016년 석사학위논문, 3쪽, 46~51쪽.

23 「요시야 왕 때의 대내외적 상황」, 뤼튼 AI 검색.

24 네이버 지식백과, 『라이프성경사전-요시야』.

에스라

1 네이버 지식백과, 「라이프성경사전–에스라」, m.terms.naver.com.
2 「에스라 1장–에스라 이해하기」, 『Good TV 다번역성경찬송』, 인터넷.
3 네이버 지식백과, 「나의 목자, 나의 메시아(고레스 칙령)」, 이스라엘사, m.terms.naver.com.
4 「바벨론의 포로들 중에서 고레스 칙령에 따라 예루살렘으로 돌아가지 않고 페르시아에 남은 이유」, Chat GPT.
5 「바벨론 포로생활에서 예루살렘으로 돌아온 사람들의 의미」, Chat GPT 3.5
6 sunlight, 「시편 126편/눈물을 흘리며 씨를 뿌리는 자」, m.blog.naver.com, 2021.9.11.
7 sunlight, 「시편 126편/눈물을 흘리며 씨를 뿌리는 자」, m.blog.naver.com, 2021.9.11.
8 sunlight, 「시편 126편/눈물을 흘리며 씨를 뿌리는 자」, m.blog.naver.com, 2021.9.11.
9 조벽암, 「환희의 날」, 김승환·신범순 엮음, 『해방공간의 문학』 1, 돌베개, 1988.

에스더

1 네이버 지식백과, 「라이프성경사전–에스더」, m.terms.naver.com.
2 「에스더서 이해하기」, 『Good TV 다번역성경찬송』.
3 이범선, 『교양으로 읽는 구약성서2』, 교양인, 2014, 333~334쪽.
4 행복한 순례자, 「허락된 인종청소(에스더 3장 1절–15절)」, 조약돌 묵상, m.blog.naver.com, 2022.6.15.
5 네이버 지식백과, 「라이프성경사전–부림일」, m.terms.naver.com; 네이버 지식백과, 「세계의 축제 기념일 백과–부림절」, m.terms.naver.com.
6 엘림, 「에스더 4장 1절–17절(죽음을 각오한 에스더의 결심)」, m.blog.naver.com, 2022.6.15.

욥기

1 네이버 지식백과, 「라이프성경사전–욥기」, m.terms.naver.com.

2 네이버 지식백과, 「라이프성경사전–욥기」; 암브로지오 스쁘레아피코(박요한 영식 옮김), 『욥기의 희망수업』, 생활성서, 2020, 13쪽, 49쪽.

3 김서택, 『고난이 가져온 축복–욥기 강해』, 생명의 말씀사, 2009, 53쪽.

4 임덕규, 『욥기 강해』, 기독교문서선교회, 2022.

5 톰슨 성경편찬위원회 펴냄, 「욥기 서론」, 『톰슨 주석성경』, 기독지혜사, 1988.

6 김서택, 『고난이 가져온 축복–욥기 강해』, 생명의 말씀사, 2009, 351쪽.

7 암브로지오 스쁘레아피코(박요한 영식 옮김), 『욥기의 희망수업』, 생활성서, 2020, 72쪽.

8 톰슨 성경편찬위원회 펴냄, 「욥기 서론」, 『톰슨 주석성경』, 기독지혜사, 1988.

9 「욥이 직면한 고통과 죄의 문제」, Chat GPT.

10 「욥기 핵심주제」, 『Note 여백성경』.

11 이육사, 「절정」, 초록나비, m.blog. naver.com/yym..., 2024.8.26.

시편

1 「시편 이해하기」, 『Good TV 다번역성경찬송』, 인터넷.

2 네이버 지식백과, 「라이프성경사전–시편」, m.terms.naver.com.

3 김성수, 『복있는 사람은–시편 설교 1』, 마음샘, 2005, 16쪽.

4 김정훈, 『시편 렉시오 다비나』 1, 새물결플러스, 2021, 80쪽.

5 행복한 순례자, 「복 있는 사람(시편 1편 1절–6절)」, m.blog.naver.com, 2021.6.1.

6 김행선, 『예수의 사상과 활동』, 선인, 2024, 128쪽.

7 김요한 전도사, 「복 있는 사람–시편 1편 1–6절」, 영등포중앙교회 아침을 여는 말씀, 2021.9.14.

8 행복한 순례자, 「복 있는 사람」.

9 김성수, 『복있는 사람은–시편 설교 1』, 18쪽.

10 영업마케팅그룹, 「시편 1장 1–6절 말씀(행복이 이르는 길)」, m.blog. naver.com, 2022.1.9.

11 그레고리J, 폴런(김수진 옮김), 『시편』, 분도출판사, 2019, 28쪽.
12 W, 「시편 6장」, hepzhibah, m.blog.naver.com, 2022.6.12.
13 그레고리J, 폴런(김수진 옮김), 『시편』, 분도출판사, 2019, 40쪽.
14 유기성 목사, 「시편 6장-절망은 사랑에 대한 배신이다」, 유튜브.
15 유기성 목사, 「시편 6장-절망은 사랑에 대한 배신이다」, 유튜브.
16 톰슨 성경편찬위원회 펴냄, 『톰슨 주석성경』, 기독지혜사, 1988, 806쪽.
17 김민기 목사, 「하나님께서 간구를 들으셨음이여-시편 6편 8-10절」, 영등포중앙교회 아침을 여는 말씀, 2021.9.20.
18 김행선, 「여호와여! 당신을 부르는 소리는」, 『공을 던져 하늘의 빛을 쏘아라』, 선인, 2019.
19 「시편 13장 1-6절의 의미」, Chat GPT; W, 「시편 13장」, hepzhibah, m.blog.naver.com, 2022.6.19.
20 W, 「시편 13장」, hepzhibah, m.blog.naver.com, 2022.6.19.
21 그레고리J, 폴런(김수진 옮김), 『시편』, 분도출판사, 2019, 60쪽.
22 W, 「시편 13장」, hepzhibah, m.blog.naver.com, 2022.6.19.
23 김행선, 「눈이 보이지 않는다고 절망하지 마십시오」, 『공을 던져 하늘의 빛을 쏘아라』, 선인, 2019.
24 「시편 23장의 의미」, Chat GPT 3.5
25 최길호 목사, 「성경에서 가장 널리 알려진 '목자의 시'(시편 23장)」, 메신저, m.blog.naver.com, 2022.5.18.
26 최길호 목사, 「성경에서 가장 널리 알려진 '목자의 시'(시편 23장)」, 메신저, m.blog.navor.com, 2022.5.18.
27 최길호 목사, 「캄캄한 암흑 속에서 부르는 노래(시편 57장)」, 메신저, m.blog.naver.com, 2022.6.5.
28 최길호 목사, 「캄캄한 암흑 속에서 부르는 노래(시편 57장)」, 메신저, m.blog.naver.com, 2022.6.5.
29 방건석 전도사, 「내 마음이 확정되었사오니-시편 57편 1-7절」, 영등포중앙교회 아침을 여는 말씀, 2021.11.25.
30 연세신통외과의원, 「시편 57장 7절」, m.blog.naver.com, 2021.9.29.
31 키 큰 이모, 「시편 57장」, 대전보건대원룸, 2022.5.26.

32 최길호 목사, 「캄캄한 암흑 속에서 부르는 노래-시편 57장」.
33 김행선, 「새벽기도」, 『공을 던져 하늘의 빛을 쏘아라』, 선인, 2019.
34 「시편 90장 1-17절의 의미」, Chat GPT 3.5
35 그레고리J, 폴런(김수진 옮김), 『시편』, 분도출판사, 2019, 364쪽; 「시편 90장 1-17절의 의미」, Chat GPT.
36 연세신통외과의원, 「시편 90장 17절」, m.blog.naver.com, 2022.5.19.

잠언

1 「잠언 이해하기」, 『Good TV 다번역성경찬송』.
2 「잠언」, 『나무위키』, namu.wiki/w; 「잠언」, 『위키백과』, ko.m.wikipedia.org.
3 정성진, 『잠언』, 두란노, 2018, 15쪽.
4 김정우, 『성서주석 잠언』, 대한기독교서회, 2009, 108쪽; 「잠언 1장 7절 문단해설」, 『Note 여백성경』.
5 W. 해리스(박양조 역), 『잠언 상』, 기독교문사, 1988, 33쪽.
6 김행선, 「가난한 마음으로 나아갑니다」, 『어둠은 빛을 만들어가는 사람들을 이길 수 없습니다』, 선인, 2022.
7 정성진, 『잠언』, 두란노, 2018, 55~56쪽.
8 그일라, 「잠언 3장 주석과 강해」, bible66.tistory.com, 2022.2.6.
9 정성진, 『잠언』, 두란노, 2018, 56쪽.
10 정성진, 『잠언』, 두란노, 2018, 57쪽.
11 「하나님의 지혜와 일상생활」, Chat GPT.
12 김행선, 「하나님의 말씀으로 돌아가야 합니다」, 『어둠은 빛을 만들어가는 사람들을 이길 수 없습니다』, 선인, 2022.
13 「잠언 4장 23절 문단해설」, 『Note 여백성경』.
14 W. 해리스(박양조 역), 『잠언 상』, 기독교문사, 1988, 130~131쪽.
15 베데스다, 「잠언 4장 마음을 지킵시다」, bedesd153, tistory.com, 2020.12.6.

16 정성진, 『잠언』, 두란노, 2018, 116~120쪽; 「잠언 4장에서 네 마음을 지키라는 의미」, Chat GPT 3.5; 김민기 목사, 「눈을 들어 은혜를 바라봅니다-신명기 4장 7-8절」, 영등포중앙교회 아침을 여는 말씀, 2024.7.23.

17 Jenny, 「잠언 30장: 아굴의 기도」, m.blog.naver.com, 2022.2.19.

18 매튜 헨리(소창길 역), 『잠언』, 기독교문사, 1977, 726~727쪽.

19 나의 설교, 「잠언 30장 1절-17절 두 가지의 소원」, otfreak, tistory.com, 2021.6.25.

20 최길호 목사, 「지혜자의 두 가지 기도(잠언 30장)」, 메신저, m.blog.naver.com, 2022.8.12.

21 김서택, 『내가 죽도록 사랑한 말씀-잠언 강해』, 이레서원, 2012, 895~896쪽; 「거짓말의 부정적 의미」, Chat GPT 3.5

22 나의 설교, 「잠언 30장 1절-7절 두 가지 소원」.

23 김서택, 『내가 죽도록 사랑한 말씀-잠언 강해』, 이레서원, 2012, 895~896쪽.

24 김정우, 『성서주석 잠언』, 대한기독교서회, 2009, 782쪽.

전도서

1 「전도서 이해하기」, 『Good TV 다번역성경찬송』, 인터넷.

2 최길호 목사, 「너는 늙어 봤냐 나는 젊어 봤다(전도서 1장)」, m.blog.naver.com, 2022.8.13.

3 「전도서 이해하기」, 『Good TV 다번역성경찬송』, 인터넷.

4 네이버 지식백과, 『라이프성경사전-전도서』, m.terms.naver.com.

5 방건석 전도사, 「헛되고 헛되니 모든 것이 헛되도다-전도서 1장」, 영등포중앙교회 아침을 여는 말씀, 2022.4.28.

6 「전도서 핵심주제」, 『Note 여백성경』; 금강산, 「전도서 1장 1절-11절(모든 것이 헛되다)」, 쑥과 홍삼, m.blog.naver.com, 2021.8.23.

7 「죽음이란 위대한 평등이라는 의미」, Chat GPT.

8 김행선, 「주님은 저의 인생이고, 저의 역사이며, 저의 시입니다」, 『어둠은 빛을 만들어가는 사람들을 이길 수 없습니다』, 선인, 2022.

9 「전도서 3장 1-14절의 의미」, Chat GPT 3.5
10 시드니 그레이다누스(권의우 옮김), 『전도서의 그리스도 어떻게 설교할 것인가』, 포이에마, 2010, 160~161쪽.
11 하늘의 사랑 은방울, 「하나님의 시간과 하늘의 소망/전도서 3장」, m.blog.naver.com, 2020.6.17.
12 발머 H. 겔리(민영진 옮김), 『에스라·느헤미야·에스더·욥기』, 대한기독교서회, 1972, 82~83쪽.
13 김순영, 『일상의 신학, 전도서』, 새물결플러스, 2019, 27쪽.
14 김기석 목사, 「전도서 5강, 19강, 24강」, CBS 성서학당; 김기석 목사, 「잠언 54강」, CBS 성서학당.
15 김순영, 『일상의 신학, 전도서』, 새물결플러스, 2019, 113~114쪽.
16 김기석 목사, 「전도서 9강, 11강」, CBS 성서학당.
17 김기석 목사, 「전도서 8강, 17강, 22강」, CBS 성서학당.
18 김기석 목사, 「전도서 8강, 9강, 19강」, CBS 성서학당.

이사야

1 네이버 지식백과, 「라이프성경사전-이사야」, m.terms.naver.com; 이범선, 『구약성서 3』. 교양인, 2014, 47쪽.
2 네이버 지식백과, 「라이프성경사전-이사야」; 이사야서의 저자를 전통적으로 이사야 선지자라고 보고 있다. 그러나 본서의 전반부인 1-39장을 이사야, 후반부인 40-66장을 포로기 이후 다른 사람(제2 이사야)의 저작으로 보기도 한다. 심지어 본서를 2인 이상의 기록으로 보는 견해도 있다. 같은 글.
3 「이사야」, 『나무위키』, namu.wiki, 2024.7.29.
4 데오스앤로고스, 「하나님 나라는 무엇인가」, 교회를 위한 신학이야기, www.theosnlosgos.com, 2016.1.5.
5 네이버 지식백과, 「라이프성경사전-이사야」.
6 「이사야」, www.gotquestions.org; 「이사야 이해하기」, 『Good TV 다번역 성경찬송』.
7 이사야 9장 1-7절.

8 이사야 53장 1절-12절; 김행선, 『동서양 고전의 이해』, 이회문회사, 1999, 352쪽.

9 한홍 목사, 「내가 택한 사람을 보라-이사야서 강해 이사야 42장」, 유튜브.

10 이사야 32장 16-17절.

11 이사야 35장 5-7절.

12 이사야 11장 6-9절; 이사야 35장 8-10절

13 이범선, 『교양으로 읽는 구약성서 3』, 교양인, 2014, 59쪽.

14 서정오 목사, 「한 아기로 오신 평강의 왕-이사야 9: 1-9」. 생명의 삶 큐티, www.cgntv.net, 2029.12.22.

예레미야

1 조병호, 『와우! 예레미야 70년』, 통독원, 2016, 35쪽.

2 W.하비젤리(박양조 역), 『예레미야 상』, 기독교문사, 1989, 34쪽, 28쪽.

3 예레미야 15장 10절; 장시춘, 『성경으로 집짓기-대선지서·소선지서』, 한글, 2011, 60쪽.

4 「예레미야 이해하기」, 『Good TV 다번역성경찬송』.

5 「예레미야 핵심주제」, 『Note 여백성경』.

6 네이버 지식백과, 「라이프성경사전-예레미야」, m.terms.naver.com.

7 강성찬 목사, 「렘 26장 1-24절-핍박받은 예레미야」, 상생, m.blog.naver.com, 2016.6.22.; 예레미야 38장 2-4절.

8 「예레미야가 받은 핍박과 박해에 대해」, Chat GPT; 「예레미야 이해하기」, 『Good TV 다번역성경찬송』.

9 이범선, 『교양으로 읽는 구약성서 3』, 교양인, 2014, 123~124쪽; 매튜 헨리(홍정수 역), 『예레미야 상』, 기독교문사, 1977, 368쪽.

10 송병현, 『예레미야 1』, 이엠, 2016, 298~299쪽.

에스겔

1 「에스겔 배경, 핵심주제」, 『Note 여백성경』; 「여호야킴, 여호야긴, 시드기야」, 『이스라엘사』, m.terms.naver.com; 이범선, 『교양으로 읽는 구약성서 3』, 교양인, 2014, 139쪽.

2 김두석, 『에스겔서 강해』, 그리심, 2003, 6쪽.

3 「에스겔 이해하기」, 『Good TV 다번역성경찬송』.

4 네이버 지식백과, 「라이프성경사전-에스겔」, m.terms.naver.com; 이범선, 『교양으로 읽는 구약성서 3』, 교양인, 2014, 139쪽.

5 네이버 지식백과, 「라이프성경사전-에스겔」; 이범선, 『교양으로 읽는 구약성서 3』, 교양인, 2014, 141쪽; D.G. 왓트, T.H. 리일, G. 발로우(박양조 역), 『에스겔』, 기독교문사, 1988, 41쪽; 김두석, 『에스겔서 강해』, 6쪽.

6 Dreamer Jacob, 「에스겔 3장 18절(파수꾼)」, 프리덤하우스, m.blog.naver.com, 2021.12.28.

7 장춘식 목사, 「에스겔 3장-파수꾼 에스겔」, CBS성서학당.

8 하늘의 사랑 은방울, 「네가 여호와를 알게 되리라/에스겔 7장 1절-13절」, m.blog.naver.com, 2021.1.7.

9 「여호와 막케란」, Chat GPT.

10 장춘식 목사, 「에스겔 8강(7장)-유전무죄」, CBS 성서학당.

11 김두석, 『에스겔서 강해』, 그리심, 2003, 74쪽.

12 김두석, 『에스겔서 강해』, 그리심, 2003, 131쪽.

13 「너는 피투성이라도 살아 있으라는 에스겔의 말씀의 의미」, Chat GPT.

14 『포커스 성경·찬송가』, 대한기독교서회, 2007, 1230쪽.

15 마틴 로이드 존스(정상윤 옮김), 『에스겔 강해』, 복 있는 사람, 2019, 126쪽.

16 이범선, 『교양으로 읽는 구약성서 3』, 교양인, 2014, 161쪽.

17 용인 기쁨의 교회, 「죽은 자들이 살아나 군대가 되는 일, 여기 있습니다!(마른 뼈들아 살아나 일어서라) 에스겔 37장」, m.blog.naver.com. 2022.2.9; D.G. 왓트, T.H. 리일, G. 발로우(박양조 역), 『에스겔』, 기독교문사, 1988, 713쪽; 김두석, 『에스겔서 강해』, 그리심, 2003, 266~268쪽; 「에스겔의 마른 뼈 환상에 관한 이야기의 의미」, Chat GPT; 에스겔 37장 11-14절.

18 용인 기쁨의 교회, 「죽은 자들이 살아나 군대가 되는 일, 여기 있습니다!(마른 뼈들아 살아나 일어서라) 에스겔 37장」, m.blog.naver.com. 2022.2.9.

19 「에스겔의 마른 뼈 환상에 관한 이야기의 의미」, Chat GPT.

20 용인 기쁨의 교회, 「죽은 자들이 살아나 군대가 되는 일, 여기 있습니다!(마른 뼈들아 살아나 일어서라) 에스겔 37장」, m.blog.naver.com. 2022.2.9.

21 김행선, 「군자란의 부활과 생명」, 『어둠은 빛을 만들어가는 사람들을 이길 수 없습니다』, 선인, 2022.

다니엘

1 네이버 지식백과, 「라이프성경사전-다니엘」, m.terms.naver.com.

2 목회와 신학 편집부 엮음, 『다니엘 어떻게 설교할 것인가』, 두란노 아카데미, 2013, 15쪽; 다니엘 배경」, 『Note 여백성경』.

3 장시춘, 『성경으로 집짓기-대선지서·소선지서』, 한글, 2011, 142쪽.

4 「다니엘 이해하기」, 『Good TV 다번역성경찬송』.

5 김성중 목사, 「하나님 앞에 선 사람들-다니엘 3장」, 영등포중앙교회 아침을 여는 말씀, 2022.12.9.

6 T.로빈슨(박종구역), 『다니엘』, 기독교문사, 1984, 15쪽.

7 「다니엘 이해하기」, 『Good TV 다번역성경찬송』.

8 르호봇, 「다니엘 3장 히브리어 강해 말씀-풀무불에 들어간 세 친구」, rhb-bible.tistory.com, 2021.2.16.

9 매튜 헨리(박근용 역), 『다니엘』, 기독교문사, 1977, 73~75쪽, 84~85쪽.

10 T.로빈슨(박종구역), 『다니엘』, 기독교문사, 1984, 148쪽.

11 김성중 목사, 「하나님 앞에 선 사람들-다니엘 3장」.

12 T.로빈슨(박종구역), 『다니엘』, 기독교문사, 1984, 149~150쪽.

13 김성중 목사, 「하나님 앞에 선 사람들-다니엘 3장」.

14 김회권, 『다니엘서』, 복있는 사람, 2010, 228쪽, 233쪽.

15 날마다 천국 한잔, 「다니엘 6장, 이는 그가 자기의 하나님을 믿음이었더라」, a cup of heaven.tistory.com, 2018.6.4.; 매튜 헨리(박근용 역), 『다니엘』, 기독교문사, 1977, 149쪽.

16 날마다 천국 한잔, 「다니엘 6장, 이는 그가 자기의 하나님을 믿음이었더라」.

17 김회권, 『다니엘서』, 복있는 사람, 2010, 228쪽, 233쪽.

18 날마다 천국 한잔, 「다니엘 6장」; 최태수 목사, 「계속 기도하는 자」, 영등포중앙교회 주일예배설교, 2023.1.29.; 김회권, 『다니엘서』, 복있는 사람, 2010, 228쪽, 233쪽.

19 T.로빈슨(박종구역), 『다니엘』, 기독교문사, 1984, 202쪽.

20 날마다 천국 한잔, 「다니엘 6장」; 매튜 헨리(박근용 역), 『다니엘』, 기독교문사, 1977, 163쪽; 김성중 목사, 「하나님 앞에서 신실한 다니엘-다니엘 6장」, 영등포중앙교회 아침을 여는 말씀, 2022.12.13.

21 이삭존, 「사자굴에서 건지신다(단 6:13-18)」, m.blog.naver.com, 2021.2.9.

22 이삭존, 「사자굴에서 건지신다(단 6:13-18)」, m.blog.naver.com, 2021.2.9.

23 T.로빈슨(박종구역), 『다니엘』, 기독교문사, 1984, 216쪽.

호세아

1 「호세아 이해하기」, 『Good TV 다번역성경찬송』.

2 「구약성경의 호세아에 대해」, Chat GPT 3.5; 장시춘, 『성경으로 집짓기-대선지서·소선지서』, 한글, 2011, 271쪽.

3 네이버 지식백과, 「라이프성경사전-호세아」, m.terms.naver.com; 이범선, 『교양으로 읽는 구약성서 3』, 교양인, 2014, 38쪽.

4 Rev.Hanjin Lee, 「호세아 4장 1절 "없고 없고 없다"」, hanjin, tistory.com, 2021.10.28.

5 Rev.Hanjin Lee, 「호세아 4장 1절 "없고 없고 없다"」, hanjin, tistory.com, 2021.10.28.

6 최태수 목사, 「하나님을 아는 지식-호세아 4장」, 영등포중앙교회 아침을 여는 말씀, 2022.12.24; 「호세아 핵심주제」, 『Note 여백성경』.
7 「음란과 교만의 성경적 해석과 의미」, Chat GPT 3.5; 김근주, 『소예언서 어떻게 읽을 것인가』 1, 성서유니온, 2015, 70~71쪽, 166쪽.
8 김성중 목사, 「이사야 4장」, 영등포중앙교회 아침을 여는 말씀, 2022.5.25.
9 금빛노래, 「남편과 아내(호세아 1-2장)」, m.blog.naver.com, 2021.8.28.

아모스

1 「아모스」, 『위키백과』, ko.m.wikipedia.org; 「아모스 이해하기」, 『Good TV 다번역성경찬송』.
2 김근주, 『소예언서 어떻게 읽을 것인가』 1, 성서유니온, 2015, 366쪽.
3 네이버 지식백과, 「라이프성경사전-아모스」, m.terms.naver.com; 「아모스 배경」, 『Note 여백성경』; 「아모스 이해하기」, 『Good TV 다번역성경찬송』.
4 커피 한잔, 「아모스 5장 2, 여호와를 찾으라 그리하면 살리라」, m.blog.naver.com, 2022.1.6.
5 커피 한잔, 「아모스 5장 2, 여호와를 찾으라 그리하면 살리라」; 네이버 지식백과, 「라이프성경사전-아모스」.
6 이범선, 『교양으로 읽는 구약성서 3』, 교양인, 2014, 24쪽.

요나

1 「요나 이해하기」, 『Good TV 다번역성경찬송』.
2 네이버 지식백과, 「라이프성경사전-요나」, m.terms.naver.com; 「요나 배경」, 『Note 여백성경』.
3 나무위키, 「요나」, namu.wiki, 2022.6.29.

4 김난경 목사, 「요나의 기도-요나 2장」, 영등포중앙교회 아침을 여는 말씀, 2023.1.23.
5 「요나가 물고기 뱃속에 갇힌 것의 상징적 의미」, Chat GPT.
6 김기석 목사, 「요나 4강-스올의 뱃속에서」, CBS 성서학당.
7 김난경 목사, 「요나의 기도-요나 2장」, 영등포중앙교회 아침을 여는 말씀, 2023.1.23.
8 목회와 신학편집부 엮음, 『요나·하박국 어떻게 설교할 것인가』, 두란노 아카데미, 2009, 92쪽, 94쪽.
9 김행선, 「우리는 물고기 뱃속에 갇혀 있습니다」, 『어둠은 빛을 만들어가는 사람들을 이길 수 없습니다』, 선인, 2022.

미가

1 이범선, 『교양으로 읽는 구약성서 3』, 교양인, 2014, 60~61쪽; 장시춘, 『성경으로 집짓기-대선지서·소선지서』, 한글, 2011, 339쪽; 「미가 배경」, 『Note 여백성경』.
2 「미가」, 『위키백과』, ko.m.wikipedia.org.
3 송병현, 『요나/미가/나훔/하박국/스바냐/학개/스가랴/말라기』, 국제제자훈련원, 2011, 130~131쪽.
4 송병현, 『요나/미가/나훔/하박국/스바냐/학개/스가랴/말라기』, 국제제자훈련원, 2011, 135쪽.
5 「미가 이해하기」, 『Good TV 다번역성경찬송』.
6 송병현, 『요나/미가/나훔/하박국/스바냐/학개/스가랴/말라기』, 국제제자훈련원, 2011, 165~167쪽.
7 해피시온, 「미가 3장 1-12절」, m.blog.daum.net, 2019.10.16.
8 김민기 목사, 「욕심, 경계를 넘는 마음-미가 2장」, 영등포중앙교회 아침을 여는 말씀, 2023.1.27.
9 해피시온, 「미가 3장 1-12절」, m.blog.daum.net, 2019.10.16.
10 송병현, 『요나/미가/나훔/하박국/스바냐/학개/스가랴/말라기』, 국제제자훈련원, 2011, 254~255쪽.

11 장성길, 『피할 수 없는 하나님의 숨은 손길-미가서 주해』, 솔로몬, 2009, 149쪽.
12 김효성 목사, 「미가 제7장 주석」, m.blog.naver.com, 2021.8.13.
13 이범선, 『교양으로 읽는 구약성서 3』, 교양인, 2014, 67쪽.
14 이범선, 『교양으로 읽는 구약성서 3』, 교양인, 2014, 67쪽; 미가 5장 2절.
15 「미가 7장 8절의 의미」, Chat GPT.
16 이몽룡, 「어사시」, kominerba, m.blog.naver.com, 2020.9.13.

하박국

1 김기석 목사, 「하박국 6강(3장)-고난을 넘어 기쁨으로」, CBS성서학당.
2 네이버 지식백과, 「라이프성경사전-하박국」, m.terms.naver.com; 「하박국 배경」, 『Note 여백성경』; 「하박국 이해하기」, 『Good TV 다번역성경찬송』.
3 네이버 지식백과, 「라이프성경사전-하박국」; 「하박국 이해하기」, 『Good TV 다번역성경찬송』.
4 김기석 목사, 「하박국 6강(3장)-고난을 넘어 기쁨으로」, CBS성서학당; 「하박국 이해하기」, 『Good TV 다번역성경찬송』.
5 장시춘, 『성경으로 집짓기-대선지서·소선지서』, 한글, 2011, 377쪽.
6 김기석 목사, 「하박국 6강(3장)-고난을 넘어 기쁨으로」, CBS성서학당.

말라기

1 네이버 지식백과, 「라이프성경사전-말라기」, m.terms.naver.com; 송병현, 『요나/미가/나훔/하박국/스바냐/학개/스가랴/말라기』, 국제제자훈련원, 2011, 745쪽.
2 네이버 지식백과, 「라이프성경사전-말라기」.
3 「구약성경 말라기의 시대적 배경」, Chat GPT 3.5; 김민기 목사, 「삶을 예배로 드리는 사람들-말라기 3장」, 영등포중앙교회 아침을 여는 말씀, 2023.3.7.

4 네이버 지식백과, 「라이프성경사전-말라기」; 송병현, 『요나/미가/나훔/하박국/스바냐/학개/스가랴/말라기』, 국제제자훈련원, 2011, 745쪽; 「구약성경 말라기의 시대적 배경」, Chat GPT 3.5; 김민기 목사, 「삶을 예배로 드리는 사람들-말라기 3장」, 영등포중앙교회 아침을 여는 말씀, 2023.3.7; 장시춘, 『성경으로 집짓기-대선지서·소선지서』, 한글, 2011, 432쪽; 「말라기 이해하기」, 『Good TV 다번역성경찬송』.

5 「구약성경 말라기의 시대적 배경」, Chat GPT 3.5.

6 말라기 4장 2절; 「구약성경 말라기의 시대적 배경」, Chat GPT 3.5; 「말라기 배경」, 『Note 여백성경』.

7 「외양간에서 나온 송아지 같이 뛰리라의 의미」, Chat GPT; 「너희에게는 공의로운 해가 떠올라서 치료하는 광선을 비추리니라는 말라기 말씀의 뜻은」, Chat GPT.